HEYNE <

*Das Buch*

Jeder weiß, Loslassen ist lebenswichtig in unserem hektischen Alltag. Was aber die meisten nicht wissen: Bewusstes, tiefes Loslassen führt zu wertvollen Erkenntnissen, ermöglicht die richtigen Entscheidungen, bringt Freiheit, Freude – und Gesundheit. Denn echtes Loslassen bewirkt, dass die seelischen Ursachen einer Krankheit endgültig aufgelöst werden. Jetzt kann wirkliche Heilung geschehen. Loslassen ist die Basis für Harmonie und Erfüllung auf allen Ebenen.

Mit den vielfach bewährten, einfachen Übungen in diesem Buch können Sie Loslassen jetzt ganz praktisch erlernen. Sie erwerben damit eine Fähigkeit, von der Sie überall und jederzeit Gebrauch machen können. Eine Fähigkeit, die Ihr Leben leichter, froher und freier macht, weil Sie sich selbst in Einklang mit den geistigen Gesetzen gebracht haben, auf die unser Leben gründet.

*Die Autorinnen*

Dr. Elfrida Müller-Kainz

studierte an der renommierten Johns-Hopkins-University (USA) Psychologie, Psychiatrie und Philosophie und wurde an der Universität Würzburg promoviert. Sie erwarb sich umfassende Kenntnisse über die geistigen Naturgesetze und über die natürlichen Heilungsmöglichkeiten von Krankheiten. Langjährige Leiterin des Instituts für Gesundheit und Persönlichkeitsbildung in Starnberg. Ausgedehnte Vortragstätigkeit im In- und Ausland. Autorin zahlreicher erfolgreicher Bücher.

Hedwig Hajdu

Erfolgreiche Pädagogin in Kindererziehung und Erwachsenenbildung. Mitarbeit an einer pädagogischen Akademie in Österreich. Referentin am Institut für Gesundheit und Persönlichkeitsbildung, Autorin und Seminarleiterin.

Informatinonen im Internet unter:
www.mueller-kainz.de

Elfrida Müller-Kainz
Hedwig Hajdu

# *Loslassen*

als Lebenshilfe und Heilung

WILHELM HEYNE VERLAG
MÜNCHEN

FSC
www.fsc.org
MIX
Papier aus verantwortungsvollen Quellen
FSC® C014496

Verlagsgruppe Random House FSC-DEU-0100
Das für dieses Buch verwendete FSC®-zertifizierte Papier *Lux Cream* liefert Stora Enso, Finnland.

Taschenbucherstausgabe 05/2011


Printed in Germany 2011
Umschlaggestaltung: Guter Punkt, München,
unter Verwendung von Motiven von shutterstock
Herstellung: Helga Schörnig
Satz: Christine Roithner Verlagsservice, Breitenaich
Druck und Bindung: GGP Media GmbH, Pößneck

ISBN 978-3-453-70177-9

http://www.heyne.de

# Inhaltsverzeichnis

# Auf dem Weg zu Lebensglück und Gesundheit

Loslassen hat eine zentrale Bedeutung für das Lebensglück. Es ist der Weg zu echter Freiheit und Unabhängigkeit und zur Erfüllung der eigenen Lebensaufgaben.

Loslassen zu können bezieht sich auf ganz unterschiedliche Bereiche, angefangen von Alltagsdingen bis hin zu existenziell wichtigen Entscheidungen. Beim Loslassen mag es um materiellen Besitz oder um zwischenmenschliche Beziehungen gehen. Besonders in Bezug auf die Heilung von Krankheiten ist Loslassen unerlässlich, denn erst wenn die seelischen Ursachen einer Krankheit durch Loslassen wegfallen, kann Heilung eintreten.

Wenn es um Loslassen geht, stellen sich für die meisten Menschen Fragen wie: Warum ich? Warum gerade das? Warum jetzt? Was bringt es mir, wenn ich loslasse? Kann ich dadurch etwas zum Positiven verändern? Wie fange ich es an?

Diese Fragen können Sie beantworten, wenn Sie die Ursache erkennen, die zu einer bestimmten Situation geführt hat. Dabei möchte Ihnen dieses Buch ein Wegbegleiter sein. Es eröffnet Ihnen einen ganz neuen, gut verständlichen und pragmatischen Zugang zum Thema Loslassen, denn es beruht auf der Kenntnis jener Gesetzmäßigkeiten, die unserem Leben zugrunde liegen. Sie werden für sich persönlich eine neue Betrachtungsweise darüber gewinnen, was Sie in Ihrem Alltag oder bei einer bestimmten Problematik durch Loslassen erreichen können. Dadurch unterscheidet sich dieses Buch auch in grundsätzlichen Aussagen und Anleitungen von anderen Büchern. Es ist als Hilfestellung gedacht, um schwierige Lebenssituationen wie Krisen und Krankheiten zu meistern. Es soll Ihnen Mut machen, jene wichtigen Schritte des Loslassens zu tun, die zu einem reichen und lebenswerten Dasein führen.

Sie werden auch erfahren, dass Loslassen nicht gleich Loslassen ist, denn es kann unterschiedliche Ziele haben. Loslassen von materiellen Dingen ist meist leichter als Lebensumstände zu ändern oder in zwischenmenschlichen Beziehungen loszulassen – um Freiheit zu geben und selbst zu erfahren. Die Situationen, in denen Loslassen gefragt ist, sind also so vielfältig und individuell wie das Leben. Sie sind eng verknüpft mit Ihrer Persönlichkeit, Ihren Charaktereigenschaften und Talenten.

Loslassen bedeutet, Raum zu schaffen für ein Leben in Freude. Es bedeutet Aufbruch, Entfaltung des eigenen Potenzials und somit Weiterentwicklung. Loslassen ist ein lebenslanger persönlicher Lernprozess.

Leben bringt Veränderung, und jede Situation ist anders. Doch jede noch so schwierige Situation kann gelöst werden. Es gibt immer einen Weg, der zu einem positiven Ergebnis führt. Dazu finden Sie in diesem Buch praktische Hinweise, die Sie weiterbringen werden.

Wenn Sie bereit sind, diesen Weg zu gehen, werden Sie sich immer mehr die Fähigkeit des Loslassens erwerben. Das ist weit mehr als die gelegentliche Lösung einer Situation. Es bedeutet, dass Loslassen für Sie jederzeit als ein Instrument zur Lösung von Problemen zur Verfügung steht. Sie werden erkennen, welch wichtiger Begleiter das Loslassen im Hinblick auf die Erfüllung Ihrer Lebensaufgabe ist.

In den Teilen »Zum Einstieg« und »Kenntnisse, die Ihnen das Loslassen erleichtern«, werden Ihnen notwendige und interessante Grundlagen vermittelt, die ein besseres und tieferes Verständnis der eigenen Lebenssituation ermöglichen. Kenntnisse führen häufig zu Erkenntnissen. Damit ist der Anstoß zu einer Veränderung in Ihrem Leben bereits gegeben.

Im dritten Teil des Buches »Eine Reise durch verschiedene Lebensbereiche« geht es um Einstellungen, Haltungen und Situationen, in denen Loslassen die beste Lösung darstellt.

Der Teil »Gesund werden, gesund bleiben, Krankheiten überwinden« weist Ihnen den Weg zu dauerhafter Gesundheit.

Viele Beispiele aus Alltag und Praxis dienen der Illustration des Gesagten und erfüllen das Buch mit Leben. Sie lernen auch Übungen kennen, die Sie in Ihren Bestrebungen wirkungsvoll unterstützen. Es ist sinnvoll, manche davon zur Gewohnheit werden zu lassen und regelmäßig durchzuführen, beispielsweise Übungen zur Steigerung der Konzentrationsfähigkeit. Andere Übungen können Sie über einen bestimmten Zeitraum öfter oder fallweise nutzen.

Unter den Begriffen »erkennen, entscheiden, durchführen« finden Sie Aufstellungen, die im Verlauf des Buches bei vielen Kapiteln mit Stichworten ergänzt werden. Sie stellen einen graphischen Leitfaden dar. Er zeigt Ihnen auf, welches Wissen Sie sich bereits angeeignet oder welchen Weg Sie schon zurückgelegt haben.

Es ist das Ziel dieses Buches, Ihnen einen Weg zu Unabhängigkeit, Gesundheit und Lebensglück zu zeigen.

# I. ZUM EINSTIEG

# Loslassen, was ist das?

Wenn alles fließt und wir durch offene Türen gehen, wenn Harmonie, Leichtigkeit und Lebensfreude unsere Tage prägen, dann haben wir gelernt, loszulassen von allem, was Glück und Erfolg behindert. Wir sind hier auf dieser Welt, um glücklich zu sein. Leider stehen wir uns oft selbst im Weg.

Mit diesem Buch möchten wir Sie tief hineinführen in die Hintergründe Ihres täglichen Erlebens und Ihrer Erfahrungen. Wir möchten Ihnen zeigen, welche Hilfen Ihnen zur Verfügung stehen, um Probleme zu lösen. Anhand von vielen, aus dem Leben gegriffenen Beispielen können Sie Zusammenhänge erkennen und Parallelen zu Ihren eigenen Erfahrungen herstellen.

Die Übungen, die wir Ihnen anbieten, sollen Ihnen helfen, das Loslassen Schritt für Schritt zu erlernen, damit Erfolg und Freude Ihre ständigen Begleiter werden.

Haben Sie schon einmal versucht sich vorzustellen, was das Wort »Loslassen« in Ihnen auslöst? Haben Sie sich schon gefragt, ob Sie bereit sind, durch Loslassen eine positive Veränderung in Ihrem Leben herbeizuführen oder eine Angelegenheit in andere Bahnen zu lenken? Möchten Sie genauer wissen, was Loslassen alles bewirken kann?

Sollte Ihre Antwort Nein sein, so haben Sie zwei Möglichkeiten: Entweder Sie versuchen es doch mit diesem Buch oder Sie schenken es weiter.

Wenn Sie mit Ja antworten, dann beginnt hier unser gemeinsamer Weg.

Zu Beginn drängen sich vielerlei Fragen auf:

- Ist Loslassen vielleicht eine Kunst, die nur wenige Menschen beherrschen? Nun, nicht alle Menschen können sich zu diesem Weg entschließen. Das mag der Grund sein, dass viel über Loslassen geredet wird, die Umsetzung in die Praxis aber oft nicht erfolgt. Wer jedoch Loslassen lernt, zieht großen Nutzen daraus.
- Gibt es Bereiche, in denen Loslassen nichts nützt? Aus unserer Erfahrung ist Loslassen immer ein Weg, der zu guten Ergebnissen führt.
- Können wir Loslassen leicht oder nur schwer erlernen? Ohne Fleiß kein Preis. Manches ist leichter, manches schwerer loszulassen. Das Leben bietet viele Möglichkeiten, Loslassen zu üben. Wer sie nutzt, kann Loslassen lernen und zu einem »Talent« entwickeln.
- Heißt Loslassen einfach aussteigen? Bedeutet es Gleichgültigkeit gegenüber anderen Menschen oder Ereignissen? Nein, einfach auszusteigen wäre ein Fluchtversuch vor sich selbst. Loslassen ist ein Weg der Selbstachtung und oft der liebevollste Umgang mit anderen Menschen.
- Warum soll ich etwas loslassen und was? Wie finde ich das heraus? Diese wichtigen Fragen werden uns im Folgenden beschäftigen und umfassend beantwortet werden.
- Was erreiche ich mit Loslassen? Loslassen ist ein Aufbruch zu anderen Ufern. Wer innere und äußere Freiheit erlangen will, kann nicht anders, als abzulegen, was ihn behindert.

»Los-lassen« bedeutet, dass wir selbst »los« kommen sollen von bestimmten Situationen, damit der Weg frei wird für neue Erkenntnisse, Entscheidungen und Taten.

# Der Lohn des Loslassens

Stellen Sie sich vor, Sie könnten sich nicht ungehindert fortbewegen, weil Sie allerlei größere und kleinere Pakete schleppen müssen. Das würde Sie viel Energie kosten.

Stellen Sie sich vor, Sie tragen ein Gepäckstück, das Sie durchaus bewältigen können. Der Weg zu Ihrem Ziel ist jedoch so weit, dass sich allmählich Erschöpfung bemerkbar macht. Schließlich können Sie nicht mehr weiter. Nun müssten Sie nach einer Lösung suchen.

Stellen Sie sich vor, Sie müssten eine schwere Last tragen, unter der Sie fast zusammenbrechen. Würden Sie versuchen, Hilfe zu bekommen?

Wir alle tragen kleinere oder größere Lasten mit uns herum und wissen nicht, wie wir uns befreien können. Oftmals ist uns nicht bewusst, was unsere innere und äußere Freiheit beeinträchtigt. Dann gilt es herauszufinden, was uns hinderlich ist, und so den ersten Schritt zu einer Änderung der Situation zu gehen, indem wir loslassen.

Es stellt sich auch die Frage, wie es denn dazu kommt, dass viele Menschen mit allerlei Belastungen durchs Leben gehen. Gibt es etwas, das wir nicht beachten, dessen wir uns nicht bewusst sind oder das wir gar nicht kennen?

Tatsächlich sind Lebensgesetze (geistige Naturgesetze) und deren Wirkungsweise heutzutage weitgehend unbekannt. Wenn sich Menschen jedoch diesen Gesetzmäßigkeiten entsprechend verhalten würden, wäre das der beste Weg für ein glückliches Leben.

Aus der Unkenntnis der Lebensgesetze entstehen unterschiedliche Lernprozesse, die manchmal sehr einfach sind, unter Umständen jedoch auch einschneidend in unser Leben eingreifen können. Deshalb sollten wir Verhaltensweisen loslassen, die nicht den Lebensgesetzen entsprechen. Dies verdeutlichen wir im Folgenden am Thema Ehrlichkeit, einem einfachen, jedem bekannten und grundlegenden Naturgesetz. Es kommt in dem Sprichwort »Ehrlich währt am längsten« zum Ausdruck. Einem unehrlichen Menschen führen die Lebensgesetze die Folgen seiner Handlungsweise immer wieder vor Augen, um einen Lernprozess in Gang zu setzen und um ihn zu veranlassen, sein Fehlverhalten zu ändern. Die Lernprozesse können unterschiedlich sein und reichen je nach Art der Unehrlichkeit von der peinlichen Situation, entdeckt zu werden, über finanzielle Einbußen, den Verlust des Ansehens im Umfeld bis zur Trennung von lieben Menschen.

Loslassen bedeutet, jeden Widerstand gegen die Lebensgesetze (Naturgesetze) aufzugeben. Es ist eine Reise zu den Quellen Ihrer geistig-seelischen Kräfte.

Was Sie durch Loslassen erreichen können, ist beinahe unglaublich:

- Sie gewinnen mehr *Energie*, denn Festhalten an etwas, das Sie behindert, bindet Energie.
- Durch Loslassen wird mehr Energie frei, um *Intuitionen* genauer wahrzunehmen und besser verstehen zu können.
- Sie können Ihre *Intelligenz* steigern. Durch Loslassen werden Sie frei und können Situationen leichter durchdenken und durchschauen. Sie gewinnen neue Erkenntnisse. Dabei erlernen Sie die faszinierende Symbolsprache der Lebensgesetze. Sie lernen auch, lösungsorientiert zu denken und zu handeln.

- Ihre *Weiterentwicklung* geht schneller voran, denn Sie werden sich von Ihren Schwächen befreien können.
- Sie gewinnen *Selbstsicherheit*, denn Sie lernen sich selbst besser kennen.
- Mehr *Ausstrahlung* ist eine Folge von größerem Selbstvertrauen und einem hohen Energiepotenzial. Beides können Sie durch Loslassen gewinnen.
- Jede Belastung, die Sie abgeben, bringt Ihnen ein Stück *Freiheit.*
- Sie erkennen, welche Vorurteile Sie daran hindern, Ihre *Lebensaufgabe* zu finden und das zu tun, was Ihnen am meisten Freude bereitet.
- Loslassen bedeutet auch *Vorbeugung* vor Krankheiten, denn allen Krankheiten geht ein Energieverlust durch Festhalten voraus.
- *Heilung* von Krankheiten erreichen Sie, wenn Sie die seelischen Ursachen einer Krankheit loslassen können.
- *Freundschaft* und *Liebe* werden Ihnen zuteil, weil Sie liebenswerte Eigenschaften und Verhaltensweisen entwickeln, indem Sie sich entfalten und dabei Schwächen loslassen.
- Sie können durch Loslassen anderen Menschen *Freiheit* und *Liebe* schenken.
- Sie erleben das wunderbare Gefühl der *Geborgenheit*, wenn Sie es geschafft haben, Ihr Ego loszulassen, und *Gottvertrauen* an die Stelle des eigenen Besserwissens getreten ist.

Das Beispiel einer alleinerziehenden Mutter, die durch Loslassen den entscheidenden Wendepunkt im Leben ihrer Tochter herbeigeführt hat, soll Ihnen Mut machen, Loslassen zu Ihrem persönlichen Besten und dem von Menschen, die Ihnen am Herzen liegen, zu nutzen. Die Mutter erzählt: »Ich hatte eine gescheiterte Ehe hinter mir, aber eine bezaubernde Tochter an meiner Seite, die nun allerdings ohne Vater aufwachsen musste. Ich wollte besonders viel für mein Kind tun. Damals hörte ich zum ersten Mal von den Naturgesetzen. Ich beschäftigte mich mit den Geheimnissen des Universums, aber auch mit meinen Stärken und Schwächen. Ich machte große Fortschritte in meiner Entwicklung. Damals hatte ich aber noch nicht begriffen, dass ich zwar mich verändern kann, nicht aber andere Menschen. Ich dachte, ich könne doch die Menschen, die mir nahe standen, nicht ›dumm‹ durch das Leben gehen lassen – vor allem nicht meine Tochter. Ich war nicht dazu in der Lage, die Grenze zwischen Fürsorge und Bevormundung zu ziehen. So behinderte ich die freie Entfaltung meines Kindes.

Meine Tochter kam in die Pubertät und wollte ihre eigenen Erfahrungen machen. Aber nicht mit mir! Wusste ich doch, dass diese Erfahrungssuche reine Zeitverschwendung war. Ich konnte ihr gewiss ganz genau sagen, was sie tun müsse, damit es ihr gut ginge! Ich konnte sie doch nicht einfach loslassen. Je mehr ich versuchte, sie mit meiner Denkweise vertraut zu machen, desto ungehorsamer wurde sie. Es kam zu Szenen, die ich nicht für möglich gehalten hätte. Sie zog sich provokant an, stach sich selbst ein Piercing durch die Unterlippe, trank Cola, aß all das, was ihr nur schaden konnte, und begann zu rauchen. Sie schwänzte häufig die Schule und brach sie schließlich ab. Ich versuchte, sie durch Schulwechsel, Nachhilfe und einen Auslandsaufenthalt von der Notwendigkeit eines Schulabschlusses zu überzeugen.

Schließlich lief sie von zu Hause weg und zog zu ihrem Freund. Nun musste sie selbst Entscheidungen treffen. Sie besuchte wieder die Schule, sogar mit gutem Erfolg.

Nach einem Jahr wollte sie wieder nach Hause. Ich drängte sie nicht, die Schule abzuschließen, denn ich freute mich, dass sie zu mir zurück wollte. Noch immer war ich der Meinung, dass ich ihr jetzt alles beibringen konnte, was sie bisher abgelehnt hatte. Sie brachte ihren Freund mit und beide zogen bei mir ein. Die Probleme waren vorprogrammiert, denn ich war davon besessen, alles für mein Kind richten zu müssen.

Die Folgen für meine Tochter waren Krankheiten, Depressionen, psychiatrische Behandlung und viel zu hohe Dosen von Antidepressiva. Es folgten Bewusstseinsstörungen und Selbstmordversuche. Ihr Freund verließ sie schließlich. Neue ›Freunde‹ traten in ihr Leben, die ihr Drogen verschafften. Ich kämpfte dagegen mit Verboten und Erpressungen, alles ohne Erfolg. Schließlich warf ich sie aus der Wohnung, denn ich war am Ende. Irgendwann entschloss ich mich, die Dinge geschehen zu lassen. Loslassen blieb mir als einziger Weg, wenn ich nicht selbst an der Situation zerbrechen wollte. Ich begriff, dass wirkliche Liebe keine Bedingungen stellt, sondern zulässt, dass jeder Mensch sein Leben selbst gestalten muss. Ich akzeptierte also, dass sich meine Tochter für eine andere Art zu leben entschieden hatte.

Schlagartig veränderte sich die Atmosphäre zwischen uns. Es war wie ein Wunder. Meine Tochter entschied sich wie aus heiterem Himmel für einen Entzug und eine Langzeittherapie. Sie erledigte alle Behördengänge allein und hilft mir jetzt sogar im Haushalt. Wir haben nun einen liebevollen Umgang miteinander. Ich habe aufgehört, sie zu irgendetwas zu drängen. So konnte sie die Verantwortung für ihr Leben selbst übernehmen.

Loszulassen hat auch für mich Positives bewirkt. Mir wird gesagt, ich sei geduldiger, toleranter und liebevoller geworden. Ich bin zufrieden mit meinem Leben und meist guter Dinge. Meine Lebenssicht ist wieder positiv.«

Genau wie diese Mutter handeln viele alleinerziehende Mütter, denn das Bewusstsein, allein verantwortlich zu sein, verleitet dazu, mehr zu tun, als gut ist. Sie versuchen, ihr Kind in jeder Weise positiv zu beeinflussen und hoffen dabei, es auf den rechten Weg zu bringen.

Für die Mutter in unserem Beispiel war es ein gewaltiger Entschluss, die Tochter völlig loszulassen, denn sie musste einen Schlussstrich unter all ihre Verhaltensweisen der Vergangenheit ziehen. Sie musste sich vollkommen lösen von der Sorge um die Tochter und sie ganz freigeben. So erwies sich Loslassen als Schlüssel zu einem liebevollen Umgang miteinander und als die beste Hilfe für die Tochter.

Der Prozess des Loslassens beginnt stets mit einer Erkenntnis oder Einsicht. Der Wunsch, die Situation zum Besseren zu ändern, führt zu einer Entscheidung. Nun gilt es, die Entscheidung in die Tat umzusetzen. Immer, wenn Sie etwas loslassen, findet dieser Prozess statt:

**erkennen entscheiden durchführen**

Mit diesen drei Wörtern beginnen wir eine Aufstellung, die in den folgenden Kapiteln ergänzt wird, sodass ein Leitfaden entsteht, der Ihnen helfen soll, Ihre Lernprozesse leichter überblicken zu können.

Wir betrachten es als Aufgabe dieses Buches, diese so einfach erscheinende Formel mit Leben zu erfüllen, sodass Loslassen für Sie tatsächlich zu einem »Talent« werden kann.

# Loslassen, der Generalschlüssel

Das Wort »Loslassen« erweckt bei vielen Menschen den Eindruck, es handle sich um eine passive Haltung. Es ist aber ganz im Gegenteil eine aktive, bewusste Handlung. Loslassen stellt so etwas wie einen »Generalschlüssel« dar, der Räume mit schönem, angenehmem Inhalt öffnet, wenn wir ihn richtig benutzen. Es bedeutet, etwas in die Tat umzusetzen, was wir als notwendig und richtig erkannt haben, indem wir loslassen, was uns bisher behindert hat. Es heißt, einen Schritt vorwärts zu gehen, sich von etwas zu befreien, um aktiv werden zu können. Es bedeutet auch, etwas ohne Kampf in Gang zu setzen, um zu einer Lösung zu kommen.

Wenn Sie etwas loslassen, entsteht zunächst ein Freiraum. Das ist gut so, denn nur in ein leeres Gefäß können Sie etwas hineingießen. Der Weg ist frei für neue Gedanken, für gute Ideen und für Lösungen, an die Sie vorher gar nicht gedacht haben. Loslassen ist eine persönliche seelische Leistung, denn es ist nicht immer leicht, aus gewohnten Bahnen und Gedankengängen auszusteigen und in ein unbekanntes »Nichts« zu treten.

Das Leben läuft jedoch nach dem Prinzip »Lohn gegen Leistung« ab. Das ist der Grund dafür, dass Sie durch Loslassen zu guten Ergebnissen kommen.

*Anstatt »Lohn gegen Leistung« können wir auch sagen »Ursache und Wirkung«. Das ist das wohl wichtigste Lebensgesetz.* Es ist das erste Gesetz, das wir näher betrachten wollen.

Alle Taten, Entscheidungen, Gedanken
haben eine Wirkung

Ursache ⇄ Wirkung

Alles, was uns begegnet, hat eine Ursache

Die Wirkungsweise dieses und anderer Naturgesetze kennenzulernen, ist äußerst interessant und sehr hilfreich. Wir werden in diesem Buch die Bezeichnung »Lebensgesetze« und »Naturgesetze« abwechselnd verwenden.

Dem Gesetz von Ursache und Wirkung zufolge können Sie für eine gute Leistung nur etwas Gutes bekommen. Wenn Sie also etwas Falsches loslassen, muss etwas Richtiges an dessen Stelle treten. So eröffnet uns der »Generalschlüssel«, nämlich das Loslassen, den Zutritt zu allem Schönen, Guten und Wahren, zu Freiheit, Freude, Erfolg und Gesundheit, zu Frieden und zu liebevollem Umgang miteinander.

Dieses Gesetz tritt nicht nur bei schwierigen oder schwerwiegenden Situationen in Kraft, sondern auch bei ganz alltäglichen Begebenheiten. Es kann bewusst in jeder Situation genutzt werden, wie das folgende Beispiel zeigt.

Eine Freundin berichtete: »Ich wollte mir neue Winterstiefel kaufen. Meine alten waren nicht mehr wasserdicht. Ich fragte meine Intuition um Rat, in welchem Geschäft und zu welchem Zeitpunkt ich die passenden Stiefel finden könnte. Dann ließ ich den Gedanken vollkommen los. Als ich anlässlich einer Reise in einer anderen Stadt war, kam mir in den Sinn, dass ich hier Stiefel kaufen könnte. Ich kam an einem Schuhgeschäft vorbei und hatte das Gefühl, dass ich da hineingehen sollte. Am Ende eines Regals sah ich, was ich suchte. ›Wenn sie nun auch noch passen‹, dachte ich. Das einzige Paar in schwarz, das meinen Vorstellungen entsprach, hatte die richtige Größe und passte ausgezeichnet. Der Preis war angemessen. Ich freute mich, dass ich so schnell und problemlos Stiefel gefunden hatte.«

Was hat unsere Freundin eigentlich losgelassen? Sie hat losgelassen von jener kleinen Eitelkeit, welche die Hilfe der Intuition ablehnt. Sie hat den Gedanken, dass sie ohnedies selbst weiß, wo und wann sie gut Schuhe kaufen kann, losgelassen und gewartet, bis sie das Gefühl, also die Intuition, für den richtigen Zeitpunkt und den richtigen Ort bekam. Dafür wurde sie doppelt belohnt: Sie hat beim Einkaufen Zeit gespart und gefunden, was sie gesucht hatte, und zwar zu einem angemessenen Preis.

Sind Sie schon des Öfteren von Geschäft zu Geschäft gelaufen, um das zu finden, was Sie kaufen wollten? Wie viel Zeit und Energie haben Sie dafür gebraucht? Die geschilderte Alltagsgeschichte zeigt, wie schon bei scheinbaren Kleinigkeiten mit Loslassen ein verblüffendes Resultat zu erzielen ist und dass wir uns das Leben dadurch im Kleinen, aber auch im Großen erleichtern können.

Welche Schritte sind notwendig, um das Prinzip des Loslassens für Einkäufe nutzen zu können? Die erste Frage ist immer: »Brauche ich das, was ich haben möchte?« oder: »Ist es richtig, mir etwas Außergewöhnliches, nicht unbedingt Notwendiges zu gönnen?«

Haben wir uns für den Kauf entschieden, so stellt sich die Frage, wo wir das Gewünschte am besten finden können. Dann lassen wir den Gedanken ganz los, denn nur wenn wir frei sind von unserer eigenen Besserwisserei, können wir die richtige Intuition empfangen. Manchmal müssen wir etwas Geduld haben. Wir haben aber die Erfahrung gemacht, dass die Antwort in Form eines Gedankens oder eines Hinweises kommt.

Sie können das gleich ausprobieren. Vielleicht gelingt es Ihnen nicht beim ersten Versuch, denn Sie müssten es schaffen, wirklich vertrauensvoll loszulassen. Außerdem muss das, was Sie kaufen wollen, für Sie richtig sein. Lassen Sie sich aber nicht entmutigen, denn Übung macht den Meister.

Wir wollten Ihnen mit dem Beispiel des Einkaufens auch zeigen, dass Loslassen in alltäglichen Situationen eingeübt werden kann. Keine Möglichkeit ist dafür zu geringfügig. Ihre »Tagesschule« bietet Ihnen dazu stets Gelegenheiten. Unter Tagesschule verstehen wir alles, was uns während eines Tages begegnet, also Ereignisse und Begebenheiten, Denkanstöße, Gefühle, Intuitionen und Entscheidungsmöglichkeiten. Dazu gehören auch die sogenannten Zufälle, alle Begegnungen und Gespräche, aber auch Missgeschicke und Unpässlichkeiten. Das Übungsangebot in dieser »Schule« ist vielfältig. Es anzunehmen und zu nutzen, erleichtert Ihren Alltag.

Die Erfolge, die Sie durch Loslassen erzielen, werden Sie gewiss veranlassen, es immer wieder zu versuchen. Meistens stellt sich ein Gefühl der Befreiung ein, wenn es Ihnen gelungen ist, eine Situation durch Loslassen zum Besseren zu verändern. Sie können daraus Mut und neue Lebensfreude schöpfen.

Von der »Kunst des Loslassens« hängen häufig Ihre kleinen Freuden und oftmals Ihr Lebensglück ab. Schließlich kann sogar der Friede in der Welt nur durch Loslassen von Vorurteilen, Hass und Lügen gewährleistet werden. Jeder Einzelne von Ihnen ist mit seinem Bemühen um das richtige Loslassen ein wichtiges Steinchen im Puzzle des Weltgeschehens. Das mag Ihnen übertrieben erscheinen. Und doch ist jeder positive Gedanke und jede positive Energie, durch das

Loslassen von unnötiger Kritik und destruktiven Einstellungen, ein Beitrag zu einer besseren Welt.

Welchen ersten Schritt können Sie machen, um Ihre »Tagesschule« bewusster wahrzunehmen und die Situationen zu erkennen, in denen Loslassen ein wünschenswertes Ergebnis bringt? Die folgende Beobachtungsaufgabe kann Ihnen genau diesen ersten Schritt nahebringen.

## ÜBUNG 1: Beobachten lernen

Es ist sehr wichtig, dass Sie Ihre Beobachtungsgabe schulen. Loslassen können Sie nur etwas, dessen Sie sich bewusst sind. Je besser Sie beobachten können, desto bewusster nehmen Sie Ihr Umfeld, aber auch sich selbst wahr. Das bedeutet auch, dass Sie Ihre »Tagesschule« leichter erkennen können.

Beobachten macht Sie reicher und offener, wenn Sie sich folgende Aufgaben stellen:

(Wählen Sie von den hier vorgeschlagenen Aufgaben abwechselnd eine aus. Gehen Sie den Weg der kleinen Schritte, dann macht Beobachten Spaß.)

- Beobachten Sie, was Sie Schönes oder Interessantes sehen.
- Hören Sie genau hin, beobachten Sie Geräusche und Gespräche.
- Beobachten Sie, was Sie an einem bestimmten Menschen Positives entdecken können. Am besten wählen Sie jemanden, der Ihnen nicht gerade sympathisch ist.
- Versuchen Sie, Ihre innere Stimme wahrzunehmen.
- Freuen Sie sich daran, was Sie alles wahrnehmen und wie vielfältig und interessant Ihr Umfeld ist.

Wenn Sie Ihre Beobachtungen aufschreiben, steigert sich deren Nutzen. Sie werden bald feststellen, dass Sie bewusster durch den Tag gehen und dass sich Ihre Einstellung zu Ihrem Umfeld zum Positiven ändert.

Bei einem Wochenseminar stellten wir den Teilnehmern die Aufgabe, eine(n) bestimmte(n) Teilnehmer(in) zu beobachten und dabei alles herauszufinden, was an dieser Person positiv ist, sowohl an ihrem Äußeren als auch an Eigenschaften. Das Los entschied, wer wen beobachten sollte, sodass niemand wusste, von wem er unter die Lupe genommen wurde. Ein Teilnehmer sagte uns anschließend: »Diese Person hätte ich mir nie ausgesucht. Ich hätte bestimmt nicht mit ihr geredet, aber ich habe einen wertvollen Menschen entdeckt. Nie wieder werde ich vorschnell urteilen.« Welch großartiger Lernprozess, Vorurteile loszulassen und neutraler zu werden!

Auch Sie können durch die Steigerung Ihrer Beobachtungsgabe Ihren Lebensbereich und Ihr Umfeld besser kennenlernen.

Wir wollen Sie nun tiefer in das Verständnis der täglichen Ereignisse in Ihrem Leben hineinführen. Vielleicht wird manches für Sie neu sein und Sie können es nicht sofort akzeptieren. Vieles wird erst durch persönliches Erleben zu einer Erkenntnis. Haben Sie etwas Geduld und beobachten Sie, was sich in Ihrem Alltag ereignet. So schaffen Sie die Voraussetzungen, um Loslassen in die Tat umsetzen zu können.

# II. KENNTNISSE, DIE IHNEN DAS LOSLASSEN ERLEICHTERN

# Wer bin ich?

Das ist eine Frage, die in der Philosophie unzählige Male gestellt wurde. Viele Menschen suchen eine Antwort darauf. Sie kennen vielleicht die Ansichten unterschiedlicher philosophischer Richtungen und verschiedener Religionen. Aus all den Aussagen hat sich eine ganz bestimmte Vorstellung entwickelt. Auch Sie selbst empfinden Ihre eigene Existenz auf eine bestimmte Weise. Am häufigsten ist die Vorstellung von der eigenen Person in unserem Kulturkreis von folgender Aussage geprägt: »Ich habe einen Körper und eine Seele.« Das vermittelt den Eindruck, dass das »Ich« zwei Dinge »besitzt«, nämlich einen Körper und eine Seele. Das »Ich« steht also da und betrachtet seine zwei Komponenten. Eigenartigerweise wird dabei der Körper immer an erster Stelle genannt. Das geschieht wohl deshalb, weil er mit den fünf Sinnen unmittelbar wahrgenommen wird.

Ein falscher sprachlicher Ausdruck hat hier zu einem gravierenden Irrtum geführt. Es muss richtig heißen: »Ich *bin* eine Seele, eine Individualität, und *habe* einen Körper.« Lassen Sie diesen Satz einmal auf sich wirken. *Sie sind eine Seele*. Sie sind ein geistiges Wesen mit einem unvorstellbaren Potenzial. Sie, als Individualität, sind einmalig in Ihrer Art. Zu Ihrer Persönlichkeit gehört aber auch Ihr Körper. Er wurde Ihnen von Gott und den Naturgesetzen zur Verfügung gestellt und dient Ihnen, nämlich der Seele, die Sie sind, als Ausdrucksmittel. Durch ihn treten Sie in Erscheinung. Sie können ihn auch als Haus oder als Hülle der Seele betrachten. Es wäre jedoch falsch, den Körper gering zu schätzen. Er ist aber nicht das »Ich«. Sie sollen ihn mit Sorgfalt und Achtung behandeln. Es gehört auch zu den Aufgaben einer Seele, ihre irdische Wohnung zu pflegen. Schon die Heilige Theresa von Avila sagt: »Pflege deinen Körper, damit die Seele Lust hat, darin zu wohnen.«

Häufig ist auch vom Geist die Rede. Sie, als Individualität, stehen dauernd mit dem Geist des Universums in Verbindung. Sie können sich diese Verbindung wie eine Art Nabelschnur vorstellen. Durch sie fließen die Informationen, die Sie in Form von Intuitionen, nämlich als Denkanstöße und Gefühle bekommen. Wir sprechen auch davon, dass jemand »einen Draht nach oben« hat. Damit ist die Kommunikation einer Seele mit dem Geist des Universums gemeint.

*Sie sind eine Seele*. Gewöhnen Sie sich daran, sich als geistiges Wesen zu sehen. Dadurch bekommt alles, was Sie tun oder denken, eine andere, höhere Dimension. Durch diese Einsicht können Sie Zuversicht, Gelassenheit und Vertrauen erlangen, denn Sie sind ständig mit dem universellen Geist verbunden. Sie haben die Fähigkeit, Zwiesprache mit Gott zu halten, wann immer Sie wollen. Und Sie haben die Möglichkeit, Antworten zu empfangen, wie bei einem Telefongespräch, wie bei einem Faxgerät oder unter einer E-Mail-Adresse. Die »Sprache« Gottes und der Naturgesetze kann jeder erlernen. Sie ist international und sehr interessant. Der Vergleich mit den modernen Kommunikationsmitteln mag auf den ersten Blick weit hergeholt erscheinen. Aber auch dort ist Kommunikation nur möglich, wenn Sie die entsprechenden Voraussetzungen geschaffen haben und wenn Sie mit diesen Einrichtungen umgehen können.

# So handeln und entscheiden Sie

Es gibt bestimmte Voraussetzungen und Gegebenheiten, welche die Handlungsweisen und Entscheidungen einer Seele, also einer Individualität, beeinflussen.

Wir alle handeln unseren Charaktereigenschaften entsprechend. Liegt Ihnen Ehrlichkeit am Herzen, so werden Sie gewiss nicht lügen, übertreiben oder andere übervorteilen. Sie werden ordentlich, fleißig, pünktlich und höflich sein. Verlässlichkeit und Pflichtgefühl sind für Sie selbstverständlich.

Mut befähigt Sie, Herausforderungen anzunehmen, Neues zu wagen, Konflikte durchzustehen, zielstrebig und konsequent zu handeln, gegen den Strom zu schwimmen, wenn es notwendig ist, und Ihre Meinung zu vertreten. Menschen, die wenig Mut besitzen, würden sich anpassen, allen Menschen alles recht machen wollen, in Selbstmitleid versinken oder durch Waghalsigkeit ihre Mutlosigkeit zu kompensieren versuchen.

Eine besonders wertvolle Eigenschaft ist die Fähigkeit zu Vergeben. Sie äußert sich beispielsweise in Toleranz, Flexibilität, Offenheit, Verständnis für andere, Neutralität und Demut. Menschen, die vergeben können, sind nicht stur und auch kaum geltungsbedürftig.

Eine positive Lebenssicht lässt Sie optimistisch und vertrauensvoll sein. Sie ermöglicht es Ihnen, immer das Positive zu erkennen, zuversichtlich zu sein, nicht zu kritisieren, niemals aufzugeben und keine Sorgen und Zweifel aufkommen zu lassen.

Gehört es zu Ihren Eigenschaften, die Zeit gut zu nutzen? Sie beeinflusst Ihre Handlungen ganz wesentlich. Eine gute Zeitplanung, das Erkennen von Prioritäten und konzentriertes Arbeiten zeichnet Sie aus. Zu guter Zeitnutzung gehören die Pflege von geistig-seelischen Freundschaften, Weiterbildung, gesunde Ernährung aber auch Entspannung und aufbauende Freizeitbeschäftigungen.

*Ehrlichkeit, Mut, Vergeben-Können, positive Lebenssicht, gute Zeitnutzung und die zu diesen Hauptgruppen gehörenden weiteren Eigenschaften machen einen Menschen von Charakter aus.*

Da unsere Entscheidungen und Handlungsweisen von unseren Charaktereigenschaften beeinflusst werden, können wir sagen:

**Unser Charakter ist unser Schicksal**

Sie handeln auch nach Ihren Talenten. Diese bieten Ihnen vielfältige Möglichkeiten. Manche Ihrer Talente können Sie vielleicht in Ihrem Beruf nutzen. Andere Talente dienen der Entspannung und Freude. Wenn Sie das Talent besitzen, gut zuhören zu können, haben Sie im zwischenmenschlichen Bereich einen großen Vorteil. Besonders wichtige Talente in Bezug auf Loslassen sind Selbstdisziplin und Konzentrationsfähigkeit.

Sie handeln Ihrer Intelligenz gemäß. Die Intelligenz beeinflusst Ihr Urteilsvermögen. Sie ermöglicht es Ihnen, Aufgaben zu lösen. Auf Grund Ihrer Intelligenz können Sie sich in ungewöhnlichen oder neuen Situationen zurechtfinden. Die Intelligenz umfasst Intuition und Verstand. Das zeigt Ihnen Ihre Erfahrung. Sie können herausfinden, ob und wann

Ihre Handlungen von der Intuition (aus dem Bauch, aus dem Gefühl) oder vom Verstand (aus dem Kopf) dominiert werden (siehe Buch: *Die Kraft der Intuitiven Intelligenz*).

*Charaktereigenschaften, Talente* und *Intelligenz* machen eine individuelle Seele aus.

Was auch immer Sie durch Loslassen
erreichen wollen und können,
zieht positive Veränderungen in einem
oder mehreren Bereichen Ihrer Seele
nach sich.

Außerdem steht Ihnen, als Seele, der freie Wille als wichtigste Funktion zur Verfügung. Diesem Bereich der Seele ist das folgende Kapitel gewidmet.

Zuvor bieten wir Ihnen jedoch noch eine Übung an.

## ÜBUNG 2: Stärken, Schwächen und Talente erkennen

- Schreiben Sie Ihre Stärken auf. Drücken Sie sich dabei nur positiv aus. *Beispiel:* Ich bin in den meisten Situationen mutig. Ich teile meine Zeit gut ein. Ich kann rasch vergeben. Ich bin wahrheitsliebend usw.
- Ihre Stärken helfen Ihnen, Schwächen abzubauen. Dazu sollten Sie Ihre Schwächen kennen. Schreiben Sie auch diese auf. *Beispiel:* Es fällt mir schwer, einen Fehler zuzu-

geben. (Mut und Wahrheitsliebe helfen Ihnen, diese Schwäche loszulassen.) Ich kritisiere manchmal. (Einsicht in eigene Fehler = Ehrlichkeit zu sich selbst hilft Ihnen, diese Schwäche abzubauen.) Prüfen Sie auch, ob Sie Probleme mit dem Vergeben haben?

- Die meisten Menschen kennen ihre Talente nicht und nutzen sie daher viel zu wenig. Legen Sie sich auch eine Liste Ihrer Talente an. *Beispiel:* Ich bin handwerklich geschickt. Ich bin künstlerisch begabt. Ich bin diszipliniert. (Das ist das wichtigste Talent für Ihre Weiterentwicklung.) Ich arbeite meistens konzentriert. Ich kann gut zuhören.

Es genügt, wenn diese Listen zu Beginn nur aus einigen Aussagen bestehen. Wir empfehlen aber, sie immer wieder zu ergänzen, wenn Sie an sich selbst eine Eigenschaft oder ein Talent entdecken. So lernen Sie sich besser kennen. Wenn es dann gilt, etwas loszulassen, ist Ihre »Selbsterkenntnis« von Nutzen.

Diese Übung gelingt umso besser, je intensiver Sie Ihre Beobachtungsgabe schulen. Auch bei dieser Selbstbeobachtung gilt: Übung macht den Meister. Die Hilfe einer vertrauten Person bringt Sie ebenfalls weiter.

Sich selbst besser zu kennen, hilft uns zu sehen, was wir loslassen sollten, um uns das Leben zu erleichtern oder Probleme zu lösen.

# Entscheidungsfreiheit – gibt es sie?

Wenn vom freien Willen die Rede ist, so kommen Ihnen möglicherweise Wörter in den Sinn wie freiwillig, unfreiwillig, schicksalhaft, unausweichlich, unabänderlich, zufällig, angepasst – Abhängigkeit, Zwang, Pech oder Glück gehabt. Alle diese Wörter drücken den Zweifel am Vorhandensein eines freien Willens aus.

Schon Philosophen wie Sokrates und Platon haben vor zweieinhalbtausend Jahren die Frage gestellt, ob wir durch ein unabwendbares Schicksal gebunden sind oder selbst entscheiden können.

Die Frage nach dem freien Willen war in der Philosophie immer aktuell. So sagt Christian Friedrich Hebbel (1813–1863): »Der Mensch hat freien Willen – das heißt, er kann einwilligen in das Notwendige.«

Georg Wilhelm Friedrich Hegel (1770–1831) drückt seine Überzeugung anders aus: »Das Freie ist der Wille. Wille ohne Freiheit ist ein leeres Wort, so wie die Freiheit nur als Wille, als Subjekt, wirklich ist.«

Für viele Menschen ist die Frage nach dem freien Willen jedoch nicht beantwortet. Vielleicht gehören Sie zu denjenigen, die sagen: »Klar, ich habe einen freien Willen. Ich weiß, was ich will.« Oder gehören Sie zu den Menschen, die sich da nicht so sicher sind?

Wäre ein unabwendbares Schicksal am Werk, so müssten wir uns in einer bestimmten, vorgegebenen Bahn bewegen. Wir wären wie ein Zug, der auf seinem Gleis fahren muss und nicht davon abweichen kann. Wir könnten nichts verändern. Wir könnten nicht die kleinste Entscheidung treffen und große Entscheidungen schon gar nicht. Und doch entscheiden wir uns vor jeder Handlung für die eine oder die andere Möglichkeit. Beobachten Sie, wie viele kleine und größere Entscheidungen Sie täglich treffen, worin sie bestehen und welche Folgen sie haben.

Jede Entscheidung bringt Sie in die eine oder in die andere Richtung. Sie setzen dabei Ihren Willen ein.

# Worin besteht der Sinn des Lebens?

Auch diese Frage beschäftigt die Menschen schon seit mehr als 2000 Jahren. Sie steht im Zusammenhang mit dem freien Willen.

Aristoteles (384–322 v. Chr.) weist auf den freien Willen und die Sinnfrage des Lebens hin, wenn er sagt: »Wir sind nur deshalb in die Welt gekommen, um nach höchster Tugend, Weisheit, Wahrheit, Liebe, Güte, Erkenntnis und Vollkommenheit zu streben.« Ohne den freien Willen könnten wir keines dieser Ziele erreichen. Es steht jedoch jedem Menschen frei, solche Ziele zu verfolgen oder nicht.

Die Fragen nach dem Sinn des Lebens und nach dem Vorhandensein eines freien Willens sind untrennbar miteinander verknüpft. Das Leben wäre sinnlos, wenn wir keinen freien Willen hätten. Wir wären auf ein festgelegtes Schicksal reduziert, wie wir im vorangegangenen Abschnitt dargelegt haben. Der freie Wille stellt also die Grundlage für die Weiterentwicklung dar.

Wer nach dem Sinn des Lebens forscht, muss sich auch die Frage stellen, ob es ein Weiterleben nach dem Tod gibt. Es wird häufig angezweifelt, dass es darauf eine möglichst durch Tatsachen begründete Antwort gibt. Dazu ist Folgendes zu bedenken:

→ Eine Seele ist eine immaterielle Wesenheit, die aus *geistiger Energie* besteht. Beweise können daher nur auf gedanklicher, nicht aber auf materieller Ebene geführt werden.

Dabei hilft uns unsere Intelligenz und eine gut entwickelte Intuition, eben Intuitive Intelligenz, wie sie im Buch *Die Kraft der Intuitiven Intelligenz* beschrieben ist.

→ Sie kennen bestimmt Menschen, die eine *starke Ausstrahlung* (Charisma) haben, und solche, die wenig davon besitzen. Das hängt von der Energie ab, die einer Persönlichkeit zur Verfügung steht. Diese kann sehr unterschiedlich sein. Wie ist das möglich? Woher nehmen manche Menschen Energie, die andere nicht haben? Es gibt dafür nur eine logische Erklärung: Sie haben sich diese Energie erworben. Das geht jedoch nicht von heute auf morgen. Wir können auch beobachten, wie sich manche Menschen zum Positiven verändern und so im Laufe ihres Lebens mehr Ausstrahlung gewinnen. Es besteht also die Möglichkeit, Energie zu steigern. Welchen Sinn hätte das, wenn diese Energie am Ende eines Erdendaseins wieder verloren ginge? Je stärker die Ausstrahlung eines Menschen wirkt, desto länger muss er daran gearbeitet haben. Er hat im Laufe langer Zeit seine Energie gesteigert und besitzt die Fähigkeit, das auch weiterhin zu tun.

→ Die *Existenz von Naturgesetzen*, die auf geistigem Gebiet wirken, ist für jeden erkennbar. Wir erleben täglich, dass das, was wir tun, sagen oder denken, eine Auswirkung hat. Jede Veranlassung, die wir geben, ob in Form von Handlungen oder Gedanken, ruft eine Reaktion hervor. Das Gesetz von Ursache und Wirkung tritt in Kraft. So lernen wir, die Naturgesetze zu beachten und erwerben uns bestimmte Kenntnisse und Verhaltensweisen.

Wir kennen die Auswirkungen unseres Handelns aus Erfahrung. Deshalb tun wir manches oder unterlassen anderes, weil wir etwas Bestimmtes erreichen oder vermeiden wollen.

Wären diese Lernprozesse sinnvoll, wenn alles Erlernte nach einer im Vergleich zur Existenz der Welt winzigen Zeitspanne eines Menschenlebens wieder verloren ginge?
Schon der römische Kaiser Mark Aurel (121–180 n. Chr.) hat erkannt: »Die Dauer des körperlichen Lebens ist wie ein Augenblick, die Seele ist wie ein beständiger Strom.«

→ Die *Fähigkeit, sich zu entwickeln* ist ein weiterer Beweis dafür, dass der körperliche Tod nicht das Ende bedeuten kann. Alles Bemühen, diese Fähigkeit zu nutzen, wäre Selbstbetrug, wenn Weiterentwicklung doch nur zu einem Ende führen würde und somit zeitlich begrenzt wäre.

→ Der jetzt eintretende allgemeine *Wertewandel* in Bezug auf mehr Menschlichkeit, Natur- und Artenschutz geht auf eine langfristige *Entwicklung auf geistig-seelischem Gebiet* zurück. Einstellungen und Ansichten zu diesen Themen haben sich im Laufe der Geschichte allmählich gewandelt. Ein einzelner Mensch kann eine so komplexe Änderung nicht in einem einzigen Leben vollziehen, denn unsere Ansichten und Einstellungen basieren auf dem jeweils vorhandenen Gedankengut unseres Umfeldes. Darauf bauen Weiterentwicklungen auf. Auch ein oder zwei Generationen hätten für so weitreichende Änderungen nicht genügt. Die Umsetzung neuer Gedanken in die Tat bedarf vieler Persönlichkeiten, die sich zu diesen Erkenntnissen und entsprechenden Verhaltensweisen hin entwickelt haben.

→ *Kulturelle Werte*, großartige Werke auf allen Gebieten der Kunst, können wohl nicht von Menschen geschaffen worden sein, die zur Erlangung ihrer Fähigkeiten nur ein kurzes Leben zur Verfügung hatten. Es muss ein langer Entwicklungsprozess dahinter stehen. Wie sonst wäre es möglich, dass es bereits im Kindesalter Genies gibt? Wolfgang Amadeus Mozart komponierte schon als Kind. Auch auf anderen Gebieten zeigten Menschen schon in jungen Jahren perfekt entwickelte Talente. Alexander der Große (356–323 v. Chr.) war bereits als Jugendlicher ein unschlagbarer Feldherr. Für dieses Phänomen gibt es viele Beispiele.

→ Der *freie Wille* ist nur dann ein sinnvolles Instrument, wenn die Möglichkeit besteht, ihn als Motor der Weiterentwicklung zu nutzen. Würde die Existenz einer Seele mit dem irdischen Tod enden, wäre der freie Wille sinnlos.

Für die Existenz eines Jenseits können wir Ihnen außer der Beweisführung auf geistiger Ebene auch einen Beleg aus der jüngsten naturwissenschaftlichen Forschung vorlegen. Wir zitieren aus einem Artikel von Monika Berthold in der Zeitschrift *Die andere Realität*:

»Der Tod ist nicht das Ende. Es gibt ein Weiterleben, ein Jenseits. Die Behauptung stammt nicht von einem Theologen, sondern von einem Techniker. Und er legt dafür als handfeste Beweise die Ergebnisse neuester physikalischer Experimente vor. Versuche mit Elektronen ergaben, dass es eine Ewigkeit gibt – und zwar keineswegs eine gedachte, sondern eine naturwissenschaftlich erklärbare.« Weiter heißt es in diesem Artikel: »Diese für alle, auch für nicht religiöse Menschen so hoffnungsvolle Nachricht stammt von Univ.-Prof. Dr.-Ing. Franz Moser, Vorstand des Instituts für Verfahrenstechnik an der Technischen Universität Graz.«

Über Experimente in der Quantenmechanik kommen die Wissenschaftler zu dem Schluss, dass die Wirklichkeit ein ganzheitliches Gebilde ist, in dem alles mit allem in Verbindung steht. Moser nennt »die Jenseitswelt die Welt des Bewusstseins«. Er bezeichnet diese Erkenntnisse als den Beginn einer neuen Ära.

Wir wissen, dass wir uns verändern und entfalten können. Wir können unser Bewusstsein erweitern. Das ist notwendig, um unsere Existenz im Universum zu sichern, welches selbst einem ständigen Entwicklungsprozess unterliegt.

*Die Möglichkeit der Weiterentwicklung ist also eine Tatsache, die dem Dasein auf der Erde Sinn gibt.* Dabei wird die Freiwilligkeit gewahrt. Die Möglichkeit der Entwicklung zu nutzen, ist eine Option. Die Entscheidungsfreiheit ist durch den freien Willen gegeben. Niemandem wird der Weg der Weiterentwicklung aufgezwungen. Jeder Mensch darf seine Wahl selbst treffen.

*Wir sollen werden, wie wir sein können, und nicht bleiben, wie wir sind.*

Auf diese Weise erfüllen wir den Sinn des Lebens. Werden, wie wir sein können, bedeutet Veränderung. »Es gibt nichts Dauerhaftes, außer der Veränderung«, sagt der griechische Philosoph Heraklit (540–480 v. Chr.). Das bedeutet, wir sollten unsere guten Eigenschaften stärken, unsere Talente ausbauen, unsere Intelligenz steigern und auf unsere Gesundheit achten. Unsere Schwächen hingegen sollten wir mehr und mehr zu erkennen versuchen und loslassen. Auf diese Weise richten wir unser Denken und Handeln auf die Ewigkeit.

**erkennen entscheiden durchführen**

Selbsterkenntnis

den Sinn des Lebens erkennen

# Ein unschätzbares Geschenk

Wie haben sich Menschen von alters her verhalten und tun es noch heute? Sie werden gewiss folgende Denkmuster kennen: »Da kann man nichts machen.« »Mein Charakter ist nun mal so, wie er ist.« »Das habe ich eben geerbt, das ist Schicksal.« »Niemand kann seinem Schicksal entrinnen.«

Eine solche Denkweise ist natürlich sehr bequem und ein guter Vorwand, die Verantwortung abzuschieben. Es macht keine Mühe, die Dinge zu lassen, wie sie sind. Veränderung ist jedoch unbequem. Wer an ein unabwendbares Schicksal glaubt, versperrt sich den Weg der Weiterentwicklung und wendet sich ab vom Sinn des Lebens.

Wer nicht bereit ist, seinen freien Willen einzusetzen, und zwar nach bestem Wissen und Gewissen, der gibt ihn an andere ab. Er lässt andere für sich handeln und verliert bald die Autorität über sich selbst. Er wird mehr und mehr fremdgesteuert. Das wäre die falsche Art des Loslassens. Wir sollten nur das loslassen, was uns Energie kostet und was uns dadurch an unserer Entfaltung hindert. Das setzt voraus, dass wir nachdenken, überlegen, uns ein Urteil bilden, alles hinterfragen. Nur so können wir uns der Möglichkeiten bewusst werden, die uns zur Verfügung stehen. »Den Willigen führt das Schicksal, den Nichtwilligen reißt es mit sich fort«, sagt schon Seneca (um 4 v. Chr. bis 65 n. Chr.)

Wenn wir nicht loslassen von dem Irrglauben, dass wir nichts tun können, so treiben wir immer weiter auf eine »Gesellschaft des Machen-lassens« zu. Wir werden immer manipulierbarer, unterdrückbarer und erpressbarer. Gibt es von diesen Menschen um uns herum und weltweit nicht schon genug?

Der freie Wille versetzt uns in die Lage, jede Situation zu verändern. Die Frage ist, ob wir es wirklich wollen oder vielleicht nur »gerne möchten«. »Wirklich wollen« führt zu Taten. »Möchten« bleibt auf halbem Weg stehen.

Nutzen wir also das Geschenk
unseres freien Willens,
um loszulassen von allem, was uns
hindert, unser Leben schöner
zu gestalten und ihm mehr Sinn
und Inhalt zu geben.

# Der Einsatz des freien Willens für richtige Entscheidungen

Um eine Entscheidung zu treffen, müssen Sie Ihren Willen einsetzen. Sie entscheiden sich, etwas loszulassen oder nicht. Sie treffen auch eine Entscheidung darüber, was Sie loslassen wollen. Wahrscheinlich überprüfen Sie, ob Ihre Entscheidung richtig ist, also ob Sie Ihren freien Willen für etwas Richtiges einsetzen.

Prinzipiell gibt es Entscheidungen, die in Harmonie mit den Naturgesetzen sind, und solche, die den Gesetzen nicht entsprechen.

Betrachten wir in diesem Zusammenhang einige Entscheidungsmöglichkeiten:

- Sie werden um Ihre Meinung gefragt. Sie versuchen, eine möglichst sachliche, aber ehrliche Antwort zu geben. Oder reagieren Sie mit Kritik? Das Gesetz sagt: *Kritik fordert Kritik heraus.*
- Sie stellen fest, dass jemand aus Ihrer Familie Ihrer Meinung nach häufig falsche Entscheidungen trifft. Sie meinen, dass Sie dagegen etwas unternehmen müssten. Sie erteilen ungefragt Ratschläge, denn Sie glauben, die Lösungen zu kennen. Das Naturgesetz aber besagt: *Wer sich einmischt, nimmt den anderen ihre Lernprozesse.*
- Sie werden zu einer Bergtour eingeladen. Bergwanderungen lieben Sie. Aber diese Tour enthält auch Kletterpassagen. Klettern ist nicht Ihre Sache, Sie sind darin völlig ungeübt. Ihre Freunde meinen, mit ihrer Hilfe und etwas Mut sei das kein Problem. Glauben Sie, dass Sie als

feige gelten, wenn Sie absagen? Das Gesetz lautet: *Wer sich wissentlich in Gefahr begibt, steht nicht unter Schutz.* Wie entscheiden Sie sich?

| erkennen | entscheiden | durchführen |
|---|---|---|
| Selbsterkenntnis | | |
| den Sinn des Lebens erkennen | Einsatz des freien Willens | |

Verstand und Gefühl stehen Ihnen für die Entscheidungsfindung zur Verfügung. Diese erteilen Ihnen jedoch unterschiedliche Ratschläge.

Sie wissen tief in Ihrem Inneren, was richtig ist. Ihr Gefühl sagt es Ihnen. Auch Ihr Verstand erkennt, was richtig ist. Trotzdem ist der eigentliche Schritt noch nicht getan. Der Verstand setzt seine Gegenargumente ein. Diese beginnen meist mit folgenden Worten: »Aber dann …«, »Vielleicht doch nicht …«, »Zu riskant …«, »Was sagen andere, wenn …«, »Jetzt noch nicht …« usw. So argumentiert der Verstand gegen das Gefühl, also gegen die Intuition.

Kommen Sie vielleicht deshalb zu keiner Entscheidung, weil Sie etwas loslassen sollten? Erst wenn Sie diese Frage geklärt haben, wird es Ihnen möglich sein, den richtigen Entschluss zu fassen. Jetzt tritt der freie Wille in Aktion und Sie sind in der Lage, das Richtige zu tun.

Ein einfaches Beispiel soll diese Vorgänge verdeutlichen: Sie merken schon seit einiger Zeit, dass Ihnen verschiedene Dinge, die Sie essen oder trinken, nicht gut tun. Ihr Gefühl sagt Ihnen immer wieder: »Das sollte ich jetzt nicht essen.« Auch verstandesmäßig wissen Sie, dass eine Änderung Ihrer Ernährungsgewohnheiten der richtige Weg wäre. Es kann sein, dass Sie sogar wichtige Informationen für eine Ernährungsumstellung »vor die Nase gesetzt« bekommen. Der Verstand argumentiert aber dagegen. Das geschieht etwa auf diese Weise: »Mit einer Kostumstellung stehst du außerhalb der Gesellschaft. Du kannst doch nicht so aus der Reihe tanzen. Was werden die Freunde sagen? Außerdem ist es doch unbequem.«

In dieser Situation ist es an der Zeit zu fragen, was Sie loslassen sollten, um zu einem Entschluss zu kommen: Handelt es sich um Mutlosigkeit, um mangelndes Selbstvertrauen oder um Bequemlichkeit? Erst wenn Sie sich über Ihre Schwäche klar geworden sind, können Sie sich entscheiden. Ihr freier Wille kann nun in Aktion treten und den Entschluss in die Tat umsetzen.

Gibt es denn bei jeder Entscheidung etwas loszulassen? Wir beantworten diese Frage eindeutig mit Ja. Auch wenn in einer Situation im Augenblick nichts Bestimmtes im Vordergrund steht, so ist da immer noch unser »Ego«, das alles Wissen für sich beanspruchen möchte und das so schwer loszulassen ist. Das »Ego« ist eng mit dem Verstand verbunden. Es meint: »Ich weiß, was richtig ist.« »Ich weiß, was für mich das Beste ist.« Wissen Sie das wirklich immer? Haben Sie sich noch nie geirrt? Gibt es nicht doch eine Macht, die weitblickender ist als Sie?

Bei vielen Menschen dominiert der Verstand die Entscheidungen. Sie handeln nicht aus ihrem Gefühl heraus. Sie vertrauen ihrer Intuition nicht. Warum ist das so? Gefühl und Intuition melden sich leise, während der Verstand lautstark argumentiert. Es sollte jedoch Ausgewogenheit zwischen Verstand und Gefühl bestehen. Wenn es gelingt, loszulassen von unserem Ego, werden Gefühl und Intuition besser vernehmbar.

So sollten wir unsere Entscheidungen treffen:

Verstand 50 % ↓ überprüfen bewerten ↘

Gefühl/Intuition 50 % ↓ Verbindung mit den Naturgesetzen ↙

entscheiden

Es empfiehlt sich also, von der Meinung loszulassen, dass Sie den richtigen Weg immer allein erkennen. Wenn Sie es schaffen, mehr auf Ihre innere Stimme und Ihr Gefühl zu hören und sich so der Führung Gottes und der Naturgesetze anzuvertrauen, gewinnen Sie den großen Vorteil, bessere Entscheidungen treffen zu können. Verstand und Gefühl bilden dann ein ausgeglichenes Paar.

Möglicherweise denken Sie, dass eine solche Einstellung im Widerspruch zu Ihrem freien Willen steht. Das ist jedoch nicht der Fall. Die Durchführung eines Entschlusses bleibt allein Ihrem freien Willen anvertraut.

Allerdings wird es Ihnen leichter fallen, mit Ihrem freien Willen umzugehen, wenn Sie diesen »freiwillig« den Naturgesetzen und dem Willen Gottes angepasst haben. (Mehr über die Natur- bzw. Lebensgesetze siehe Kapitel »Woher wir Hilfe bekommen«.)

Nichts und niemand können Sie daran hindern, Ihrem Leben dadurch eine andere Richtung zu geben. Das ist schön und tröstlich. So brauchen Sie niemals in Hoffnungslosigkeit zu versinken. Die Zuversicht, einen neuen Weg gehen zu können, bleibt immer bestehen.

Es ist sehr befriedigend, unzählige Fälle miterleben zu können, in denen Menschen durch den richtigen Einsatz ihres freien Willens und durch Loslassen ihr Leben grundlegend verändert haben. Viele haben von Abhängigkeiten losgelassen, haben zu rauchen aufgehört, falsche Gewohnheiten abgebaut, ihre Gesundheit verbessert oder wiedererlangt, haben Talente entwickelt, ihren Charakter zum Positiven verändert, den richtigen Beruf gefunden, sind selbstbewusst geworden, haben wertvolle Freunde gewonnen und Liebe, Glück und Zufriedenheit erreicht.

Danken wir also dafür, dass wir uns durch
nichts einschränken lassen müssen,
dass uns kein vorbestimmtes Schicksal
behindert und dass wir »frei-willig«
den Weg unserer Weiterentwicklung
gehen können.

## ÜBUNG 3: Alltägliche Entscheidungen hinterfragen

Täglich treffen Sie viele Entscheidungen. Jeder Ihrer Handlungen geht eine Entscheidung voraus.

1. Beobachten Sie, welche alltäglichen Entscheidungen Sie treffen. Beispiele: Was ziehe ich an? Was esse ich zum Frühstück? Wie viel Zeit muss ich einplanen für den Weg

zur Arbeit? Was kaufe ich an Lebensmitteln ein? Nehme ich eine Einladung an?

2. Hinterfragen Sie Ihre Entscheidungen: Fühlen Sie sich bei so manchem, das Sie tun, gezwungen oder setzen Sie Ihren freien Willen zu Ihrem Besten ein? Mag sein, dass das für Sie selbstverständlich ist. Aber, Hand aufs Herz, haben Sie noch nie eine Einladung angenommen, obwohl es für Sie besser gewesen wäre, früh zu Bett zu gehen, weil am nächsten Tag eine besondere Belastung auf Sie wartete? Berücksichtigen Sie bei der Wahl Ihrer Kleidung immer Ihre Gesundheit oder dominieren andere Aspekte?
3. Nutzen Sie die Möglichkeit, sich die Folgen Ihrer Handlungsweise vorzustellen und treffen Sie erst dann eine Entscheidung.

# Woher wir Hilfe bekommen

*Die Gesetze der Natur und die Gottes sind Synonyme.*
(Jakow Trachtenberg)

Auf dem Weg der Entfaltung unserer Persönlichkeit werden wir nicht alleingelassen. Naturgesetze, die auf geistig-seelischem Gebiet wirken, bieten uns ständig ihre Hilfe an. Sie zeigen uns, wofür wir unseren freien Willen einsetzen sollten und was es loszulassen gilt. Es ist nun unsere Aufgabe, diese Hilfen zu erkennen und anzunehmen. Pfarrer Sebastian Kneipp (1821–1897) drückt das so aus: «Glaubt mir: Der Herrgott hat in seinen Naturgesetzen gut gesorgt, wenn der Mensch nur danach lebt.«

Naturgesetze sind intelligente, objektive, entwicklungsfähige, kommunikations- und kooperationsfähige Mächte. Ohne sie würde im Universum Chaos herrschen. Sie existieren schon seit Urzeiten. Sie wirken immer und für alle Menschen gleich, unabhängig davon, ob wir sie kennen und akzeptieren oder nicht. Sie können nicht durch den Menschen außer Kraft gesetzt oder beeinflusst werden.

Ein Teil der Naturgesetze wirkt auf materieller Ebene. Diese Tatsache ist Ihnen bekannt. Wenn Sie einen Gegenstand fallen lassen, so fällt er, den Gesetzen des freien Falles entsprechend, zu Boden.

Ein anderer Teil der Naturgesetze wirkt auf geistig-seelischer Ebene. Auch das ist Ihnen bestimmt nicht neu, aber vielleicht nicht so sehr bewusst. Die Erfahrungen der Menschen mit diesen Gesetzen haben sich in vielen Sprichwörtern niedergeschlagen:

»Wer anderen eine Grube gräbt, fällt selbst hinein«, das heißt: Das Böse rächt sich.

»Wie man in den Wald hinein ruft, so schallt es zurück.« Damit ist das Gesetz des Spiegelbildes gemeint.

»Was in sich uneins ist, zerfällt«, denn es kann durch verschiedene Einflüsse geteilt werden.

»Es ist noch kein Meister vom Himmel gefallen.« Das bedeutet, dass der Weg der kleinen Schritte richtig ist.

»Lügen haben kurze Beine.« Die Wahrheit kommt immer ans Licht.

Die Tatsache, dass Unkenntnis eines Gesetzes nicht vor den Folgen schützt, wurde in menschliche Rechtssysteme übernommen. Das bedeutet, dass wir uns darum bemühen sollten, die Gesetze zu kennen. Denken Sie nur an die Gesetze, die den Straßenverkehr regeln. Was würde geschehen, wenn niemand sie beachten würde?

Vielen Menschen sind die Naturgesetze, die auf geistiger Ebene wirken, nicht bewusst oder nicht bekannt. Weil ihre Wirkung aber nicht ausgeschaltet werden kann, lernen wir die Gesetze durch Erfahrung kennen. Das kann auf sehr angenehme Weise geschehen, in Form von Erkenntnissen, die wir uns verdient haben. Es kann aber auch recht unangenehm sein, wenn wir lange nicht hören. Wir werden dann durch Ereignisse darauf aufmerksam gemacht, dass wir einem Gesetz Folge leisten sollen. Die Möglichkeiten reichen von kleinen Missgeschicken bis zu Unfällen, von Unpässlichkeiten bis zu Krankheiten.

Die Naturgesetze sind so zahlreich, dass wir nicht alle auflisten können. Und doch kennen Sie mehr davon, als Ihnen bewusst ist. Hier nur einige wenige Beispiele:

- Alles, was sich weiter entwickelt, wird ewig leben. *(Oberstes Gesetz)*
- Was man sät, das erntet man. *(Grundgesetz: Gesetz von Ursache und Wirkung)*
- Mitgefangen, mitgehangen.
- Was mich an anderen stört, zu mir gehört. *(Gesetz des Spiegelbildes)*
- Wissen verpflichtet.
- Jedes Bemühen wird belohnt.
- Im Zustand der Konzentration können wir keinen Fehler machen.
- Wer sich wissentlich in Gefahr begibt, steht nicht unter Schutz.
- Stillstand ist gleichbedeutend mit Rückgang.
- Positives zieht Positives an – Negatives zieht Negatives an. *(Johann Wolfgang von Goethe: »Sage mir, mit wem du gehst, und ich sage dir, wer du bist.«)*
- Ohne Fleiß kein Preis.

Besonders wichtig ist das Grundgesetz von Ursache und Wirkung. Sie können es überall nachvollziehen, in der materiellen Welt und ebenso auf geistig-seelischem Gebiet.

Alle physikalischen, chemischen und atmosphärischen Erscheinungen haben eine bestimmte Ursache. Diese Ursache bewirkt eine Veränderung. Wärme etwa bewirkt, dass Wasser verdunstet.

Oder denken Sie an die Gesetze der Erdanziehung, an die Hebelgesetze, an chemische Reaktionen, die immer eintreten, wenn bestimmte Stoffe zusammenkommen. Auch alle Vorgänge in unserem Körper sind bestimmten Gesetzmäßigkeiten unterworfen. Auf geistigem Gebiet wissen Sie gewiss aus Erfahrung, dass Unaufmerksamkeit oft zu kleinen oder größeren Unfällen führt, dass meistens das eintrifft, was Sie erwarten (sich selbst erfüllende Prophezeiung), dass Rache und Vergeltung wieder Rache und Vergeltung zur Folge haben, und vieles mehr.

Das Gesetz von Ursache und Wirkung wird von manchen Menschen als bedrohlich empfunden, weil wir den Folgen unserer Handlungen nicht ausweichen können. Die positive Wirkungsweise dieses Gesetzes nehmen wir als selbstverständlich hin, weil uns angenehme Folgen richtigen Verhaltens nicht stören. Wir möchten hier die beiden »Gesichter« dieses Lebensgesetzes verdeutlichen.

| | |
|---|---|
| Loslassen von Schwächen | Energie |
| Bemühen um Weiterentwicklung | Gesundheit |
| richtige Entscheidungen | Freude, Erfolg |
| Vertrauen in Gott und die Naturgesetze | Geborgenheit |
| **Ursache** ——————→ | **Wirkung** |
| Festhalten an Schwächen | Probleme |
| falsche Entscheidungen | Energieverlust |
| Stillstand in der Entwicklung | Krankheit |

Die Naturgesetze reagieren auf jede Ursache, die Sie setzen. Ganz einfach ausgedrückt bedeutet das: Haben Sie sich den Naturgesetzen gemäß verhalten, also eine richtige Entscheidung getroffen, so ist das Resultat eine Belohnung. Verhalten Sie sich gegen die Naturgesetze, so bleiben die negativen Konsequenzen nicht aus.

Erschreckt Sie das? Stecken Sie da nicht doch in einer

Zwangsjacke? Nein, denn durch die Probleme, die durch Ihre Handlungsweise entstanden sind, werden Sie aufgefordert, einen anderen Weg einzuschlagen. Ihr freier Wille gibt Ihnen dazu die Möglichkeit. Das alte Sprichwort »Aus Erfahrung wird man klug« besagt nichts anderes, als dass wir Änderungen vornehmen können und sollen.

Sie brauchen auch nicht sofort an hochdramatische Folgen zu denken. Bis es zu wirklich gravierenden Konsequenzen kommt, ergehen eine Reihe von Vorwarnungen oder Hinweisen an Sie. Die Naturgesetze reagieren auf jede kleinste Entscheidung, auf jede Ihrer Handlungen, ja sogar auf Ihre Gedanken. So können die Naturgesetze eine Persönlichkeit leiten. Ob Sie das wollen, ist Ihrem freien Willen anheimgestellt. Sie *müssen* nicht auf die Hinweise reagieren, die Sie bekommen. Sie *können* aber darauf reagieren oder besser gesagt: Sie *dürfen*.

## ÜBUNG 4: Hinweise erkennen

Das ist wieder eine Beobachtungsaufgabe. Beobachten Sie, was passiert, wenn Sie vor einer Entscheidung stehen: Was fällt Ihnen auf? Wer oder was begegnet Ihnen? Was ereignet sich? Was hören oder sehen Sie »zufällig«? Wie fühlen Sie sich?

*Beispiel:* Hinweise haben oft symbolischen Charakter. Sie haben plötzlich Kopfschmerzen. Möglicherweise zerbrechen Sie sich zu sehr den Kopf und fragen nur Ihren Verstand. Sollten Sie nicht loslassen, um auch auf Ihr Gefühl eingehen zu können?

Magenschmerzen stellen sich ein. Etwas an der Entscheidung, die Sie treffen sollen, liegt Ihnen im Magen. Vielleicht symbolisieren die Schmerzen Ängste und Zweifel, die Sie zuerst loslassen sollten, um frei entscheiden zu können. Oder ist die Entscheidung innerlich schon längst gefallen und liegt Ihnen jetzt im Magen?

Auf dem Weg zu einer wichtigen Besprechung stolpern Sie über eine Stufe. Überprüfen Sie, ob es da vielleicht einen Stolperstein gibt, bevor Sie eine Entscheidung treffen.

Alle diese Beispiele sind Vorwarnungen, die uns vor falschen Entscheidungen bewahren wollen.

| **erkennen** | **entscheiden** | **durchführen** |
|---|---|---|
| Selbsterkenntnis | | |
| den Sinn des Lebens erkennen | Einsatz des freien Willens | |
| Hinweise erkennen | Hilfe der Naturgesetze annehmen | den Gesetzen Folge leisten |

Wie eindringlich und zugleich liebevoll die Warnungen der Naturgesetze sein können, zeigt folgendes Beispiel. Ein junger Mann fuhr mit seinem Auto gegen drei Uhr früh nach Hause. Er hatte den ganzen Abend, den er in Gesellschaft verbracht hatte, keinen Alkohol getrunken und fühlte sich voll fahrtüchtig. Er war etwa 300 Meter von seiner Wohnung entfernt, als der Wagen plötzlich ausbrach, einen Zaun durchschlug und frontal gegen einen großen Baum krachte. Das Auto war stark beschädigt. Trotzdem stieg der Mann unverletzt aus. Er hatte nur ein paar Kratzer an der Hand und auf der Nase. Wie es zu diesem Unfall gekommen war, konnte er hinterher nicht sagen. Wahrscheinlich war er für eine Sekunde eingeschlafen.

Was aber war der Hintergrund, die Ursache für diese eindringliche Warnung? Wir konnten das in einem Gespräch klären: Schon einige Zeit zuvor hatte er einen geringfügigen Auffahrunfall gehabt. Auch damals war er in der gleichen Gesellschaft gewesen und war lange nach Mitternacht nach Hause gefahren. Diese Warnung hatte er nicht verstanden. Wie sich herausstellte, waren es falsche »Freunde«, mit denen er zusammen war. Er hätte sie schon nach dem Auffahrunfall loslassen müssen. Außerdem hatte er nicht wahrhaben wollen, dass er zu später Stunde bereits zu müde war, um wirklich fahrtüchtig zu sein.

Ist denn das eine liebevolle Warnung, wenn ein Auto stark beschädigt ist und die Reparatur eine Menge Geld kostet? Ja, ganz sicher, denn normalerweise wäre der Mann zumindest schwer verletzt gewesen. Sie kennen gewiss Unfälle, bei denen es wie ein Wunder erscheint, dass Menschen, die daran beteiligt waren, glimpflich davonkamen. Solchen drastischen Warnungen sind immer schon Hinweise vorangegangen, die darauf aufmerksam machen, dass man etwas ändern sollte, dass etwas losgelassen werden muss.

Wenn wir bereit sind, unseren Willen den universellen Gesetzmäßigkeiten anzugleichen, also für uns richtige Entscheidungen zu treffen, sind positive Wirkungen die Folge.

Sie brauchen keine Angst vor falschen Entscheidungen zu haben. *Fehler sind Lernprozesse.* Sie sollten sie als solche akzeptieren. Allerdings ist es notwendig herauszufinden, wo die Ursache des Fehlers liegt, um ihn nicht zu wiederholen und so vielleicht eine negative Kettenreaktion auszulösen. Dazu ist es günstig, die Geschehnisse, Ihr Verhalten, Ihre Gefühle,

Ihre Argumente für die getroffene Entscheidung ehrlich zu hinterfragen. Ohne Ehrlichkeit zu sich selbst würden Sie bald wieder den gleichen Fehler machen. Die Naturgesetze müssten Ihnen weitere Gelegenheiten geben, eine richtige Entscheidung zu treffen, denn sie sind stets bemüht, Lernprozesse in Gang zu setzen, die für Sie förderlich sind. Das ist der Grund, warum Ihnen manche Dinge immer wieder begegnen und Sie wiederholt in gleiche oder ähnliche Situationen kommen.

# Flexibilität, Fleiß und freier Wille gehen Hand in Hand

Menschen, die bereit sind, gegen die Mehrheit eine eigene Meinung zu vertreten, bekommen oft Vorwürfe zu hören. Da heißt es dann: »Lass dir doch etwas sagen.« »Hör doch auf die öffentliche (veröffentlichte) Meinung.« »Musst du denn immer aus der Reihe tanzen?« »Kannst du dich denn nicht anpassen!« »Immer musst du alles anders machen als die anderen.«

Wir werden oft als stur hingestellt und gelten als unverbesserliche Individualisten, wenn wir nicht »mit den Wölfen heulen«. *Sich manipulieren zu lassen, hat jedoch nichts mit Flexibilität zu tun.*

Flexibel sind wir dann, wenn wir uns nach ehrlicher Überprüfung einer Situation oder Sachlage zu einem eigenen Weg, zu einer Änderung entschließen. Bleiben wir trotz besseren Wissens bei unserer Haltung, sind wir stur. *Flexibilität ist also das Gegenteil von Sturheit.* Flexibilität äußert sich in dem Willen, sich zu verändern, sich zu entfalten, loszulassen von allem, was behindert. Flexibilität und freier Wille sind eng miteinander verknüpft. Wer ehrlich und genau überprüft, wie und wo er seinen Willen zur Veränderung einsetzt, der wird nicht manipulierbar sein.

Flexibilität ist oft auch während eines Prozesses des Loslassens notwendig, denn gelegentlich sind »Kurskorrekturen« angezeigt. Manchmal stellen wir fest, dass ein Entschluss an sich richtig ist, dass wir den Weg aber erst finden müssen, um die Entscheidung in die Tat umzusetzen.

| erkennen | entscheiden | durchführen |
|---|---|---|
| Selbsterkenntnis | | |
| den Sinn des Lebens erkennen | Einsatz des freien Willens | |
| Hinweise erkennen | Hilfe der Naturgesetze annehmen | den Gesetzen Folge leisten |
| neue Erkenntnisse durch Flexibilität | Erkenntnisse dankbar annehmen | Fleiß hilft loszulassen |

Nehmen wir an, Sie haben eine Entscheidung getroffen. Sie setzen also Flexibilität und freien Willen ein. Nun brauchen Sie noch etwas mit auf den Weg, um Ihr Ziel sicher zu erreichen. Das Zauberwort heißt »Fleiß«. Sie fordern durch Fleiß die Hilfe der Naturgesetze heraus. Das bedeutet, dass Sie nun Hinweise bekommen, die Ihnen weiterhelfen. Beobachten Sie aufmerksam, was sich um Sie herum ereignet, wer etwas sagt, das Ihnen auffällt, was Sie »zufällig« lesen und dergleichen mehr.

Schon dadurch, dass Sie sich für das Thema »Loslassen« interessieren, zeigen Sie, dass Sie bereit sind, sich zu verändern. Sie sind fleißig. Wer bequem ist, wird sich keine Gedanken machen, was er loslassen oder ändern sollte. Schon gar nicht würde er darüber nachdenken, wie er eine Änderung herbeiführen könnte. Den Schritt, sich zu informieren, macht kein fauler Mensch.

Manchmal begegnen uns jedoch Äußerungen wie: »Ich möchte erst einmal warten, was kommt« oder »Ich möchte sehen, ob sich die Angelegenheit von selbst löst«. Leider löst sich keine Situation wirklich von selbst. Alles bedarf unserer

Entscheidung. Wir werden von Gott und den Naturgesetzen geprüft, ob wir bereit sind, uns zu entfalten.

Wenn Sie sagen »Diese Angelegenheit hat sich ganz von selbst gelöst«, so bleibt die Frage: Haben Sie nichts dazu beigetragen? Haben Sie vielleicht nach einer Lösung gesucht, sie aber nicht gefunden? Wenn Sie dann losgelassen haben im Vertrauen darauf, dass die Naturgesetze wissen, was für Sie das Beste ist, kam die Lösung »von selbst«. Wenn Sie aber tatsächlich untätig waren, hat sich das Problem nur verlagert und taucht in anderer Gestalt wieder auf.

Loslassen geschieht nicht einfach dadurch, dass ich sage: »Das lasse ich jetzt los«. Das ist nur der Entschluss, die Zündung sozusagen. Dann läuft der Motor und muss in Gang gehalten werden. Die Durchführung Ihres Entschlusses beginnt.

Angenommen Ihr Arbeitsplatz ist für Sie nicht mehr richtig. Ihre Arbeit ist zu einem täglichen Einerlei geworden. Sie können nichts mehr dazulernen. Außerdem werden Sie »gemobbt«. Das macht Ihnen das Leben schwer. Deswegen entschließen Sie sich, loszulassen und eine andere Arbeitsstelle zu suchen. Nun ist Ihr Fleiß in zweifacher Hinsicht gefragt. Da ist zunächst die Suche nach einer neuen Stelle, die Sie mit mehr oder weniger Fleiß und Ausdauer betreiben können. Fleißig sollten Sie aber auch in einer anderen Beziehung sein. Es ist wichtig, dass Sie Angebote genau überprüfen und dass Sie Ihre Motive hinterfragen. Wir meinen damit, dass Sie sich bewusst machen, was für die Annahme einer neuen Stelle ausschlaggebend ist. Wie oft hören wir, dass jemand eine für ihn richtige Stelle nicht annehmen wollte, weil er in eine andere Stadt hätte ziehen müssen. Manche Menschen schlagen eine gute Gelegenheit aus, weil sie sich von einem Angehörigen regelrecht erpressen lassen. Da heißt es dann: »Wenn du diese Stelle annimmst, sind wir geschiedene Leute.« Ihre Motive sollten sein, einer Arbeit nachzugehen, bei der Sie dazulernen können. Sie darf anderen Menschen keinen Schaden bringen, wie das beispielsweise durch die Erzeugung von Tabakwaren der Fall ist. Sie sollte Nutzen für andere Menschen bringen. Es ist Ihr persönlicher Vorteil, dass durch die richtige Arbeit Ihr Selbstwertgefühl steigt. Sie fühlen sich glücklicher und zufriedener.

Fleiß äußert sich auch darin, dass Sie auf die Hinweise achten, die Ihnen die Naturgesetze geben. Sie könnten sich eine Liste anlegen, in die Sie eintragen, was für oder gegen eine Stelle spricht und welche Hinweise Sie bekommen. Beachten Sie den ersten Eindruck, den Sie von einer Firma haben, oder was Ihnen auf dem Weg dorthin begegnet oder auffällt. Ein Mann, der zu einem Vorstellungsgespräch unterwegs war, nahm die S-Bahn in die falsche Richtung. Das war ein deutliches Signal dafür, dass ihn diese Arbeit von seinem Weg abgebracht hätte.

Was tun, wenn sich nur eine einzige Möglichkeit bietet und Sie keine Wahl haben? Nun, dann ist für den Augenblick diese Stelle richtig, selbst dann, wenn sie nicht für längere Zeit gedacht ist. Auch in diesem Fall gibt es Lernprozesse, die Sie gut nutzen können.

Das zeigt der Fall eines Klienten. Die Firma, in der er als Diplomingenieur einen guten Posten hatte, musste schließen. Der Mann fand keine entsprechende Stelle. Er hatte aber vor seinem Diplom den Beruf eines Maschinenschlossers erlernt. Auf den Rat von Frau Dr. Müller-Kainz hin bewarb er sich in diesem Beruf und bekam sofort eine Anstellung. Das war eine Demutsprüfung für ihn, die er bestand. Schon nach einem halben Jahr fand er wieder Arbeit als Diplomingenieur.

Bequemlichkeit wäre das Ende jeder Weiterentwicklung. Bequeme Menschen neigen dazu, Fehlentscheidungen zu akzeptieren, Missgeschicke und unangenehme Ereignisse hinzunehmen. Sie glauben, dass sie nichts dagegen tun können und wollen meist wegen ihrer »unglücklichen Situation« bedauert werden.

Bequemlichkeit und Sturheit sind ein fatales Geschwisterpaar, das dafür sorgt, dass jede Entwicklung zum Stillstand kommt. Der Charakter ändert sich rasch zum Negativen und der Abstieg beginnt.

Fleiß und Flexibilität
sind bei jedem Prozess des Loslassens
unverzichtbare Begleiter.

# Die richtige Art der Selbstverwirklichung

Im Zusammenhang mit dem freien Willen wird manchmal das Wort Selbstverwirklichung gebraucht. Es wird sehr oft falsch verstanden. Manche Menschen meinen, das sei eine egoistische Haltung, die keine Rücksicht auf andere nimmt, also ein »Selberweiterkommen« um jeden Preis. Mit Selbstverwirklichung im richtigen Sinn ist geistig-seelische Weiterentwicklung gemeint. Sie bedeutet, den freien Willen für dieses maßgebende Lebensziel einzusetzen. Das Leben ist eine Schule und Lernen ist unsere Aufgabe. Jeder Tag ist ein neuer Schultag. Die Aufgaben werden für jede Seele individuell gestellt und machen die Tagesschule aus. Ein guter Schüler in der Lebensschule zu sein, bedeutet auch für unser Umfeld Verbesserung. Unterschätzen Sie nicht Ihre Wirkung als Vorbild! Sind nicht Menschen, die flexibel, fleißig und mutig ihren Weg gehen, angenehmere Zeitgenossen als die sturen, bequemen und mutlosen?

Egoistisch sind nur Entscheidungen, die dem eigenen Vorteil dienen, dabei aber die Situation anderer Menschen nicht mehr wahrnehmen.

Matthias Claudius (1740–1815) sagt: »Die Freiheit besteht darin, dass man alles tun kann, was einem anderen nicht schadet.«

Selbstverwirklichung bedeutet für jeden Einzelnen, den Platz im Gesamtplan des Universums auszufüllen, für den er am besten geeignet ist. Sie ist gleichzusetzen mit der Lebensaufgabe, die jeder Mensch hat.

# Hürden oder Warnsignale?

Häufig hören wir Argumente wie: »Ich kann nicht frei handeln. Ich kann mein Umfeld nicht verändern.« »Meine Familie teilt meine Ansichten nicht. Da habe ich eben Verpflichtungen.« »Diese Schwäche habe ich geerbt, da kann ich nichts ändern.«

Solche Situationen sind *Hürden*. Das sind Aufgaben, die gelöst werden sollen und können. Hürden sind Gelegenheiten, unseren freien Willen einzusetzen, aber nicht, ihn rücksichtslos durchzusetzen. Letzteres würde nicht zu einer Lösung, sondern zu Konflikten führen.

Hürden stellen Prüfungen dar und sind Teil unserer Lebensschule. Sie sind immer unseren Möglichkeiten angepasst. Wir werden nie überfordert, selbst dann nicht, wenn wir uns sehr anstrengen müssen. Sie sind eine Gelegenheit, zu wachsen und stark zu werden.

Haben wir eine Hürde zu überwinden, so verschwindet das Problem, sobald wir die richtige Entscheidung getroffen haben und auch dabei bleiben. Das erfordert oft Selbstdisziplin, Geduld und Durchhaltevermögen. Je nachdem, um welche Art von Veränderung es sich handelt, brauchen die Dinge mehr oder weniger Zeit. Eine Verbesserung der Situation lässt sich aber rasch erkennen, sodass wir merken, dass wir auf dem richtigen Weg sind.

Sie könnten jetzt einwenden, dass Sie Ihr Umfeld weder verändern noch ausschalten können. Das ist richtig. Aber wenn Sie sich selbst ändern, so ändert sich damit auch Ihr

Umfeld. Das glauben Sie nicht? Ihr Umfeld spiegelt Ihr Verhalten wider. Sie haben es gewiss schon erlebt, dass ein Vorgesetzter dem einen Mitarbeiter gegenüber immer freundlich ist, einem anderen gegenüber aber immer kritisch oder grob. Der erste Mitarbeiter ist höflich und kooperativ, der andere ist kritisch und nicht immer angenehm. So spiegelt der Vorgesetzte alle beide wider.

Wir sehen also in Menschen unseres Umfelds immer unser Spiegelbild. Wenn Sie sich ändern, so verändert sich auch Ihr Spiegelbild. Sie brauchen dann das Problem, das vorher vorhanden war, nicht mehr als Prüfung oder Hinweis dafür, dass Sie eine bestimmte Haltung loslassen sollten. Deshalb muss das Spiegelbild verschwinden. Sie haben Ihre unpassende Verhaltensweise losgelassen. Unter diesem Gesichtspunkt gewinnt der Ausspruch »Ändere dich selbst und du veränderst die Welt« seine wahre Bedeutung.

Was mich an anderen stört,
hat immer
mit mir selbst zu tun.

*(Spiegelbildgesetz)*

Was kann eine Hürde darstellen? Nehmen wir an, eine Frau hört gern Konzerte. Ihr Partner interessiert sich nicht dafür und lehnt es ab, mit ihr ein Konzert zu besuchen. Soll die Frau nun auf Konzertbesuche verzichten? Nein. Sie soll lieber Diplomatie und Durchsetzungsvermögen üben. Sie könnte mit einer Freundin das Konzert besuchen. Ihr Mann hätte dann Gelegenheit, etwas zu unternehmen, das ihn interessiert.

Eine andere Situation könnte so aussehen: Sie sollen eine verantwortungsvolle Aufgabe übernehmen, der Sie sich zunächst nicht gewachsen fühlen. Um diese Hürde zu überwinden, benötigen Sie Mut, Intelligenz, Fleiß, vielleicht auch Ausdauer. Nehmen Sie die Herausforderung an, so gehen Sie bald durch offene Türen.

Sollte sich jedoch herausstellen, dass diese Aufgabe für Sie nicht richtig ist, so würden gravierende Hindernisse auftreten. In diesem Fall brauchen Sie Ehrlichkeit zu sich selbst und den Mut abzulehnen.

Minderwertigkeitsgefühle stellen für viele Menschen eine schwer zu überwindende Hürde dar. Nicht selten sind sie von Kindesbeinen an »gezüchtet« worden. Die Meinung, dass Äußerungen wie »Aus dir wird nie etwas« oder »Das schaffst du nie« einen Ansporn darstellen, ist falsch und führt zu einem verzerrten Selbstbild. Genauso destruktiv ist es, Kinder miteinander zu vergleichen, was zu Bemerkungen führt wie: »Schau, was deine Schwester alles kann.« Viele Menschen leiden bis weit in ihr Erwachsenenalter hinein unter diesen Zurücksetzungen.

Solche Hürden können aber dazu dienen, das Selbstwertgefühl bewusst zu steigern. Es ist dann notwendig, ehrlich und selbstkritisch seine Fähigkeiten, Talente und Leistungen zu überprüfen und sie aufzulisten. Sollten Sie zu den Betroffenen gehören, dann beschäftigen Sie sich bitte nicht mit dem, was Sie nicht können, sondern setzen Sie Ihre Stärken ein und entwickeln Sie diese weiter. Sie müssen nicht alles können. Es wäre falsch, als Gegengewicht zu einem Minderwertigkeitskomplex übertriebenen Ehrgeiz zu entwickeln, also ins andere Extrem zu verfallen.

Als Voraussetzung dafür, Komplexe überwinden zu können, ist es notwendig, dem oder den Urhebern, also meist den

Eltern oder anderen Menschen aus dem Umfeld, zu vergeben. Wirklich vergeben haben Sie, wenn Sie das Geschehene auch vergessen. Das gehört zu den Lernprozessen einer solchen Situation.

Hürden sind keine unnötigen Erschwernisse, um uns zu ärgern oder zu behindern, sondern Übungsmöglichkeiten auf dem Weg der Weiterentwicklung. Sie sollten sich immer bewusst sein, dass Sie ein wertvolles, unentbehrliches Mitglied der Gesellschaft sind. Ihr Bemühen um Ihr persönliches Weiterkommen zählt!

»Auch aus Steinen, die einem in den Weg gelegt werden, kann man etwas Schönes bauen« (Johann Wolfgang von Goethe).

Was sind *Warnsignale*? Das sind die »roten Ampeln«, die uns die Naturgesetze als Hilfe anbieten. Sie sollen uns direkt zu einer Richtungsänderung veranlassen.

Warnsignale verstärken sich, wenn Sie weiter in Ihrer Situation verharren. Sie werden immer dringender darauf hingewiesen, dass eine Änderung Ihres Verhaltens notwendig ist. Das gilt auf allen Gebieten des Lebens. Gott und die Naturgesetze sind an Ihrer Weiterentwicklung interessiert. Nur wenn der Einzelne sich entwickelt, entwickelt sich auch die Welt.

Erinnern Sie sich an das Beispiel des jungen Mannes, der einen Autounfall hatte? Er hatte die ersten Warnsignale nicht beachtet. Unfälle sind gesteigerte Warnsignale. Ebenso verhält es sich mit Krankheiten.

Sehen wir uns einmal eine Krankheit an, unter der viele Menschen leiden. Migräne ist eine schlimme Plage, die bis zu Arbeitsunfähigkeit führen kann. Sie steht bereits ziemlich am Ende der Kette von Warnungen, die an eine Seele ergehen.

Schlafstörungen und immer häufiger auftretende Kopfschmerzen wurden nicht beachtet. Da die meisten Menschen die Symbolsprache der Lebensgesetze nicht kennen, wurde die Ursache dieser unangenehmen Symptome nicht erkannt. *Krankheiten sind immer Symbole für Schwächen.* (Mehr darüber lesen Sie im Kapitel »Wie die Symbolsprache der Naturgesetze bei der Feststellung der Ursache von Krankheiten hilft«.)

Wer ständig mit dem Kopf durch die Wand will, also stur ist, fügt sich Schmerzen zu. Das tut weh. Es tut umso mehr weh, je länger jemand bei seiner Schwäche verharrt und je sturer er ist. Frau Dr. Müller-Kainz sagt dazu: »Alle meine Migränepatienten, die sich ehrlich bemüht haben, flexibler zu werden und loslassen zu lernen, haben ihre Krankheit überwunden.«

Erst wenn Sie die richtige Entscheidung treffen, verschwinden die Symptome. Sobald Sie die seelische Ursache beseitigen, also etwas Falsches loslassen, müssen auch die Auswirkungen verschwinden.

Andernfalls kommt es zu Symptomverschiebungen, also zu einer Reihe von anderen Krankheiten (Warnsignalen) oder eine Krankheit wird chronisch. Auf diese Weise können uns die Naturgesetze lenken, wenn wir nicht bereit sind, ihre Hilfe anzunehmen.

Wie Krankheiten und seelische Ursachen zusammenhängen, können Sie in dem Buch *Was Krankheiten uns sagen* nachlesen. Über Symptomverschiebungen und chronische Krankheiten finden Sie auch in dem vorliegenden Buch ein Kapitel (»Symptomverschiebungen und chronische Erkrankungen«).

| erkennen | entscheiden | durchführen |
| --- | --- | --- |
| Selbsterkenntnis | | |
| den Sinn des Lebens erkennen | Einsatz des freien Willens | |
| Hinweise erkennen | Hilfe der Naturgesetze annehmen | den Gesetzen Folge leisten |
| neue Erkenntnisse durch Flexibilität | Erkenntnisse dankbar annehmen | Fleiß hilft loszulassen |
| Lebensschule erkennen | Warnsignale beachten und umsetzen | Hürden überwinden |

Sowohl Hürden als auch Warnsignale sind Gelegenheiten, Entscheidungen zu fällen. Sie sind wichtige Ereignisse unserer Lebensschule. Wir sollten sie dankbar annehmen.

Es gibt jedoch auch Situationen, die nicht aufgegeben werden dürfen, auch wenn sie viele Hürden in sich bergen.

Alle Seelen haben die Aufgabe, sich weiterzuentwickeln. Darüber hinaus hat jede einzelne Seele ihre persönliche, individuelle Lebensaufgabe. Sie kann ein ganzes Leben umfassen. Es kann jedoch auch sein, dass ein Mensch mehrere Aufgaben nacheinander zu erfüllen hat. Haben wir unsere Lebensaufgabe erkannt und weigern uns, sie wahrzunehmen, so müssen gravierende Warnsignale einsetzen. Denn eine Weigerung hätte zu bedeuten, dass wir nicht bereit sind, unsere Fähigkeiten und Talente zu nutzen. Wir könnten sie somit auch nicht ausbauen und verbessern. Wir würden unseren freien Willen nicht dafür einsetzen, Hürden zu überwinden. Wir wären nicht bereit, unsere Lebensschule anzunehmen. *Wir würden auch die Lebensaufgabe verneinen, die jeder Mensch hat, nämlich die Weiterentwicklung der eigenen Persönlichkeit.*

Es besteht also eine enge Verbindung, eine Art Symbiose, zwischen der allgemeinen und der persönlichen Lebensaufgabe.

Nehmen wir an, Sie sind im Lehrberuf tätig. Das ist eine der schönsten und wichtigsten Aufgaben, die jemand haben kann. Ein guter Lehrer hat die Möglichkeit, jungen Menschen eine solide Grundlage für das Leben mitzugeben. An Hürden fehlt es aber in diesem Beruf gewiss nicht. Was würde passieren, wenn Sie diese Arbeit deshalb aufgeben wollten, obwohl es die richtige für Sie ist? Es müssten zu den Hürden dann auch noch Warnsignale kommen, die Ihnen sagen sollen, dass Sie in eine falsche Richtung gehen. Sie fühlen sich jedoch schon müde und ausgelaugt. Sie meinen, dass es einfach nicht mehr weitergeht. Das ist alles sehr verständlich. Wenn Sie sich nun entschließen können, Ihre Situation konstruktiv zu durchleuchten, haben Sie den richtigen Weg eingeschlagen. Sie haben sich geöffnet für eine mögliche Lösung, Sie haben Ihre Resignation losgelassen. Sie haben Ihrem freien Willen ein positives Ziel gegeben. Nun lautet die Frage: »Was kann ich ändern, wovon muss ich mich ›verabschieden‹? Habe ich vielleicht eine Schwäche, die mich blockiert, wie Mangel an Mut, Toleranz oder Geduld? Wird mein Durchhaltevermögen gefordert? Sollte ich mehr das Positive an meinen Schülern und ihren Leistungen sehen, als immer das ins Auge zu fassen, was nicht gelungen ist? Kann ich vielleicht unsinnige Vorschriften diplomatisch und positiv für mich und meine Schüler nutzen? Entzieht mir eine andere Arbeit oder ein Hobby zu viel Energie? Gerade bei Frauen kann das vorkommen, denn sie haben oft auch eine Familie, Haus und Garten zu betreuen. Hier ist es wichtig, eine Lösung zur Entlastung zu suchen.

Haben Sie die Ursache erkannt und treffen dann die richtige Entscheidung, so gehen Sie durch offene Türen.

Wir haben hier den Beruf des Lehrers als Beispiel für eine Lebensaufgabe geschildert. Selbstverständlich gilt das Gesagte auch für alle anderen Berufe, die eine persönliche Lebensaufgabe darstellen. In jedem Beruf gibt es Hürden, die zu überwinden sind.

Es gibt aber auch Warnsignale, die auf einen notwendigen Berufswechsel hinweisen. Diese sind manchmal nicht leicht von Hürden zu unterscheiden. *Beachten Sie bitte, dass Warnsignale immer mit einem Energieentzug einhergehen und stärker und unangenehmer werden, wenn wir sie nicht beachten.* Bei auftretenden Schwierigkeiten hilft es, zu fragen: »Was soll ich aus dieser Situation lernen?« Vertrauen Sie dann Ihrer Intuition, um Warnsignale zu erkennen.

Jeder Mensch kann seinen
freien Willen für richtige oder
falsche Entscheidungen einsetzen.
Beides tut er frei-willig.

# Wodurch schränken wir selbst unseren freien Willen ein?

Wir können uns falsch programmieren durch Gedanken wie: »Gewiss nicht«, »Das wird nichts«, »Das geht nicht«, »Das tut man nicht«, »Das glaube ich nicht«, »Das kann ich nie«, »Das kann ich nicht ändern.«

Wie finden Sie diese Aussagen? Sind sie motivierend, ermutigend, einladend? So beginnen alle Vorurteile! »Das Vorurteil ist eine Mauer, von der sich noch alle, die dagegen angerannt sind, mit blutigen Köpfen zurückzogen «, meint Johann Nestroy (1801–1862).

Wenn Sie bei Ihrem Auto die Handbremse nicht lösen, können Sie möglicherweise ein Stück fahren, aber nur langsam. Dann läuft die Bremse heiß und Sie gelangen nirgendwohin.

Ähnlich blockieren Vorurteile den freien Willen. Was sollten Sie denn noch tun wollen, wenn Sie das Urteil schon gefällt haben? Es ist, als ob Sie eine Tür nur einen kleinen Spalt öffnen würden, um vielleicht hindurchzuschlüpfen. Meistens bleiben Sie aber stecken.

Eine Patientin, ein junges Mädchen, hatte große Probleme mit Mathematik. Da diese Probleme nicht gleich zu Anfang bearbeitet und gelöst wurden, entstand eine tiefe Abneigung gegen dieses Fach. Außerdem musste sie immer wieder hören: »Mathematik ist ja ohnedies nichts für ein Mädchen.« So meinte sie, niemals einen positiven Abschluss schaffen zu können. Trotz allen Fleißes fiel sie beim Abitur in Mathematik durch.

Erst als es ihr gelang, dieses Vorurteil loszulassen, war das Ergebnis der Nachprüfung positiv.

Kennen Sie das Sündenbocksyndrom? Schuldzuweisungen sind sehr gefährliche und nachhaltige Einschränkungen des freien Willens. Dwight David Eisenhower meint: »Die Suche nach Sündenböcken ist von allen Jagdarten die einfachste.«

»Was kann ich denn dafür, wenn …?« Das ist das Hauptargument bei der Sündenbocksuche. »Da kann ich doch nichts ändern. Ich trage ja keine Schuld an dem, was geschieht. Soll sich doch der andere ändern, dann ist auch mein Problem gelöst.«

Der andere ändert aber sein Verhalten nicht. Was dann? Es bleibt alles, wie es ist. Meistens spitzt sich jedoch die Situation weiter zu. Der freie Wille kommt nicht zum Einsatz, denn wir glauben, nichts verändern zu müssen. Statt Sündenböcke zu suchen, sollten wir uns der eigenen Verantwortung stellen. »Warum klagen wir andere so gerne an und tun es mit solch erbitterter Ungerechtigkeit? Weil uns die Beschuldigung anderer von der eigenen Verantwortung befreit.« Das sagt der Schriftsteller Graf Leo Tolstoi (1828–1910).

Übertragen Sie diese Situation auf das Thema Krieg und Frieden. Es müssen nur beide Parteien überzeugt sein, dass sie nicht schuld sind. Dann hört keiner auf. Die jüngste Geschichte zeigt dies mehrmals.

Die Lösung liegt wiederum darin, loszulassen und »freiwillig« ein Ende herbeizuführen. Welche positiven Folgen sich daraus ergeben, beweist ebenfalls die Geschichte. Es war eine Frau, die das im 18. Jahrhundert fertiggebracht hat, nämlich Kaiserin Maria Theresia. Sie hatte den Kampf um Schlesien einfach eingestellt. Mit wem hätte der König von Preußen kämpfen sollen, als niemand mehr da war, der sich ihm entgegenstellte? Freilich, Schlesien fiel an Preußen. Wesentlich aber war, dass den Menschen viel Leid erspart blieb. Hätte Friedrich der Große dann nicht die Situation ausnutzen können, um weiter nach Österreich vorzudringen? Nein, denn wer zu streiten aufhört, steht unter Schutz. Wie lässt sich diese Tatsache begründen?

Wer Unfrieden, Tod und Vernichtung loslässt, wer sich abwendet von etwas Falschem, der kann nur etwas Richtiges dafür bekommen. Das ist das Gesetz von Ursache und Wirkung. Es tritt immer in Kraft.

Heute ist das nicht anders. Die meisten Menschen können nicht begreifen, wie weit die positiven Auswirkungen des Loslassens gehen. Das gilt besonders in Bezug auf Vergeltung. Wer Vergeltung übt, dem wird vergolten.

Spielt denn Ihr persönliches Verhalten eine Rolle? Das kommt darauf an, welche »Rolle« Sie spielen.

Vielen Menschen ist ein bestimmtes, häufig unechtes Rollenverhalten zu eigen. Es wurde ihnen anerzogen oder von der Gesellschaft vermeintlich aufgezwungen. Beispiele dafür gibt es genug: »Ein Mann darf nicht weinen«, »Eine Frau kann nicht logisch denken«, »Eine Mutter muss immer da sein«, »Ein junger Mann muss sich selbst beweisen, wer er ist, womöglich auf dem Motorrad«, »Man tut dies, man trägt das.«

Viele Menschen glauben, dass sie aus diesen »vorgefertigten« Verhaltensmustern nicht aussteigen können oder es nicht dürfen.

Wenn Sie sich weiterentwickeln wollen, sollten Sie Ihren freien Willen nicht dadurch blockieren, dass Sie eine Rolle »spielen«, dass Sie sozusagen immer nur die eine »Mode« tragen, anstatt Ihre individuelle Kleidung zu finden. Erst dann, wenn Sie aufhören, eine Rolle zu *spielen*, werden Sie die »richtige Rolle« in der menschlichen Gesellschaft darstellen. Sie werden Ihre Aufgabe erfüllen können.

»Nennt mich was für ein Instrument Ihr wollt, Ihr könnt mich zwar verstimmen, aber nicht auf mir spielen«, lässt Shakespeare (1564–1616) seinen Hamlet sagen.

Tun, was andere wollen, führt zur Selbstaufgabe. Wer die Wahl hat, trägt allerdings auch die Verantwortung. Wer nicht wählen will, ist manipulierbar. Da wir alle die freie Wahl haben, können wir uns freiwillig in die Hände anderer begeben oder aber unser Leben selbst gestalten.

Wie sieht das beispielsweise in einer Partnerschaft aus? Wo ist die Grenze zwischen Rücksichtnahme und Selbstaufgabe? Wir hören oft Aussagen wie: »Mein Mann erlaubt mir nicht, dass ...« oder »Meine Frau will nicht, dass ...« Wie soll ein gutes Verhältnis, wie soll Liebe wachsen und gedeihen, wenn einer glaubt, dem anderen etwas verbieten oder erlauben zu können? Allerdings gehören immer zwei dazu: einer, der den anderen einschränken will, und einer, der sich einschränken lässt. Es geht darum, dass wir selbstgesteuert sind, nicht fremdgesteuert.

Liebe kann nur in Freiheit gedeihen. Der freie Wille des anderen darf nicht beschnitten werden.

Die folgenden Selbstblockaden sind besonders gravierend:

Da ist die Gruppe der Schwarzseher. Zweifel und Ängste halten bei ihnen schnell Einzug.

Der Zweifel treibt einen Menschen einmal in die eine, dann wieder in die andere Richtung. Wie soll er da eine Entscheidung fällen?

Ängste lassen objektive Überlegungen nicht zu. Betroffene handeln entweder unkontrolliert oder sind wie gelähmt. Blockaden, die auf diese Weise entstehen, können durch positive Lebenssicht gelöst werden. Wir dürfen darauf vertrauen, dass alles, was geschieht, alles, was uns begegnet, für uns als Führung gedacht ist. Gedanken des Zweifels und Gefühle der Angst lösen sich auf, wenn wir loslassen und uns für Gottvertrauen entscheiden. Haben Sie schon erlebt, dass sich Ihre Ängste als unbegründet erwiesen haben?

Allerdings dürfen Sie nicht zu lange und immer wieder in Angst und Zweifel verharren. Sonst können Sie damit die sich selbsterfüllende Prophezeiung auslösen, denn Gedanken sind Mächte. Immer wieder kommen Patienten in die Praxis, die jahrelang Angst vor einer bestimmten Krankheit hatten. Schließlich trat der Krankheitsfall ein.

Es gilt also loszulassen. Wünschen Sie sich intensiv, frei zu sein von Angst und Zweifel. Ängste entstehen häufig aus Mutlosigkeit. Denken Sie darüber nach, ob Sie manchmal Problemen aus dem Weg gehen. Können Sie sich nicht zu einem Nein durchringen, obwohl Sie wissen, dass es in diesem Fall richtig wäre, Nein zu sagen?

Schreiben Sie den Wunsch in Ihr Tagebuch. Er könnte etwa so lauten: »Ich wünsche mir, frei zu sein. Ich bestehe meine Mutprüfungen und lerne, immer das Positive zu sehen.« Wiederholen Sie diesen Wunsch mehrere Tage lang laut oder im Geist. (Mehr über das Wünschen lesen Sie im Kapitel »Wie Wünsche Wirklichkeit werden«.)

Sie werden allerdings Gelegenheit bekommen, in die Tat umzusetzen, was Sie sich vorgenommen haben. Ängste und Zweifel können nur verschwinden, wenn Sie diese Prüfungen bestehen. Aber auch hier reichen Ihnen die Naturgesetze wieder die Hand. Wenn Angst Sie anfällt, sagen Sie sich kurz: »Ich habe Vertrauen.« Dann wenden Sie sich sofort einer Tätigkeit zu. Konzentrieren Sie sich voll darauf. Es ist gleichgültig, was Sie tun, ob Sie am Computer arbeiten, Geschirr spülen, lesen oder aufladende Musik hören, wesentlich ist dabei nur die Konzentration. Eine Tätigkeit konzentriert durchzuführen und dabei gleichzeitig Gedanken der Angst und des Zweifels zu wälzen, ist unmöglich.

Oftmals begegnen wir auch der schärfsten Gegnerin des freien Willens. Es ist die Sturheit. Sie ist, wie wir bereits gehört haben, das Gegenteil von Loslassen. Sie vereitelt den Durchbruch jeder Erkenntnis, jedes besseren Wissens. Sehen wir nach, was passiert, wenn Sturheit sich breitmacht. Da gibt es Aussagen wie: »Du kannst doch nicht einfach deine Meinung ändern. Willst du denn eine Fahne im Wind sein?« »Der andere darf nicht recht haben. Bleib bei deinem Verhalten, so kannst du zeigen, wer du bist«, »Aus einer Situation auszubrechen hat keinen Sinn, es kommt doch nichts Besseres nach«, »Ich kenne doch das Leben, es ist alles schon einmal da gewesen«, »Ich weiß über alles Bescheid, man kann mir doch nichts Neues erzählen«, »Das haben wir immer schon so gemacht«, »Das haben wir noch nie so gemacht.«

Die Sturheit bewirkt, dass Menschen keinen Anlass sehen, etwas zu verändern. Sie lassen keine andere Meinung zu. Sie »wissen« und »kennen« alles. Leider können Sie dann auch keine Warnsignale wahrnehmen, mit denen die Naturgesetze versuchen, sie auf einen anderen Weg zu bringen. Sie haben für alles, was ihnen widerfährt, eine verstandesmäßige Begründung, die aus ihrem vermeintlichen »Wissensschatz« stammt. Sie zeigen damit, dass sie sich nicht verändern und daher nicht weiterentwickeln wollen. Gott und die Naturgesetze versuchen immer noch, sie zu einer Änderung ihrer Haltung zu bewegen. Sie bekommen Denkanstöße, Aussagen, deren Inhalt so auffallend falsch ist, dass diese Menschen eine Chance haben, durch Überprüfen dieser Gedanken eine Änderung in ihrem Verhalten herbeizuführen. Tun sie das nicht, so halten sie Falsches für die Wahrheit. Ihr

Wille zur Weiterentwicklung ist »eingefroren« und nur sehr schwer wieder aufzutauen. Es entsteht eine Art Tunnelblick, der es ihnen nicht mehr ermöglicht, nach links oder rechts zu schauen. Das bedeutet, dass andere Meinungen nicht mehr bis zu ihrem Bewusstsein vordringen. Als Folge vermindert sich mit der Zeit die Intelligenz, weil die Sturheit verhindert, dass diese Menschen neue Wege suchen, über Ereignisse nachdenken, sich in neue Situationen hineindenken, überprüfen, was ihnen begegnet. Sie hinterfragen nichts mehr. Ihre Entwicklung ist zum Stillstand gekommen und somit ist auch eine Steigerung ihrer Intelligenz nicht mehr möglich.

Wie kommt es dazu, dass Menschen so gänzlich unflexibel werden? Kann das jedem von uns passieren? Es gibt wohl nur wenige Menschen, die niemals, in keiner Lebenssituation, eigensinnig oder stur reagieren. Gefährlich wird die Situation erst, wenn Warnungen nicht erkannt oder nicht angenommen werden, denn Sturheit hat die Tendenz, sich auszubreiten und unser Verhalten immer mehr zu beeinflussen. So stur, dass sie Falsches generell für richtig halten, werden Menschen nicht von heute auf morgen. Aber die Möglichkeit, richtig von falsch unterscheiden zu können, verschiebt sich immer mehr zum Negativen, bis schließlich die oben geschilderte Situation eintritt.

Wie eine falsche Intuition einen Menschen zum Nachdenken zu bringen vermag, hat eine sehr vermögende Frau erleben müssen. Sie investierte ihr gesamtes Geld in einen Investmentclub, der 70 Prozent Zinsen auf das eingezahlte Kapital versprach. Sie verbohrte sich so sehr in dieses fadenscheinige Angebot, dass Warnungen von Freunden nichts halfen. Sie fragte auch Frau Dr. Müller-Kainz. Sie riet ihr dringend davon ab. So hohe Zinsen sind absolut unrealistisch. Diese

Frau verlor ihr ganzes Vermögen, als der Club verboten wurde und die Drahtzieher wegen Betruges hinter Gitter kamen.

Ein anderes Beispiel zeigt einen Ausweg aus sturem Verhalten. Nachdem bereits gesundheitliche Warnungen an die betreffende Person ergangen waren, erlitt sie schließlich einen Schlaganfall. Sie hatte sich trotz besseren Wissens schlecht ernährt und sich auch einem anderen Menschen gegenüber längere Zeit hindurch stur verhalten. Sie konnte nicht vergeben, sondern beharrte auf ihrem Groll. In einem Gespräch mit einer Freundin erkannte sie, dass ihre Probleme die Folge von Sturheit waren. Sie sagte spontan, sie wolle nicht stur sein, und begann sofort, an ihrer Schwäche zu arbeiten. Nun überprüft sie ihre Handlungen daraufhin, ob sie sich stur verhält oder nicht. Das ist ein möglicher Weg, Sturheit aufzugeben.

Sturheit, also nicht loslassen wollen, führt häufig zu gesundheitlichen Problemen, wenn eine Dauerbelastung durch die bestehende Situation gegeben ist. Die Hinweise auf eine notwendige Veränderung erfolgen immer wieder und verstärken sich, je länger die Situation besteht. So erging es einem Patienten, der zunächst an Verdauungsschwierigkeiten litt und schließlich mit Colitis in die Praxis kam. Er fuhr jeden Tag mit dem Auto zu seinem 90 Kilometer entfernten Arbeitsplatz. Er hatte einen sehr gut bezahlten Posten in einer Tabakfabrik. Er schadete damit vielen Menschen. Das sah er zwar ein, aber um des lieben Geldes willen wollte er nicht loslassen. Erst als der Leidensdruck unerträglich wurde, gab er diese Arbeitsstelle auf und wurde rasch gesund.

# Wie können wir den freien Willen stärken und zugleich Blockaden lösen?

Als entscheidende Hilfe für den richtigen Einsatz unseres freien Willens brauchen wir den aufrichtigen Wunsch. Wenn Sie den Wunsch haben, Ihren Willen bestmöglich einzusetzen, halten Sie damit die Tür für die Hilfe der Naturgesetze offen. Mit dem Wunsch zeigen Sie, dass Sie bereit sind, abzuwägen, zu überprüfen, sich zu informieren. Sie können Hinweise, Gefühle und Warnsignale durch diese Bereitschaft leichter wahrnehmen.

Der Wunsch, das Richtige zu tun, ist das »Eingangstor«, um Ihren freien Willen in Aktion zu setzen.

An zweiter Stelle steht die Ehrlichkeit zu sich selbst. Sie ermöglicht es, dass Sie aufrichtig über eine Situation, eine Begebenheit und über Ihre persönliche Rolle dabei nachdenken können. Sie werden dann gewiss bald keine Ausreden oder Sündenböcke mehr suchen. Sie werden nicht durch eine »Hintertür« gehen wollen, sondern offen sein für Lernprozesse. Sie werden sich nicht in Widersprüche verwickeln. So können Sie Ihren Weg erkennen und frei handeln. Sie öffnen sich den richtigen Intuitionen. Sie haben es dann viel leichter, Ihren freien Willen richtig einzusetzen.

Ehrlich zu sich selbst zu sein, will eingeübt werden. Es ist nicht immer einfach, scheinbar nebensächliche Situationen zu entlarven und zu sehen, dass eine Schwäche ihre Wirkung gezeigt hat. Schon kleine Über- oder Untertreibungen entsprechen nicht der Wahrheit.

Nun könnten Sie sagen: »Ich will wohl ehrlich sein. Es gibt

jedoch Situationen, wo ich es nicht schaffe, das, was ich als richtig erkannt habe, auch umzusetzen.« Mit diesem Problem sind Sie nicht alleine. Es gehört oft Mut dazu, das Richtige zu tun. Da packt uns die Angst, da werden wir uns des Risikos bewusst, das wir eingehen. Unsicherheit stellt sich ein, und am Ende können wir uns zu keiner Entscheidung aufraffen. In diesem Fall empfiehlt es sich, bei den Mutproblemen anzusetzen und sie konsequent zu bearbeiten.

Ein weiterer Schritt, den freien Willen zu stärken, besteht darin, sich eine eigene Meinung zu bilden. Dabei ist es notwendig, offen zu bleiben für neue Informationen. So können Sie Ihre Meinung überprüfen und gegebenenfalls korrigieren. Eine Meinung sachlich und ohne Emotionen zu äußern, ist an sich schon eine Handlung des freien Willens und gleichzeitig eine gute Übung in Sachen Mut. Dabei sollten Sie versuchen, Ihre Meinung anderen nicht aufzudrängen, sondern deren Recht auf freie Meinung zu respektieren.

Mit Ehrlichkeit und Mut sind Sie in der Lage, Selbstverantwortung zu übernehmen. Das bedeutet, Sie wollen selbst entscheiden, selbst handeln, Sie wollen Ihr eigener Regisseur sein. Sie setzen Ihren Willen ein. Je öfter Sie das tun, desto stärker wird Ihr Wille.

Um bei einem Entschluss zu bleiben und eine Veränderung durchzuführen, benötigen Sie Selbstdisziplin. Wer Selbstdisziplin übt, entwickelt das Talent, sich auf sich selbst verlassen zu können. Er gewinnt Selbstsicherheit. Sie haben gewiss schon bemerkt, dass willensstarke Menschen selbstsicher auftreten.

Im Zustand der Konzentration können wir uns nicht mit Ängsten, Zweifeln, Sturheit, Sündenböcken und Schwarzseherei befassen. Deshalb ist es gerade die Konzentrationsfähigkeit, die uns hilft, die Blockaden unseres freien Willens aufzulösen. Es zahlt sich aus, wenn wir unsere Konzentrationsfähigkeit verbessern (siehe Übung Nr. 5 am Ende des Kapitels »Drei wichtige Energiearten«).

Alle Stärken, aber auch alle Schwächen, beeinflussen den Einsatz des freien Willens. Im Augenblick einer Entscheidungssituation sind Stärken wie Ehrlichkeit und Mut von besonderem Nutzen. Schwächen blockieren den Willen. Daraus kann sich eine generelle Willensschwäche entwickeln, wenn wir Schwächen nicht loslassen können.

Menschen geraten aus den verschiedensten Gründen unter den Einfluss anderer Menschen. Sie lassen zu, dass andere für sie entscheiden. Sie erleben gar nicht mehr, wie befriedigend es ist, wenn sie ihre Angelegenheiten selbst regeln. Sie büßen ihr Selbstwertgefühl ein. In extremen Fällen findet eine Art Gehirnwäsche statt, die den freien Willen schließlich ganz ausschaltet. So wird das wichtige Lebensziel, nämlich selbstgesteuert zu handeln, verfehlt.

Die wichtigste Voraussetzung für die Weiterentwicklung der Persönlichkeit ist der freie Wille.
Er ist der Rettungsanker in jeder schwierigen Situation.
Er ist der Grundpfeiler für alle schönen und positiven Erfahrungen.
Er sollte in unserem Leben Regie führen.
Ohne Einsatz Ihres freien Willens können Sie nichts loslassen und nichts gewinnen.

Um Ihren freien Willen zu schulen, hilft Ihnen die Tagesschule. Achten Sie darauf, wie viele Gelegenheiten es gibt, Ihren Willen richtig einzusetzen und willensstark zu werden. Auch hier sind es die kleinen Schritte, die scheinbar unbedeutenden Entscheidungen, die schließlich dazu führen, ein Fels in der Brandung zu werden.

| **erkennen** | **entscheiden** | **durchführen** |
|---|---|---|
| Selbsterkenntnis | | |
| den Sinn des Lebens erkennen | Einsatz des freien Willens | |
| Hinweise erkennen | Hilfe der Naturgesetze annehmen | den Gesetzen Folge leisten |
| neue Erkenntnisse durch Flexibilität | Erkenntnisse dankbar annehmen | Fleiß hilft loszulassen |
| Lebensschule erkennen | Warnsignale beachten und umsetzen | Hürden überwinden |
| Blockaden des Willens erkennen | den freien Willen stärken | Blockaden lösen |

Sie haben in den vorherigen Kapiteln über den freien Willen und die vielfältigen Möglichkeiten gelesen, die uns durch diese Funktion der Seele zur Verfügung stehen. Sie ist eine der beiden tragenden Säulen unserer Persönlichkeit.

Der richtige Einsatz unseres Willens fördert die zweite Säule, nämlich die Energie, ohne die keine Entwicklung möglich wäre.

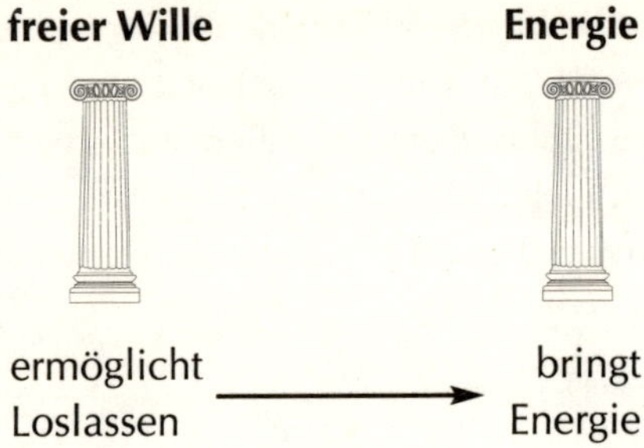
freier Wille
Energie
ermöglicht Loslassen
bringt Energie

# Mehr Energie gewinnen

Wir alle möchten voller Energie sein. Können wir das erreichen? Wir wissen aus Erfahrung, dass unser Energiepegel Schwankungen unterworfen ist. Gelingt es uns, etwas loszulassen, was für uns nicht richtig ist, so fühlen wir uns gut und frei, denn Energiegewinn und Loslassen stehen in direktem Zusammenhang. Wir könnten auch sagen: »Energieverlust und Festhalten sind Geschwister.«

Irgendwoher muss doch die Energie kommen, die uns einmal mehr, ein andermal weniger zur Verfügung steht. Alles im gesamten Universum ist Energie. Menschen nutzen Energie auf unterschiedliche Weise. Wir haben Möglichkeiten gefunden, Energiearten zu nutzen und umzuwandeln, um Licht, Wärme und Kraft zu gewinnen. Das ist für uns selbstverständlich. Wir benutzen Materie, die nichts anderes ist als wahrnehmbar gewordene Energie.

Unsere geistigen und seelischen Energien setzen wir oftmals kaum, gar nicht oder falsch ein. Vielleicht ist der Umgang mit diesen Energiearten deshalb schwierig, weil wir zu wenig darüber wissen. Wir wollen hier beleuchten, worin unsere seelisch-geistige Energie besteht, woher sie kommt und warum wir einmal voller Energie, ein andermal aber ganz kraftlos sind.

# Drei wichtige Energiearten

Im Kapitel »Worin besteht der Sinn des Lebens?« haben wir davon gesprochen, dass den Menschen unterschiedliche Mengen an Energie zur Verfügung stehen, je nachdem, wie viel Energie sich eine Seele im Laufe langer Zeit erworben hat. Davon hängt auch die Ausstrahlung eines Menschen ab. Es war ebenfalls die Rede davon, dass diese Energie nicht mit dem irdischen Tod verloren geht.

Das oberste Energiegesetz lautet:
Alles, was sich weiter-
entwickelt, gewinnt Energie
und wird ewig leben.
Alles, was sich nicht weiterentwickelt,
verliert Energie
und hört auf zu existieren.

In allen Bereichen des Lebens, ob auf materieller oder auf geistiger Ebene, ist Energieeinsatz notwendig, um etwas zu verbessern oder zu entwickeln. Je mehr Energie zur Verfügung steht, desto rascher geht die Entwicklung vor sich. Die Steigerung der Energie ist demnach eine Notwendigkeit für die Weiterentwicklung. Das bedeutet aber auch, dass Energie vermehrt werden kann und muss. Aber wie?

Die Naturgesetze besitzen die Fähigkeit, Energie zu schaffen, sonst hätte sich das Universum nicht entwickeln können. Alles, was existiert – die gesamte Materie, alle Lebensformen –, besteht aus unterschiedlichen Arten von Energie und ist in einer ständigen Entwicklung begriffen. Wir Menschen haben das Privileg, durch unsere seelische Leistung Energie zu schaffen und so mitzuhelfen, dass die Weiterentwicklung vorangehen kann.

Im Kapitel »Wer bin ich?« haben wir gesagt, dass Sie eine Seele mit unvorstellbarem Potenzial sind. Sie können dazu beitragen, dass Energie vermehrt wird. Jede richtige Entscheidung, jeder kleine Fortschritt bringt Energie. Diese Tatsache kennen Sie aus Ihrem eigenen Erleben. Sie fühlen sich energiegeladen, wenn Ihnen etwas gut gelungen ist. Diese kleine Menge Energie, die Sie sich erarbeitet haben, vermehrt dann die des Universums.

Sie kennen aber gewiss auch den Energieverlust, wenn Sie eine falsche Entscheidung getroffen haben, wenn Sie etwas nicht loslassen konnten. Es wird oft die Frage gestellt, wohin diese Energie verschwunden ist. Einmal vorhandene Energie kann nicht verloren gehen. Sie wird zwar Ihnen persönlich abgezogen, um Sie darauf aufmerksam zu machen, dass Sie etwas ändern sollten, bleibt aber dem Universum erhalten. Sie steht für andere Aktivitäten der Naturgesetze zur Verfügung, beispielsweise für die Erstellung von Situationen Ihrer Tagesschule.

Schwankungen des Energiepotenzials im Laufe des Lebens sind unerheblich. Sie sind auch nicht zu vermeiden, denn wir alle sind Lernende. Die Naturgesetze berücksichtigen das und helfen uns immer wieder weiter. Wir dürfen lernen, ohne dabei Angst zu haben. Was zählt, ist das Resultat am Ende eines Lebens. Das bedeutet, dass sich das Energiepotenzial einer Seele schließlich vergrößert haben sollte.

Welche Hilfen stehen Ihnen für größeren Energiegewinn zur Verfügung, welchen Weg können Sie gehen? Wie können Sie sich Energiequellen erschließen?

Was sagen Ihnen folgende Aussprüche:

»Das geht mir an die *Substanz.*«
»Ich fühle mich bestens *regeneriert.*«
»Ich bin so richtig *aufgeladen* und froh.«

Es handelt sich dabei um jene drei Energiearten, die wir für unser Leben zur Verfügung haben:
*Lebensenergie, Regenerationsenergie, Aufladungsenergie*

## Lebensenergie

Unser Weg hier auf der Erde beginnt mit einer bestimmten Menge von Lebensenergie als Basis. Diese empfinden wir als etwas sehr Grundlegendes, Substanzielles, als etwas, das einfach da ist. Diese Lebensenergie ist so reichlich bemessen, dass eine Seele damit gut über die Runden kommen kann, auch in einem langen Leben. Trotzdem ist die Menge der Lebensenergie von Mensch zu Mensch verschieden. Sie hängt von der Entwicklungsstufe ab, auf der sich eine Seele befindet. Die Seele hat sich im Laufe langer Zeit eine bestimmte Energiemenge erworben. Es gilt nun, mit der vorhandenen Energie gut zu wirtschaften und sie zu vermehren.

Wenn Sie das Gefühl haben, dass Ihnen etwas an die Substanz geht, dann verhalten Sie sich – vermutlich über einen längeren Zeitraum – falsch. Sie verlieren Lebensenergie. Es kann sein, dass Sie nicht auf Ihre Gesundheit achten, sich keine Erholungspausen gönnen, Ihr Leben in Gefahr bringen, in Ängsten und Sorgen versinken, mit Abhängigkeiten oder Süchten Zeit verschwenden und vieles mehr. Die Naturgesetze müssen Sie auf diese Situation aufmerksam machen. Sie können gar nicht anders. Das Gesetz von Ursache und Wirkung kann nicht ausgeschaltet werden. Die Gesetze wollen verhindern, dass Sie Ihre Lebensenergie abwirtschaften. Das geschieht auf unterschiedliche Weise in Form von Warnsignalen – von Unbehagen bis hin zu schweren Krankheiten, von kleinen Missgeschicken bis zu Unfällen. Um diese »Schule« zu gestalten, benötigen die Naturgesetze Energie. Der Energieverlust, den Sie spüren, rührt daher, dass Ihnen die benötigte Energie entzogen wird. Es kommt nun darauf an, wie lange Sie brauchen, um auf diese Warnungen zu reagieren. Je länger Sie nicht von einer bestimmten Sache loslassen können, die geändert werden soll, desto länger dauert der Energieentzug und desto größer werden die Schwierigkeiten. Reagieren Sie nicht, so steigern sich die Warnsignale zunehmend.

Loslassen bedeutet sorgfältigen Umgang mit der Lebensenergie und ist somit auch eine liebevolle Einstellung zu sich selbst.

## Regenerationsenergie

Dazu gehören: die Energie aus der nächtlichen Regeneration, aus der Ernährung und aus Anwendungen.

Um alle unsere Organe während des nächtlichen Schlafes zu regenerieren, setzen die Naturgesetze Energie ein. Unser

Verhalten entscheidet, ob wir nur eben am Leben erhalten werden oder ob wir uns am Morgen gut regeneriert und voller Kraft fühlen. Wir haben also die Möglichkeit, auch diese Energieform zu steigern. Durch welche Maßnahmen können wir das erreichen?

## Nächtliche Regeneration und Lebensrhythmus

Unser Körper bedarf ständiger Regeneration. Deshalb ist der Lebensrhythmus von großer Bedeutung. Während der Nacht werden das Gehirn, das Nervensystem, alle Organe wie Herz, Nieren, Lunge oder Leber regeneriert. Die Regeneration des Gehirns und des Nervensystems erfolgt vor Mitternacht und zwar von 21.30 bis 24.00 Uhr. Nach Mitternacht steuert das Gehirn die Regeneration der übrigen Organe.

Welche Menge von Regenerationsenergie wir bekommen, hängt nicht einfach davon ab, *wie viel* Energie wir während des Tages verbraucht haben. Es kommt darauf an, *wofür* wir sie benutzt haben. Unser Verhalten, das heißt unsere seelische Leistung, ist dafür ausschlaggebend.

Haben wir beispielsweise unter Missachtung der Naturgesetze Zeit verschwendet, wird uns diese Energie nicht ersetzt. Ausgeruht und voller Energie aufzuwachen, ist ein herrliches Gefühl und eine schöne Belohnung für unser Bemühen. So können wir feststellen, ob wir auf dem richtigen Weg sind oder nicht.

Der Schlaf vor Mitternacht ist in diesem Zusammenhang von großer Bedeutung. Ein englisches Sprichwort drückt das perfekt aus: »Early to bed and early to rise makes a man healthy, wealthy and wise.« Eine gute Regeneration ist der

Gesundheit förderlich. Ein gut regenerierter Mensch leistet mehr und hat mehr Chancen, »reich« zu werden, besonders in Form von Erkenntnissen. Mit einem gut regenerierten Gehirn können wir »weise«, also richtige Entscheidungen treffen. Gibt es da nicht für manche Menschen in Bezug auf den Lebensrhythmus etwas loszulassen?

## Ernährung

Unser Körper benötigt ständige Energiezufuhr. Eine gute Ernährung sollte alle notwendigen Stoffe in bester Qualität enthalten und auf diese Weise viel Energie bringen. Der Körper sollte für die Auswertung der Nahrung nur wenig Energie verbrauchen. Deswegen empfehlen wir eine sehr ausgewogene, vollwertige lactovegetabile Ernährung. Hier bietet sich Ihnen eine ausgezeichnete Möglichkeit, das Loslassen von schädlichen Gewohnheiten zu üben. Gleichzeitig können Sie viele Ihrer guten Eigenschaften verstärken. Wir denken dabei an Fleiß, Flexibilität, Konsequenz, Durchhaltevermögen, Mut, Vorbildwirkung, Kreativität, gute Zeitnutzung und vieles mehr.

Am Beispiel der Ernährung lässt sich der Zusammenhang zwischen Loslassen und Energiegewinn gut nachvollziehen. Denken Sie nur einmal an den Zeitfaktor. Zeit ist doch kostbar, Zeit ist Energie. Das »Jetzt« ist im nächsten Augenblick Vergangenheit und kommt nicht wieder. Sie brauchen Zeit, um etwas zu kochen und zu essen, das Ihnen schadet. In der gleichen Zeit können Sie etwas kochen und essen, das Ihnen gut tut. Sie bekommen dafür die Energie aus der wertvollen Mahlzeit und die Energie, die Ihnen durch sinnvolle Zeitnutzung zufließt. Ihre seelische Leistung besteht in der richtigen Entscheidung, von Ernährungsgewohnheiten loszulassen, die den Körper in vielerlei Beziehung belasten.

Eine optimale Ernährung ist vor allem für unser Gehirn von ausschlaggebender Bedeutung, denn das Gehirn steuert alle Vorgänge in unserem Körper. Wenn diese Steuerzentrale schlecht funktioniert, weil ihr wichtige Nährstoffe fehlen und Schlacken und Gifte aus einer schlechten Ernährung dort abgelagert werden, sind alle Leistungen unseres Körpers beeinträchtigt. Selbstverständlich sinkt auch die geistige Leistungsfähigkeit. Der ganze Mensch ist dann auf »Sparflamme« eingestellt, denn die Energie wird so verteilt, dass die wichtigsten Funktionen aufrechterhalten werden. Für mehr Leistung in bestimmten Bereichen fehlt Energie.

Erinnern Sie sich an das Kapitel über den freien Willen? Gerade in Bezug auf eine Ernährungsumstellung ist es wichtig, dass Sie sich nicht einschränken lassen und den Mut haben, Ihren Weg zu gehen.

Mehr über diese Energie bringende Ernährung können Sie in dem Buch *Vital und jung bleiben* nachlesen.

## Anwendungen

Anwendungen sind eine weitere Möglichkeit, die Regenerationsenergie zu steigern. Dazu zählen Bäder mit Kräutern, Moor, Schlick, Bäder in Heilquellen, Einfahrten in Heilstollen (Bad Gastein), Natursauna usw.

Bäder mit Kräutern, Moor und Schlick können Sie problemlos zu Hause durchführen. Darüber mehr in dem Buch *Vital und jung bleiben.*

Zahlreiche Heilquellen finden sich in Kurorten in Deutschland, Österreich und Italien. Die Insel Ischia bietet eine Reihe besonders wirksamer Quellen. Zur Aufnahme von Eisen über die Haut sind das Meer um die Insel Elba und die Fangoanwendungen mit Schlick aus dem Meer sehr zu empfehlen.

*Anmerkung:* Die hier geschilderten Anwendungen bringen sowohl Regeneration als auch Aufladung. Diese beiden Arten der Energie können nicht immer klar unterschieden werden.

Eine ausreichende Menge
Regenerationsenergie
ist Ihr eigener Verdienst als Folge
Ihres Bemühens.

## Aufladungsenergie

Haben Sie schon einmal vergessen, Ihr Handy aufzuladen? Ohne die Energie, die der Akku speichert, ist das beste Handy unbrauchbar. Aufladungsenergie ist ein wichtiger Faktor in unserem Energiehaushalt. Wie können Sie sich diese Art von Energie »beschaffen«?

→ Sie fühlen sich heute nicht so richtig regeneriert? Sie haben nicht gut geschlafen? Sie können jetzt noch eine Korrektur anbringen. Durch *Konzentration* auf Routinetätigkeiten in der ersten Stunde des Tages können Sie Energie gewinnen. Konzentration ist die wichtigste Quelle für Aufladungsenergie, die Sie immer und überall aktivieren können. Wer diese Energiequelle anzapft, hat es leichter, die Anforderungen des Tages zu bewältigen.

Versuchen Sie zunächst *eine* Tätigkeit, beispielsweise das Zähneputzen, voll konzentriert durchzuführen. Bemühen Sie sich, an nichts anderes zu denken. Störende Gedanken sollten Sie nicht verfolgen, sondern sich sofort wieder konzentrieren.
Wenn Ihnen das schon gut gelingt, können Sie durch Konzentration bei zwei oder drei anderen Tätigkeiten Ihre Konzentrationsfähigkeit weiter verbessern. Ihr Bemühen wird durch Energiesteigerung belohnt. Es steht Ihnen auf diese Weise mehr Energie zur Verfügung, die Ihnen während des Tages die Lösung von Problemen erleichtert.
Eine gute Konzentrationsfähigkeit, die Sie sich durch tägliche Übung erwerben können, ist nicht nur eine Energiequelle. Sie bewirkt auch, dass Sie bewusster durch den Tag gehen und richtig entscheiden können. Alles, was Sie bewusst tun, stärkt Ihre Beobachtungsgabe, Ihre Urteilsfähigkeit und damit auch Ihre Intelligenz. Vielleicht wissen Sie aus Erfahrung, dass Sie keine Fehler machen, wenn Sie eine Tätigkeit voll konzentriert durchführen. Tatsächlich stehen wir im Zustand der Konzentration unter dem Schutz Gottes und der Naturgesetze.
Das Buch *Die Macht der Konzentration* und die Schrift *Der Schlüssel für den erfolgreichen Tag* geben Ihnen nähere Auskünfte über diese Zusammenhänge.

→ Geistig-seelische *Freundschaften* sind die schönste und angenehmste Quelle für Aufladungsenergie. Ein gemeinsamer Spaziergang, ein Ausflug, ein Theater- oder Konzertbesuch, ein gemütliches Beisammensein, interessante Gespräche oder auch nur ein Telefonat bringen Energie. Sie fühlen sich aufgeladen. Das haben Sie gewiss schon erlebt. In einem Gespräch mit einer guten Freundin/einem guten Freund

finden wir oft die Lösung eines Problems. Plötzlich wissen wir, was wir tun sollen. Warum ist das so?
Wenn wir jemanden um Rat bitten, also bereit sind, eine Angelegenheit auch von einer anderen Warte aus zu betrachten, lassen wir damit das kleine »Ego« los. Das ist eine flexible und demutsvolle Haltung. Wir verstärken damit positive Eigenschaften wie Offenheit, Lernbereitschaft oder Sachlichkeit. Die Belohnung kann laut dem Gesetz von Ursache und Wirkung nicht ausbleiben.
Zeit und Geld, die wir für die Pflege von guten Freundschaften aufwenden, sind eine Kapitalanlage, die sich in Form von Aufladungsenergie verzinst.

→ Die Natur bietet uns noch weitere Möglichkeiten, zu Energie zu kommen. Verschiedene *Orte* und *Gegenden* wirken durch ihre geographische Lage oder durch ihre Bodenschätze aufladend. Dazu gehören verschiedene Vulkaninseln, einzelne Berge, Gebirgszüge und Orte mit Heilquellen.
Das Wissen um die Wirkung solcher Plätze und Gebiete ist uralt und beruht auf Erfahrung. Kultstätten und Heiligtümer wurden dort errichtet und aufladende Plätze wurden als Versammlungsorte genutzt. Die Kenntnisse über Heilquellen und deren Nutzung sind vielfach historisch belegt.
Alle unsere Seminare finden an solchen Orten statt, auf Ischia, auf Elba, in Bad Gastein oder in Bad Wörishofen. Die positiven Energien, die dort wirken, die Anwendungen, die genutzt werden können, und das Zusammensein mit gleichgesinnten Menschen stellen ein enormes Energiepotenzial dar.

Alle drei vorgestellten Energiearten bilden im Laufe des Tages beziehungsweise im Laufe des Lebens eine Einheit. Es steht uns also stets die Energiemenge zur Verfügung, die sich aus den drei Energiearten zusammensetzt.

Die *Lebensenergie*, die wir zum jeweiligen Zeitpunkt besitzen, die *Regenerationsenergie*, die wir uns verdienen, und die *Aufladungsenergie*, die wir uns erwerben, wirken zusammen und ergänzen sich. Sie bilden die energetische Grundlage für die Bedürfnisse des täglichen Lebens und für unsere Weiterentwicklung.

*Entscheiden Sie, welche dieser Energiequellen Sie ständig oder fallweise nutzen wollen.*

Wenn wir loslassen, wird Energie frei,
die für richtige Entscheidungen
genutzt werden kann. Durch richtige
Entscheidungen vermehren
wir wiederum unsere Energie.

Im weiteren Verlauf des Buches werden wir für alle drei Energiearten nur das Wort »Energie« verwenden.

## ÜBUNG 5: Energie erwerben durch Konzentration

Die erste Stunde des Tages ist der Zeitraum, in dem Sie Ihre Konzentrationsfähigkeit am besten steigern können. Gehirn und Körper sind von der Nachtruhe her regeneriert und aufnahmefähig. Versuchen Sie es zuerst mit dem Zähneputzen. Denken Sie an nichts anderes als daran, was Sie gerade tun. Das ist nicht ganz so leicht, wie es klingt. Es kommt nicht darauf an, wie oft Ihre Gedanken abschweifen, sondern darauf, dass Sie mit Ihren Gedanken sofort wieder zu Ihrer Tätigkeit zurückkehren. Das Bemühen zählt.

Erst wenn Sie schon recht konzentriert Ihre Zähne putzen können, sollten Sie sich eine weitere Routinetätigkeit zur Übung aussuchen. Übrigens:

»*Wer übt, der ist nicht aufzuhalten.*«
(Wolfgang Bellon)

| **erkennen** | **entscheiden** | **durchführen** |
|---|---|---|
| Selbsterkenntnis | | |
| den Sinn des Lebens erkennen | Einsatz des freien Willens | |
| Hinweise erkennen | Hilfe der Naturgesetze annehmen | den Gesetzen Folge leisten |
| neue Erkenntnisse durch Flexibilität | Erkenntnisse dankbar annehmen | Fleiß hilft loszulassen |
| Lebensschule erkennen | Warnsignale beachten und umsetzen | Hürden überwinden |
| Blockaden des Willens erkennen | den freien Willen stärken | Blockaden lösen |
| Energiedefizite feststellen | Energiequellen nutzen | Energieräuber loslassen |

# Unser Energiehaushalt

*Nicht nur auf das Leben kommt es an, sondern auf den Schwung, mit dem wir es anpacken.*
(Horace Walpole)

Manches Mal begegnen wir Menschen, die wahre Energiebündel sind. Sie packen ihre Vorhaben an und sind dabei meist guter Dinge. Da wird uns bewusst, welch weitreichende Auswirkungen unser Energiehaushalt auf unsere Handlungsfähigkeit hat.

Energien sind Schwingungsarten. Energien in unserem Umfeld können wir mit unseren Sinnen wahrnehmen. Sie sind für uns überschaubar und messbar (zum Beispiel Elektrizität, Wasserkraft, Wärme). Sensible Menschen können auch die Energie von Aufladungsorten deutlich spüren. Ebenso nehmen wir die Ausstrahlung von Menschen wahr.

Auch die Energie, die wir selbst zu einem bestimmen Zeitpunkt haben, teilt sich uns mit. Es handelt sich dabei um ein subjektives Empfinden, das wir nicht genau messen können. Wir stellen nur die Energieschwankungen fest, denn wir fühlen uns nicht immer gleich gut.

Das kommt daher, dass Charaktereigenschaften, Talente, Intelligenz, Gefühle, Gedanken energetische Schwingungsarten sind, die wir ständig mit unseren Entscheidungen und unserem Verhalten beeinflussen. Wenn es uns gelingt, eine dieser Schwingungen zu verstärken, indem wir sie verbessern, steigt unser Energieniveau. Wir haben also mehr Energie zur Verfügung. Halten wir aber an etwas fest, was wir loslassen sollten, dann schwächen wir eine der Schwingungsarten und verlieren Energie.

Die Naturgesetze registrieren und messen unsere seelische Leistung und machen uns sowohl auf den daraus resultierenden Energiegewinn als auch auf den Energieverlust aufmerksam. Wir fühlen uns entweder wohl oder bekommen Warnungen wie Schlafstörungen, Kopfschmerzen, ungewöhnliche Müdigkeit oder ein allgemeines Gefühl von Energielosigkeit. Hält der Energieverlust zu lange an, treten ernste gesundheitliche Störungen auf. Die häufigste Folge von lang anhaltendem Energieverlust sind Depressionen. Später, wenn der Energieverlust weiter anhält, können organische Krankheiten entstehen.

Ein Beispiel aus der Praxis zeigt deutlich, was passiert, wenn jemand etwas nicht loslassen kann. Eine junge Frau – nennen wir sie Birgit – verdiente als Verkaufsleiterin recht gut. Die Firma vertrieb allerdings Produkte, die den Menschen schaden. Eines Tages bekam Birgit Magenschmerzen und schließlich eine Gastritis. Sie hatte sich schon lange Zeit davor niedergedrückt gefühlt. Das hatte sie nicht beachtet. Sie dachte, sie sei einfach überarbeitet. Sie konnte sich mit den Produkten, die sie verkaufte, nicht identifizieren. Aber eine gut bezahlte Stelle aufgeben? Neu anfangen? Dazu hatte sie nicht den Mut. Die Schwingungen der Charaktereigenschaft Mut wurden immer schwächer. Mit ihrer Verkaufstätigkeit schadete sie vielen Menschen. Damit nutzte sie, die Naturgesetze ignorierend, ihre Zeit schlecht. So verlor sie auch dadurch Energie. Die Naturgesetze machten zuerst mit unguten Gefühlen und schließlich mit Magenproblemen darauf aufmerksam. Durch Loslassen von der falschen Arbeitsstelle wurden die Schwingungsarten Mut und Zeitnutzung wieder gestärkt. Der Energiehaushalt konnte ausgeglichen werden.

Die Gastritis verschwand rasch. Birgit fand bald eine Arbeitsstelle, in der sie sich sehr wohlfühlte. Das war eine schöne Belohnung für ihre richtige Entscheidung.

Mit jeder richtigen Entscheidung, mit jedem Loslassen von etwas, was Ihnen nicht guttut, verstärken Sie die Schwingungen einer oder mehrerer Komponenten Ihrer Persönlichkeit. So gewinnen Sie Energie, die Ihnen dann für weitere Aktionen zur Verfügung steht. Umgekehrt verlieren Sie Energie, wenn Sie an etwas festhalten würden, das für Sie nicht richtig ist. Wenn Sie loslassen, müssen die Naturgesetze außerdem keine Energie einsetzen, um Sie auf ein Fehlverhalten aufmerksam zu machen. So gewinnen Sie doppelt.

*Unser Energiehaushalt hängt also von unserem Verhalten ab.* Wir können jeweils nur so viel Regenerations- oder Aufladungsenergie bekommen, wie wir uns durch unsere Leistung verdienen. Wenn wir an einer Schwäche permanent festhalten, erfolgt ein Energieabzug. Dieser wirkt sich dahin gehend aus, dass Regenerations- und Aufladungsenergie reduziert werden. Auch unsere Gedanken beeinflussen unseren Energiepegel entscheidend.

Unsere seelische Leistung stellt also eine Variable dar, von der es abhängt, ob wir viel oder wenig Energie bekommen oder ob ein Energieverlust eintritt.

entwicklungsfördernd

Variable der seelischen Leistung → mehr Energie

Variable der seelischen Leistung → weniger Energie

entwicklungshemmend

Nur durch stetige Energiezunahme kann ein Stillstand in der Weiterentwicklung verhindert werden. Gelegentliche Schwankungen in unserem Energiehaushalt entstehen, weil wir unseren Weg immer wieder überprüfen und finden müssen und manchmal einen Umweg machen. Maßgebend ist jedoch der generelle Aufwärtstrend. Das sieht dann ähnlich aus wie bei einem Börsenkurs, der, über einen längeren Zeitraum gesehen, steigt. Menschen, die in hohem Alter noch ihre volle Leistungsfähigkeit besitzen, haben letztendlich ihr Energiepotenzial ständig erhöht. Diese Chance haben auch Sie.

Unser Energiehaushalt
und das Loslassen
sind untrennbar miteinander verbunden.

# Energie und Gesundheit

Lebensfreude und Spannkraft zu haben und voller Energie zu sein, wünscht sich gewiss jeder. Belassen Sie es nicht bei dem Wunsch.

Eine wertvolle Ernährung schafft Grundvoraussetzungen für Ihr Verhalten. Mit einem entschlackten, richtig ernährten Gehirn und einer guten Körpersubstanz steht der Seele ein Ausdrucksmittel zur Verfügung, durch das sie müheloser in Erscheinung treten kann. Die Intuition kann besser fließen, wenn unsere Schalt- und Steuerzentrale reibungslos funktioniert. Für »notwendige Reparaturen« im Organismus, die von mangelnder Versorgung herrühren, muss dann keine Energie aufgewendet werden. Es ist also mehr Energie für Ihren Tagesablauf vorhanden.

Im vorherigen Kapitel wurde bereits besprochen, dass Krankheiten durch länger andauernden Energieverlust entstehen. Nutzen Sie deshalb die verschiedenen Energiequellen, bevor es so weit kommt.

*Gesund zu bleiben, scheint auf diese Weise einfach zu sein, krank zu werden aber auch!*

Es ist wichtig, auf erste Warnungen der Naturgesetze zu hören, um zu vermeiden, dass die Energie immer weniger wird und schließlich für die seelische Weiterentwicklung und für die Versorgung des Körpers nicht mehr ausreicht. Auch Loslassen wird immer schwieriger. Es entsteht eine Spirale, die nach unten führt: weniger Energie → ungenaue Intuition → weniger richtige Erkenntnisse → fehlerhafte Entscheidungen → kaum Lust, an sich etwas zu verbessern → weniger Kraft für die Bewältigung des Alltags → schlechtere Versorgung der einzelnen Organe → Krankheiten entstehen.

Im Falle einer Krankheit sind es wiederum die Naturgesetze, die Ihnen Hilfe anbieten. Sie sagen Ihnen, was Sie loslassen sollen, um gesund zu werden. Die »Sprache« der Naturgesetze ist symbolhaft. Die Krankheits-»bilder« drücken die Zusammenhänge zwischen einer Erkrankung und der Schwäche aus, welche die Ursache der Krankheit bildet. Das uralte Wissen darum hat sich in Sprichwörtern niedergeschlagen: »Eine Laus ist mir über die Leber gelaufen« deutet an, dass jemand auf eine Erkrankung der Leber zutreibt, wenn er/sie die entsprechende Schwäche, nämlich ständigen Ärger, nicht loslässt.

»Das ist zum Zerspringen« ist ein Hinweis auf Herzkrankheiten, die entstehen können, wenn jemand nicht von Ärger loslassen oder nicht vergeben kann.

»Das geht mir an die Nieren« besagt, dass wir Groll und Ärger mit uns herumtragen. Wir können von nachtragenden Gedanken nicht loslassen und holen uns dabei eine Nierenerkrankung.

Wir werden ständig mit der Symbolsprache der Naturgesetze konfrontiert. Obwohl sie allgegenwärtig und sehr hilfreich ist, sind wir nicht daran gewöhnt, sie zu verstehen. Wir beachten sie meist gar nicht. Haben wir jedoch erst einmal angefangen, die Hinweise und Ereignisse genau zu beobachten, so stellen wir bald fest, dass diese Symbolik faszinierend ist. Darüber nachzudenken und herauszufinden, was uns die Naturgesetze sagen wollen, steigert die Intelligenz. Wenn wir uns darum bemühen, diese Sprache zu verstehen, haben die Naturgesetze nicht vergeblich Energie aufgewendet, was unserem Energiehaushalt zugutekommt (siehe auch Übung 4).

# Wie Wünsche Wirklichkeit werden

Über das Wünschen ist viel geschrieben und geredet worden. Schon in Sagen und Märchen spielen Wünsche eine Rolle. Meistens hat dort jemand drei Wünsche frei. Ob er diese Gelegenheit klug nutzt oder nicht, das ist seine Sache. Alle Wünsche gehen in Erfüllung, auch die törichten. Wer aber richtig wünscht, gewinnt viel.

Ist das nur im Märchen so oder spiegelt sich hier das wirkliche Leben? Diese Frage ist gar nicht so einfach zu beantworten. Menschen machen die unterschiedlichsten Erfahrungen mit Wünschen.

Manchmal gehen scheinbar unbedeutende Wünsche in Erfüllung, kaum dass sie angedacht sind. Hier ein Beispiel: Auf der Insel Ischia verkehren zwischen den Hotels am Maronti-Strand und dem Ort San Angelo Boottaxis. Eine Freundin wollte von San Angelo zurück zu ihrem Hotel. Das Boot legte aber nicht ab, weil sie der einzige Passagier war. Sie wünschte sich, dass noch einige Leute kämen, um mitzufahren. Wenige Minuten später waren vier weitere Passagiere da. Der Bootsführer wartete noch immer, denn es gab für Boottaxis keinen festen Fahrplan. Unsere Freundin sollte aber zu einer bestimmten Zeit im Hotel sein. Sie dachte: »Ich warte noch ein Weilchen, dann muss ich bitten, dass das Boot losfährt.« Kaum gedacht, stieg der Bootsmann ein und legte ab. So war sie rechtzeitig in ihrem Hotel.

Solche kleinen Alltagsereignisse sind Belohnungen, die zeigen, dass immer für uns gesorgt wird. Sie mögen geneigt sein, diese scheinbar unbedeutende Begebenheit als Zufall zu betrachten. Beobachten Sie, ob es solche »Zufälle« in Ihrem Leben öfter gibt.

Manchmal hören wir aber auch Aussagen wie: »Ich wünsche mir das schon so lange, aber nichts rührt sich.« Oft folgt dann noch der Satz: »Es scheint, ich sollte das nicht haben.« Dazu können wir nur sagen: »Das stimmt.« Mit diesem Wunsch ist etwas nicht in Ordnung. Es gibt zwei Möglichkeiten, warum der Wunsch nicht in Erfüllung geht:

Es wäre zum Nachteil für den Wünschenden, wenn er bekäme, was er haben will.

Oder: Er hat sich die Erfüllung des Wunsches noch nicht »verdient«.

Darüber braucht niemand traurig zu sein, denn in beiden Fällen steckt dahinter die liebende Fürsorge Gottes. Etwas zu bekommen, das uns schadet, wäre zu unserem Nachteil. Haben wir uns die Erfüllung nicht verdient, so heißt das nur, dass wir nachdenken sollten, was wir besser machen können oder was wir beitragen können, dass der Wunsch in Erfüllung geht.

Eine Frau hat Folgendes erlebt: Sie hatte ein Haus geerbt, das sie verkaufen wollte. Von dem Erlös wollte sie eine Eigentumswohnung erwerben. Sie hatte bereits Käufer für das Haus und der Kaufvertrag stand vor dem Abschluss. Nun wünschte sie sich, in einer bestimmten Gegend eine Wohnung zu finden. Aber alle Mühe war vergebens. Es gab Hindernisse über Hindernisse. Sie konnte nicht verstehen, warum ihr Wunsch nicht in Erfüllung gehen sollte. Da platzte der Kaufvertrag für das Haus. Erst war sie ärgerlich, aber dann begriff sie: Sie war davor bewahrt worden, eventuell voreilig eine Verpflichtung einzugehen. Das Haus wird inzwischen auf andere Weise genutzt.

Ein zweites Erlebnis dieser Frau zeigt, dass selbst gerechtfertigte Wünsche, wie der Wunsch nach einer Arbeitsstelle, einen Haken haben können. Durch einen Stellenabbau verlor sie ihren Arbeitsplatz. Sie sah diese Tatsache als Chance dafür, in eine andere Berufssparte zu wechseln. Es war ihr Wunschtraum, in einer berufsbildenden Schule im Fachbereich Wirtschaft unterrichten zu dürfen. Sie wünschte sich also, eine Anstellung als Lehrerin zu finden.

Trotz hoher fachlicher Qualifikation waren 85 Bewerbungen vergeblich. Sie begann, ihren Wunsch und ihr Verhalten zu analysieren, und stellte fest, dass sie gar nicht wirklich glaubte, dass Gott den besten Job für sie bereithielt. Sie musste loslassen. Eine Freundin riet ihr, sich von ganzem Herzen zu wünschen, dass sie die Zeichen erkennen könnte, die sie zu der richtigen Arbeitsstelle führen würden. Sie wandte sich an eine Zeitarbeitsfirma. Nun beobachtete sie bei Vorstellungsgesprächen ganz genau, was vor sich ging. Bei einem Angebot, von dem sie glaubte, es würde ihre Fähigkeiten und Qualifikationen gar nicht fordern, sagte der Chef: »Hier können Sie sich entwickeln, in welche Richtung Sie wollen.« Sie nahm an, und es wurde daraus ein Traumjob mit Traumteam und Traumchef. Aus dem Zeitarbeitsverhältnis ist eine Daueranstellung geworden.

Inzwischen hat sie erkannt, dass sie sich bei dieser Stelle ganz entscheidende soziale Kompetenzen erwerben kann. Diese hätten ihr gewiss im Lehrberuf gefehlt und sie wäre nicht glücklich geworden.

In der Bibel heißt es: »Bittet, so wird euch gegeben, suchet, so werdet ihr finden, klopfet an, so wird euch aufgetan.« (*Neues Testament*, Mathäus 7, 7 und Lukas 11,9)

Das ist eine wunderbare, tröstliche Aussage, denn sie zeigt die Bereitschaft Gottes und der Naturgesetze, uns jederzeit zu helfen. *Wünschen zu dürfen ist eine Gnade Gottes.* Wir dürfen sie uneingeschränkt in Anspruch nehmen. Es ist nur eine Bedingung daran geknüpft: das absolute Vertrauen, dass unsere Wünsche so behandelt werden, wie es für uns am besten ist.

In diesem Zusammenhang muss gesagt werden, dass auch einmal ein unsinniger Wunsch oder einer, der uns in eine unangenehme, vielleicht nicht vorhersehbare Situation bringt, in Erfüllung gehen kann. Dann ist es eben notwendig, etwas ganz dringend zu lernen. Wir können aber sicher sein, dass es einen Ausweg aus der entstandenen Situation gibt.

Wir werden oft gefragt, ob wir uns denn alles wünschen dürfen, auch kleine Alltäglichkeiten. Ja, wir dürfen. Da ist das altbekannte Beispiel vom Parkplatz. Wenn Sie einen Parkplatz brauchen, wünschen Sie sich einen. Sollten Sie ihn nicht bekommen, so wissen Sie gleich, dass Sie bei dem, was Sie jetzt unternehmen, sehr aufmerksam sein sollten. Wahrscheinlich ist etwas nicht richtig oder es ist nicht der optimale Zeitpunkt für Ihr Vorhaben. Auch wenn Sie sich im Vertrauen auf einen Parkplatz zu spät auf den Weg machen, können Sie leer ausgehen.

Wenn Sie wissen wollen, wo Sie etwas Bestimmtes kaufen sollten: Wünschen Sie sich dieses Wissen und lassen Sie sich führen!

Wünschen Sie sich, bei Ihrer Arbeit zu erkennen, was und wie Sie es am besten machen sollen. Manches Mal ist es leichter, eine Frage zu stellen oder eine Bitte zu äußern. Beides kommt einem Wunsch gleich, wenn Sie bereit sind, die Antwort anzunehmen. Fragen Sie also: »Was darf ich jetzt sagen?«, »Was darf ich in diesem Brief schreiben?«, »Wie drücke ich mich am besten aus?«, »Was darf ich als Nächstes tun?« Solche Fragen erscheinen manchen Menschen als lächerlich, denn wir wissen doch selbst, wie wir unsere Arbeit am besten erledigen können. Lassen wir aber unser »allwissendes« Ego los, bekommen wir bessere, zeit- und energiesparende Lösungen.

Wenn wir schon Wünsche äußern dürfen, sollten wir mit dieser Möglichkeit gezielt und sorgfältig umgehen. Wünsche, die gewichtigere Situationen betreffen, sollten Sie aufschreiben, weil die Formulierung wesentlich ist.

Angenommen, Sie benötigen eine neue Wohnung, ein anderes Auto oder wollen Ihre Arbeitsstelle wechseln. In einem solchen Fall sollten Sie mit Bedacht vorgehen. Formulieren Sie den Wunsch positiv und immer mit dem Zusatz: »... wie es für mich richtig ist« oder »... was mir zusteht« oder »... wenn es Dein Wille ist«. Lassen Sie dann los und blockieren Sie die Erfüllung Ihres Wunsches nicht durch Zweifel. Beobachten Sie aber genau, was geschieht, um Hinweise zu erkennen.

Wünsche, die sich auf Ihre Weiterentwicklung beziehen, sind nicht nur höchst willkommen, sondern werden von Gott und den Naturgesetzen erwartet. Mit solchen Wünschen zeigen Sie Ihre Bereitschaft, den nächsten Schritt zu machen. Der klare, aus der Überzeugung kommende Wunsch ist gleichzusetzen mit dem festen Willen, etwas loszulassen oder in Gang zu setzen. An Ihrem Wunsch sollte nicht nur der Verstand, sondern auch das Gefühl beteiligt sein. Etwas so sehr zu wünschen, dass daraus eine Sehnsucht wird, das Erwünschte zu erreichen, ist das, was man einen Herzenswunsch nennt. Das Bedürfnis, ihn zu verwirklichen, wird sehr stark. So wird der Wunsch zum Zündfunken für eine Veränderung. Er ist ein Energieschub, der ausreicht, um tatsächlich einen gewünschten Weg gehen zu können.

Eine Frau aus unserem Freundeskreis hat auf diese Weise das Bedürfnis entwickelt, sich stets bestens zu ernähren. Sie findet immer Zeit und Kraft zu kochen, wenn andere schon längst aufgeben würden. Auf Reisen lässt sie los, denn sie weiß, dass ihr Bedürfnis gestillt wird. So wird sie stets dorthin geführt, wo sie den Umständen entsprechend die beste Möglichkeit hat, gut zubereitetes vegetarisches Essen zu bekommen. Auch beim Einkauf von Lebensmitteln findet sie gute und preiswerte Dinge oder bekommt manchmal spontan etwas geschenkt, als Zugabe für ihren Einkauf. Sie fühlt sich jedes Mal belohnt und ist dankbar für die Erfüllung ihres Wunsches.

Sie könnten jetzt einwenden, dass diese Frau ja selbst kocht, sich bemüht und konsequent ist. Natürlich fällt das Essen nicht vom Himmel. Die Erfüllung des Wunsches besteht darin, dass das Bedürfnis, das Richtige zu tun, immer stärker ist, als der »innere Schweinehund«. Das bewirkt, dass es ihr leichtfällt, konsequent zu sein, und dass sie immer Zeit findet, für sich zu sorgen. Ein Gefühl der Freude begleitet sie dabei. Sie kann auch Versuchungen, die das Essen betreffen, ohne Schwierigkeiten widerstehen.

Sehen wir uns Wünsche, die unserer Entwicklung dienen, genauer an:

- Jemand hat erkannt, dass ihm Rauchen sehr schadet, und er möchte davon loskommen. Zu sagen: »Ich möchte das Rauchen aufgeben«, hätte kaum die gewünschte Wirkung. Formulierungen wie: »Ich möchte …«, »Ich werde …« enthalten ein Vielleicht. Sie signalisieren eine Absicht. Sie drücken nicht den festen Willen aus. Eine wirkungsvolle Formulierung des Wunsches könnte lauten: »Ich habe den festen Wunsch, *Nichtraucher* zu werden. Ich bitte um Hilfe. Wie stelle ich es am besten an?«
- Wünsche, die sich darauf beziehen, eine Schwäche abzulegen, setzen ebenfalls voraus, dass der ehrliche Wille

vorhanden ist. Diese Wünsche sollten Sie sehr konkret äußern. »Ich will mutiger sein« ist zu allgemein formuliert. Finden Sie zuerst heraus, in welcher Situation es Ihnen an *Mut* fehlt. Dann können Sie diese Situation ansprechen und sagen: »Ich wünsche mir ... mutiger zu sein. Was muss ich tun, damit mir das gelingt?« Diese Zusatzfrage ist wesentlich. Die Antwort bleibt nicht aus. Sie sollten darauf gefasst sein, viele Übungsmöglichkeiten zu bekommen.

- Sie wünschen sich vielleicht eine gute Freundin oder einen guten Freund. Auch hier ist eine Zusatzfrage notwendig. Sie lautet: »Was kann ich tun, um mir eine wertvolle *Freundschaft* zu verdienen?«
- Um *sich selbst besser kennenzulernen* hilft der Wunsch, die Spiegelbilder, die uns geboten werden, wahrzunehmen und richtig deuten zu können.
- Einige wichtige Wünsche beziehen sich auf die *Ernährung*. Wünschen Sie sich *heute* nur das zu essen und zu trinken, was Ihnen gut tut. Widerstehen Sie Versuchungen, die sehr wahrscheinlich kommen. Sie könnten sich auch wünschen, dass Sie die richtigen Mengen essen, dass Sie nicht vergessen, während des Tages zu trinken, oder dass Sie es schaffen, besser zu kauen.

Bei all diesen Wünschen sind Sie aufgefordert, Ihren Beitrag zu leisten. Beat Imhof drückt diesen Umstand in seinem Buch *Weisheit und Wahrheit* in einem Gleichnis aus. Er schreibt über einen jungen Mann, der im Traum ein Geschäft betritt und fragt, was es hier zu kaufen gäbe. Der Verkäufer antwortet: »Alles, was das Herz begehrt.« »Nun gut, dann geben Sie mir eine gute Portion Glück, Liebe und Zufriedenheit!«, fordert der Jüngling. Der Ladenbesitzer antwortet: »Mein lieber junger Mann, Sie haben mich wohl nicht richtig verstanden. Ich verkaufe keine Früchte, sondern nur die Samen dazu.«

Eine Patientin hat sich sehr eingehend mit dem Thema »Wünsche« auseinandergesetzt und einen für sie zielführenden Weg gefunden. Sie geht nach folgendem Schema vor:

- Sie stellt sich die Frage, ob ihr Wunsch richtig oder, besser gesagt, *gerechtfertigt* ist. Wenn sie das bejahen kann, folgt der zweite Schritt.
- Sie fragt, was sie zur Verwirklichung des Wunsches beitragen kann. Sie analysiert den *Ist-Zustand* und freut sich auf die Lösung.
- Die *Vorfreude* verstärkt ihren Wunsch, bis sie sich nach der Lösung sehnt.
- Daraus wird ein drängendes *Bedürfnis*, das sie veranlasst, zu handeln. Sie formuliert ihren Wunsch sehr genau. Sie ist sicher, dass sie zur besten Lösung geführt wird.

Meist wird sie dazu veranlasst, aktiv zu werden. Sie folgt diesen Intuitionen sofort, auch wenn der Verstand anderer Meinung ist. So hat sie beispielsweise eine günstige Fahrkarte zu ihrem Urlaubsort für Mitte August schon Anfang März buchen können, obwohl ihr Verstand und der Bahnbeamte zuerst der Meinung waren, das Sparangebot für diese Zeit sei noch nicht verfügbar. Auch ihr Konto bleibt stets im Plus. Es eröffnen sich immer wieder Möglichkeiten, an die sie nie gedacht hätte.

Das bedeutet nicht, dass sie Geld wahllos ausgeben kann. Sie muss es einteilen, wie jeder Mensch es tun sollte. Sie macht jedoch die Erfahrung, dass sie immer mit ihrem Geld auskommt. Handelt es sich um einen Wunsch, der ihre Weiterentwicklung betrifft, so wird sie durch Intuitionen zur Lösung geführt.

Intuitionen in Form von Gedanken und Gefühlen sofort wahrzunehmen und umzusetzen, hat sie nicht von heute auf morgen gelernt. Ebenso hat sie sich den Ausgleich zwischen Verstand und Gefühl erarbeitet und daraus ihre Art gefunden, mit Wünschen umzugehen. Die Mühe hat sich gelohnt. Sie fühlt sich beschützt und getragen.

Sie haben vielleicht schon von der »ICH-BIN-Formel« gehört. Sie hat den Vorteil, dass sie die Vorstellung von Ihrer Person und Ihren Verhältnissen beeinflusst. Immer wieder angewandt und vor allem aufgeschrieben, ändern sich dadurch Ihre Gedanken, und Gedanken sind Mächte. Das ist das gleiche Prinzip, das auch die Werbung verwendet. Was Sie oft genug hören, glauben Sie schließlich.

Was macht den Unterschied dieser Formulierung zu anderen Möglichkeiten aus? Zu sagen: »Ich werde mit Gottes Hilfe erfolgreich sein« ist etwas anderes als »ICH BIN erfolgreich, denn ich bin ein Kanal göttlicher Inspiration« zu äußern. Die erste Formulierung schiebt die Erfüllung in eine unbestimmte Zukunft, die zweite stellt sie in die Gegenwart. Sie könnten auch sagen: »ICH BIN offen für meine Tagesschule und bereit, sie anzunehmen.« Besonders schön finden wir diese Art der Formulierungen, wenn Dankbarkeit damit ausgedrückt wird: »ICH BIN dankbar für alle Hilfe durch die Naturgesetze«, »ICH BIN dankbar für meine guten Mitarbeiter« usw. Alle in der Gegenwart formulierten Wünsche haben den Vorteil, dass die Vorstellung ihrer Erfüllung sehr real ist. Danken schafft einen Energieausgleich.

Menschen, die ihre Wünsche so formulieren, machen unterschiedliche Erfahrungen. Enthält die Formulierung eine Verneinung, so geschieht gar nichts. Enthält sie ein Wort, das zum Ausdruck bringt, was Sie vermeiden wollen, besteht die Gefahr, dass sich genau das verwirklicht, denn Worte sind Gedanken, die ausgesprochen werden, und haben die Tendenz, sich zu realisieren.

Sie können spüren, ob eine Formulierung richtig ist oder nicht. Bei berechtigten und richtig formulierten Wünschen stellt sich ein zustimmendes, freudiges Gefühl ein. Besonders Menschen, die versuchen, im Einklang mit Gott und den Naturgesetzen zu leben, haben mit dieser Art des Wünschens Erfolg. Der persönliche Einsatz bleibt aber auch hier nicht erspart.

Diese Art des Wünschens ist keine Zauberei, wie das bei manchen Darstellungen erscheinen mag. Sie drückt jedoch ein Einssein mit Gott aus. In der Bibel finden wir einen Hinweis, der eine mögliche Erklärung darstellt, die für diese Formulierung spricht. Moses fragt Gott: »Wie ist Dein Name?« Gott antwortet: »Ich bin der Ich Bin« (2. Buch Moses, Kapitel 3, Vers 14). Er ist der Seiende, der in der Gegenwart und in perfekter Konzentration lebt.

Die Psychologie spricht von einem Unterbewusstsein und meint damit eine Schicht des Bewusstseins, die ohne unser bewusstes Zutun zu selbstständigen Leistungen befähigt ist und gleichsam als ein zweites Bewusstsein unter dem Normalbewusstsein steht. Auf diese Annahme gründet sich die Meinung, dass die Erfüllung von Wünschen durch das Unterbewusstsein erfolgt. Das würde bedeuten, dass wir auf dieser Ebene alles Wissen und alle Wahrheiten besitzen und alle Zusammenhänge kennen und regeln können, aber keinen willentlichen Zugang zu diesen Schätzen haben. Dieser Meinung stehen die Erfahrung, die Logik und die Offenbarungen vieler Religionen entgegen. Demnach ist alles Wissen bei Gott und alles Geschehen im Universum wird von Ihm mit Hilfe der Naturgesetze geregelt. Anders ausgedrückt: Gott und die Naturgesetze sind das, was wir Menschen uns so gerne zuschreiben würden und als Unterbewusstsein bezeichnen. Über die Intuition haben wir Zugang zu und Anteil an diesem unendlichen Wissen, das wir bewusst nutzen dürfen. Es handelt sich dabei um einen Energiefluss in beide Richtungen. Es erfüllen sich nämlich jene Gedanken und Wünsche, denen wir Energie geben. Dabei gibt es kein »Njain« oder »Nja« und kein »Vielleicht«. Hier heißt es loszulassen von Hoffen und Bangen. Wer zweifelt, gibt der Energie keine klare Richtung. Es ist jedoch unerlässlich, dass sie uneingeschränkt, in Form von zweifelsfreiem Glauben und Vertrauen, von unbedingter Bereitschaft, Intuitionen zu folgen, und inniger Dankbarkeit in einen Wunsch investiert wird. Deshalb ist auch die Formulierung eines Wunsches von so ausschlaggebender Bedeutung.

Wünsche erfüllen sich oft in mehreren Schritten. Selten ist ihre Erfüllung ein Superknall, obwohl das auch vorkommen kann. Manche Wünsche lösen eine Kette von Ereignissen aus, sodass uns manchmal der Zusammenhang mit unserem Wunsch gar nicht mehr bewusst ist.

So ist es auch Hedwig Hajdu ergangen. Ein lang gehegter, aber immer wieder zurückgestellter Wunsch, ein bestimmtes Möbelstück zu kaufen, trat plötzlich wieder in den Vordergrund. Ich hatte lange nicht daran gedacht. Mein Gefühl sagte mir, dass jetzt der richtige Zeitpunkt gekommen sei. Warum gerade jetzt? An meinen Finanzen hatte sich nichts geändert.

Das Gefühl, dass ich sofort handeln müsse, war sehr stark. Dazu ergab sich, dass meine Anwesenheit im Institut am darauffolgenden Tag nicht nötig war. Ich musste jedoch noch eine Entscheidung treffen: an diesem Buch weiterzuarbeiten oder loszulassen und meiner Intuition zu folgen. Ich entschied mich für Letzteres.

Eine Überraschung erwartete mich im Möbelhaus. Alle Waren, auch alle Möbel, nicht nur der übliche Kleinkram, wurden um 35 Prozent verbilligt verkauft. Von dieser Aktion, die nur noch wenige Tage lief, hatte ich nichts gewusst. Günstiger hätte ich dieses Möbelstück nicht bekommen können. Erst jetzt begriff ich, dass ein zweiter Wunsch damit im Zusammenhang stand. Er lautete: »Mein Konto ist stets im Plus. Dafür bin ich sehr dankbar.« Ich durfte so günstig kaufen, dass dieser Dauerwunsch erfüllt blieb.

Diese Begebenheit zeigt, dass die Erfüllung eines Wunsches manchmal lange Zeit in Anspruch nehmen kann. Sie zeigt auch, dass das Zusammenspiel von Intuitionen und zeitlichen Abstimmungen nur von einer Instanz geregelt werden kann, die den Überblick über alle Geschehnisse hat. Das »hypothetische Unterbewusstsein« eines einzelnen Menschen hat wohl nicht diese Möglichkeit.

Wenn wir Wünsche aussprechen, kommen Reaktionen von Gott und den Naturgesetzen.

- Häufig werden wir geprüft, ob wir auch wirklich wollen, was wir ankündigen, wenn es sich um Wünsche in Bezug auf unsere Weiterentwicklung handelt, beziehungsweise ob wir auch an das glauben, was wir aussprechen. Deshalb müssen wir Versuchungen widerstehen, Entscheidungen treffen und häufig etwas loslassen. Gelingt uns das, so dürfen wir weitere Hilfen erwarten.
- Wir bekommen auch viele Gelegenheiten zu üben, was wir lernen wollen. Sie sollten deshalb nicht zu viele Wünsche auf einmal äußern. Die Tagesschule wird sonst schwer überschaubar.
- Handelt es sich um berechtigte Wünsche, die unsere Lebensumstände betreffen, so sind wir besonders gefordert, unbedingt zu vertrauen.

## ÜBUNG 6: Richtig wünschen

Lernen Sie, Ihre Wünsche und Fragen richtig zu formulieren. Schreiben verstärkt die Wirkung und erfordert eine genauere Formulierung. Drücken Sie sich dabei immer positiv und eindeutig aus.

Folgende Fragen können Ihnen dabei nützlich sein, um Ihren Wunsch zu unterstützen:

- Was soll ich loslassen, damit …?
- Was kann *ich* ändern, dass …?
- Was hindert mich daran …?

Auch mit Wünschen müssen wir lernen umzugehen. Es ist daher günstig, Wünsche auch für kleinere Bereiche und vor allem für Lernprozesse zu formulieren, wie zum Beispiel:

- Ich achte heute besonders darauf … (z. B. in jedem Ereignis die positive Seite zu sehen).
- Es ist mein inniger Wunsch zu lernen …
- Ich nehme viele Intuitionen wahr. Dafür bin ich dankbar.
- Ich wäge Gefühl und Verstand gegeneinander ab und treffe dadurch richtigere Entscheidungen.

Wie bekommen Sie die Antwort auf Ihre Fragen? Wenn Sie eine Frage gestellt haben, sollten Sie loslassen. Es wäre sinnlos, den ganzen Tag darüber nachzugrübeln. Die Intuition dringt nicht durch. Es ist genau wie beim Telefon: Wenn Sie den Hörer nicht auflegen, können Sie nicht angerufen werden.

Die Antwort kommt nicht immer sofort. Vielleicht müssen Sie einen oder zwei Tage warten.

Antworten werden auch nicht jedem Menschen auf die gleiche Weise übermittelt. Vertrauen Sie im Zusammenhang mit Ihrem Wunsch oder Ihrer Frage auf Ihre innere Stimme, auf Beobachtungen und Begegnungen, auf Gedanken und Gefühle.

Welche der hier geschilderten Möglichkeiten, mit Wünschen umzugehen, für Sie richtig ist, sollten Sie ausprobieren. Auch das Wünschen können Sie lernen.

| **erkennen** | **entscheiden** | **durchführen** |
|---|---|---|
| Selbsterkenntnis | | |
| den Sinn des Lebens erkennen | Einsatz des freien Willens | |
| Hinweise erkennen | Hilfe der Naturgesetze annehmen | den Gesetzen Folge leisten |
| neue Erkenntnisse durch Flexibilität | Erkenntnisse dankbar annehmen | Fleiß hilft loszulassen |
| Lebensschule erkennen | Warnsignale beachten | Hürden überwinden |
| Blockaden des Willens erkennen | den freien Willen stärken | Blockaden lösen |
| Energiedefizite feststellen | Energiequellen nutzen | Energieräuber loslassen |
| Blockaden im Alltag erkennen | Wünsche als Hilfe nutzen | vertrauensvoll loslassen |

# »Eintrittskarte« bitte vorweisen!

Gibt es so etwas wie eine Eintrittskarte zum Loslassen? Wir wollen hier kurz zusammenfassen, was Ihnen das Loslassen erleichtert oder erst ermöglicht.

→ Der *aufrichtige Wunsch*. Er bringt die Energie, die wir brauchen, um eine Veränderung in Gang zu setzen.

→ Die *Steigerung der Konzentrationsfähigkeit* durch Konzentrationsübungen. Konzentration löst eine Reihe von positiven Wirkungen aus. Vor allem ersparen wir uns und den Naturgesetzen eine Menge Energie, wenn wir uns um Konzentration bemühen.
Das wird an einem einfachen Beispiel deutlich: Die Energie, die durch Konzentration entsteht, reicht aus, damit Sie eine Autofahrt unfallfrei hinter sich bringen können. Haben Sie schon einmal erlebt, dass Sie plötzlich nicht genau wussten, was in den letzen ein oder zwei Minuten um Sie herum vor sich gegangen ist?
Es ist Ihnen aber nichts passiert, weil die Naturgesetze Energie zur Verfügung gestellt haben, um Sie vor Schaden zu bewahren. Wenn Sie zu lange träumen oder sich von Gesprächen ablenken lassen, treten plötzlich gefährliche Situationen auf. Die Naturgesetze machen Sie darauf aufmerksam, dass Sie dauernd unter Schutz gehalten werden müssen, weil Sie unkonzentriert sind. Das bedeutet einen großen Energieeinsatz vonseiten der Naturgesetze. Für den Augenblick wird Ihnen diese

Energie zur Verfügung gestellt. Später wird sie Ihnen aber abgezogen. Sie haben sie ja durch Ihr Verhalten nicht verdient.

→ Die *Ehrlichkeit zu sich selbst* oder, anders ausgedrückt, das Bemühen um Selbsterkenntnis, ist eine Voraussetzung für das Loslassen. Wie sonst sollten wir herausfinden, was es zu ändern gilt? Nur wenn wir ehrlich zu uns selbst sind, können wir erkennen, was wir loslassen sollten, denn keine Macht der Welt kann uns Erkenntnisse vermitteln, wenn wir sie nicht hören wollen.

→ *Dankbarkeit* ist eine große Hilfe, wenn wir unser kleines, egozentrisches Ich loslassen wollen. Alles, was Ihnen an Erkenntnissen und Hilfen zuteil wird, ist des Dankes wert, auch das, was unangenehm ist und sich im Augenblick eher als Strafe anfühlt. Es ist tatsächlich Lebensschule. Das sollten Sie nie vergessen. Es gibt immer etwas, wofür wir dankbar sein können. Nichts ist selbstverständlich. Wer dankbar ist, kann von vermeintlichen Ansprüchen loslassen. Mit einem Dankeschön geben Sie einen kleinen Teil der Energie, die für Sie aufgewendet wurde, an das Universum zurück.
Wenn Sie gleich etwas tun wollen, so empfehlen wir Ihnen, jeden Tag drei Dinge aufzuschreiben, für die Sie dankbar sind, beispielsweise für den Sonnenschein, für eine schöne Blume, für ein gutes Gespräch, für eine gelungene Arbeit, für eine Begegnung, für gutes Essen, für einen Spaziergang, für gute Regeneration.
Auch ein Missgeschick, durch das Sie auf einen Fehler aufmerksam wurden, verdient Ihren Dank.

*Danke zu sagen ist eine liebevolle Geste und ein kleiner Energieausgleich für das, was wir von Gott und den Naturgesetzen bekommen haben.*

»Es gibt im Leben selten
ein schöneres Übermaß, als das der
Dankbarkeit.«

(Jean de la Bruyère)

# III. EINE REISE DURCH VERSCHIEDENE LEBENSBEREICHE

Wir verlassen nun den »Hörsaal« und laden Sie ein zu einer Reise. In Ihrem Reisegepäck befindet sich viel grundlegendes Wissen über Ihre Persönlichkeit, über das Warum und Wie des Loslassens und über Hilfen, die Ihnen das Loslassen erleichtern. Wir werden bei vielen wichtigen Situationen des Lebens haltmachen. Aber wir können nicht alle Möglichkeiten ansprechen. Dazu ist das Leben zu vielfältig. Vieles wird Sie persönlich berühren, manches werden Sie bei Menschen aus Ihrem Umfeld wiedererkennen. Bevor wir zu unserer Reise aufbrechen, brauchen wir noch einige Ergänzungen, die wir mit auf den Weg nehmen wollen.

# Motive Ihrer Handlungen

Warum geben Sie nicht all Ihr Geld am Monatsanfang aus? Warum möchten Sie im Grünen wohnen? Warum lesen Sie Bücher? Welche Fragen! Ist das Warum denn so wichtig?

Motive sind die Urheber der Handlungen. Wenn Sie aus einem richtigen Motiv heraus handeln beziehungsweise eine Entscheidung treffen, können Sie ein optimales Resultat erwarten. Stimmt das Motiv nicht, so können Sie eine Angelegenheit oder eine Situation nicht zu Ihrem eigenen Besten regeln. Das bedeutet, dass das Resultat einer Handlung dem Motiv entspricht.

Auch Ihr Umfeld wird durch Ihre Handlungsmotive beeinflusst. Folgendes Beispiel verdeutlicht, wie sich ein falsches Motiv auswirkt:

Ein Mann kaufte seiner jeweiligen Freundin Schmuck und Kleider, weil er mit ihr angeben wollte. Es war ihm wichtig zu zeigen, dass er sich eine attraktive Partnerin leisten kann. Seine Beziehungen hielten nicht lange. Geschenke sind schön und gut, aber wenn sie nicht aus Liebe gegeben werden, verfehlen sie ihre Wirkung. Sie belasten den Beschenkten, weil sie ihn zu etwas verpflichten.

Entscheidungen, die aus falschen Motiven heraus getroffen werden, sind sowohl für den Handelnden selbst als auch für Menschen aus dem Umfeld von Nachteil. Wird das Motiv nicht erkannt und daher auch nicht losgelassen, so stellen sich weitreichende Folgen ein, denn die Lebensgesetze tun ihre Arbeit.

Dann kann geschehen, was Marion erlebt hat: Schon seit einiger Zeit fühlt sie sich nicht wohl. Die nervlichen Belastungen mit zwei Teenagern und einem Beruf sind zu groß. Ständig gibt es Ärger. Der Arzt stellt *Bluthochdruck* fest. »Das kriegen wir schon in den Griff«, sagt er und verordnet ein Medikament. Tatsächlich lässt sich der Blutdruck senken. Das Problem wäre also – scheinbar – aus der Welt geschafft.

Da taucht im Büro eine neue Mitarbeiterin auf. So eine Nervensäge! Nichts passt ihr. Keine Arbeit macht sie fertig. Vieles bleibt dann an Marion hängen. Darüber ärgert sie sich von früh bis spät grün und blau.

Bald stellen sich kolikartige Schmerzen ein. Der Arzt stellt Gallensteine fest. Warum dieses neue gesundheitliche Problem? Es hat eine Symptomverschiebung stattgefunden. Die seelische Ursache sowohl von Bluthochdruck als auch von Gallensteinen ist Ärger, nicht vergeben zu können, die Schuld bei anderen zu suchen. Das alles hat Marion nicht bearbeitet. Auch das Motiv ihres Verhaltens hat sie nicht erkannt. Sie wollte sich selbst und anderen beweisen, dass sie alles bewältigen kann.

Es war Geltungssucht, von der sie nicht loslassen konnte. Wenn sie mit ihren Nerven am Ende war, konnte sie sich selbst nicht vergeben. Sie hat sich nie gefragt, warum sie sich so viele Dinge hat aufbürden lassen. Sie sah ihre Schwierigkeiten als Resultat der widrigen Umstände. So hat sie die tiefe seelische Ursache der ersten Erkrankung nicht beseitigt. Deshalb mussten ihr die Naturgesetze einen weiteren, kräftigeren Hinweis geben.

Nach dem Motiv einer Handlung zu fragen, kommt vielen Menschen gar nicht in den Sinn. Wir sind nicht daran gewöhnt darüber nachzudenken, *warum* wir etwas tun. Wir handeln häufig spontan oder aus Gewohnheit.

Bringt vielleicht Nichtstun in manchen Fällen eine Lösung? Was würde wohl geschehen, wenn jemand sagte: »Ich lasse die Angelegenheit los, das Problem wird sich schon von selbst lösen.«

Mag sein, dass dieses Problem verschwindet, aber ein größeres taucht dafür auf. Die meisten Menschen können den Zusammenhang zwischen der ersten und der zweiten Situation nicht erkennen. Sie sind nur frustriert darüber, dass sie schon wieder ein Problem haben. Hinter dieser Art, etwas »loszulassen«, steckt ein falsches Motiv, nämlich Gleichgültigkeit oder Bequemlichkeit.

»Ich überlasse meine Angelegenheiten jemand anderem. Irgendjemand findet sich immer.« Das Abschieben auf andere kann keine echte Lösung bringen. Ein solches Motiv würde zur Selbstaufgabe führen.

Im Wiederholungsfall hätte es den Verlust der Selbstachtung zur Folge. Selbstverständlich dürfen Sie sich Rat holen, etwa bei einem Freund, einer Freundin, bei einem Vorgesetzten oder bei einem Kollegen, einer Kollegin. Gerade durch Gespräche können Sie oft rasch und klar die Lösung eines Problems erkennen.

Dabei helfen Ihnen zwei Dinge: die Formulierung der Fakten, weil Sie das Problem schildern müssen, und die Bündelung der Energie, die durch das Mitdenken einer zweiten Person entsteht. Dabei tritt meist auch Ihr Handlungsmotiv zutage.

Wir sollten lernen, nach den Motiven unserer Handlungsweisen zu fragen. Sie liegen in unseren Charaktereigenschaften begründet. Motive zu erkennen, setzt Ehrlichkeit zu sich selbst voraus. Niemand, auch nicht Ihr bester Freund oder Ihre beste Freundin, kann die innersten Beweggründe Ihrer Handlungen feststellen. Niemand kann Ihre wahren

Motive ergründen. Sie sind der einzige Mensch, der das tun kann. Das ist nicht immer angenehm, denn wir müssen uns dabei unsere Schwächen eingestehen.

**erkennen entscheiden durchführen**

Handlungsmotive
erkennen

# So werden Sie zum Sieger

Wenn Sie einmal erlebt haben, dass die Kenntnis des Motivs Sie auf die richtige Spur führt, werden Sie keine Umwege mehr machen wollen. Sie werden feststellen, dass alle Motive, die sich auf Ihre Weiterentwicklung beziehen, zu Selbstachtung und Selbstsicherheit führen. Sie werden loslassen, was Sie einengt. Das wunderbare Gefühl der inneren Freiheit, das sich einstellt, werden Sie nicht mehr missen wollen. Loslassen ist kein Sieg über andere Menschen oder eine Sache, sondern immer ein Sieg über sich selbst.

Begeben Sie sich niemals in die Opferrolle, indem Sie sagen: »Ich muss loslassen. Ich armer Mensch muss schon wieder etwas aufgeben.« Werden Sie zum siegreichen Regisseur Ihres Lebens, indem Sie sich sagen: »Ich will meinen Weg erkennen. Ich will loslassen. Ich will aus dem richtigen Motiv handeln. Ich bin bereit und offen für die beste Lösung.«

| **erkennen** | **entscheiden** | **durchführen** |
|---|---|---|
| Handlungsmotive erkennen | sich für Motive entscheiden, die der Weiterentwicklung dienen | |

# Vier grundlegende Situationen für das Loslassen

## Zuerst die Voraussetzungen schaffen, dann loslassen

Stellen Sie sich vor, Sie werden vor die Entscheidung gestellt, zwischen zwei Stellenangeboten zu wählen. Beide Stellen interessieren Sie. Was können Sie tun, um die richtige Entscheidung zu treffen?

Da gibt es Verschiedenes zu bedenken:

- In beiden Fällen sollten Sie das Für und Wider hinterfragen.
- Sie sollten nach den Motiven suchen, die Sie als Grund dafür erkennen, die eine oder die andere Stelle anzunehmen.
- Ist vorrangig Geld für Sie ausschlaggebend oder die berufliche und seelische Weiterentwicklung?
- Sie sollten auf Ihre Gefühle hören und Gefühl gegen Verstand abwägen.

Es kann sein, dass Ihnen nun eine Stelle günstiger erscheint als die andere. Eine Entscheidung ist aber trotzdem weiterhin schwierig.

An diesem Punkt sollten Sie loslassen. Gott und die Naturgesetze wissen, welcher Weg der beste für Sie ist. Sie sollten um Hilfe für die richtige Entscheidung bitten. Achten Sie jetzt besonders auf Hinweise, die auf jeden Fall kommen werden. Stellen Sie Ihre Sinne auf Beobachtung ein!

Hinweise können sehr vielfältig sein. Sie können Zustimmung oder Ablehnung signalisieren. Es könnte sein, dass Sie von einer der beiden Firmen jetzt öfter hören, Positives lesen, jemandem begegnen, der über diese Firma spricht, bei einem Telefonat sofort mit der richtigen Person verbunden werden und vieles mehr.

Als Ablehnung sind Ereignisse zu betrachten, die ein Hindernis darstellen. Ein Auto der fraglichen Firma schneidet Ihnen den Weg ab oder bummelt vor Ihnen her, das Telefon ist dauernd besetzt, ein Gespräch wird unterbrochen. Sie bekommen eine Postwurfsendung, in der diese Firma wirbt, aber das Blatt ist zerrissen.

## Loslassen, um eine Situation beurteilen zu können

Wenn wir mitten in einer schwierigen Situation stecken, sehen wir oft den Wald vor lauter Bäumen nicht mehr. Sie sehen die einzelnen Häuser, wenn Sie ein Dorf von einem Hügel aus betrachten, den Kirchturm und die Straße, die zum Dorf führt. Wenn Sie im Dorf sind, sehen Sie plötzlich den Kirchturm nicht mehr. Es ist schwierig, sich zu orientieren. Versuchen Sie, Abstand zu gewinnen.

Das können Sie durch Loslassen erreichen. In manchen Situationen ist es hilfreich, einen zeitlichen oder örtlichen Abstand zu schaffen. Um wieder handlungsfähig zu werden, helfen Ihnen das Vertrauen in Gott und die Naturgesetze sowie der Wunsch, klare Sicht, also die richtige Intuition, zu bekommen.

Handelt es sich um eine Situation, die Ihnen Angst macht oder die Sie in Bedrängnis bringt, ist es besonders schwierig, den nötigen Abstand zu schaffen. Die Angelegenheit auf sich beruhen zu lassen, ist keine Lösung. Was Sie in einem solchen Fall loslassen sollten, sind die Angst, die Unsicherheit, das Gefühl, unter Druck gesetzt zu sein. Bedenken Sie: Gott und die Naturgesetze helfen Ihnen weiter. Gelingt es Ihnen loszulassen, erscheint das Problem plötzlich viel kleiner und harmloser. Es reduziert sich auf seine objektive Größe. Dann sind Sie frei, um die beste Lösung zu finden.

## Loslassen, um gezielt eine andere Situation herbeizuführen

Loslassen ist meistens der beste Weg zur Erkenntnis. Es geschieht immer wieder, dass wir etwas nicht sofort verstehen, dass wir eine Situation nicht durchschauen können oder als unklar empfinden.

Sie haben gewiss schon nach einer Formulierung, nach einer Antwort oder nach einer Möglichkeit gesucht, eine Aufgabe optimal zu lösen. Aber die Lösung war nicht greifbar. Darüber nachzugrübeln ist meist nicht zielführend. Durch Loslassen gewinnen Sie den nötigen Abstand.

Zu einem anderen Zeitpunkt können Sie Zusammenhänge oder Lösungen sehen, die Sie vorher nicht erkennen konnten. Sie haben einen anderen Standpunkt gefunden oder betrachten die Angelegenheit von einem anderen Blickwinkel aus.

Es kann sich auch um Einsichten handeln, für die der richtige Zeitpunkt noch nicht gekommen ist. Das ist oft eine Schwierigkeit, durch die Patienten hindurchgehen müssen, wenn sie gesund werden wollen. Einsichten kann niemand erzwingen. Sie kommen aber, wenn wir einige Schritte in

Richtung Weiterentwicklung gemacht haben. Dadurch verdienen wir uns richtige Erkenntnisse. Bleiben Sie offen für Informationen oder Anweisungen. Seminarteilnehmer berichten uns häufig, dass sie manches erst zu einem späteren Zeitpunkt verstehen konnten. Sie hatten sich weiterentwickelt und fanden nun einen anderen Zugang zu einer bestimmten Materie oder Problematik.

## Loslassen in einer Situation, im Augenblick des Geschehens

Kann ich das? Ist das nicht zu viel verlangt? Dies ist eine Möglichkeit des Loslassens, die sich hauptsächlich auf den zwischenmenschlichen Bereich bezieht.

Fassen wir einmal die Situation »Gespräch« ins Auge.

- Schaffen Sie es, den Gesprächspartner unter allen Umständen ausreden zu lassen? Wenn ja, dann haben Sie ihm seine Langatmigkeit, seine Umständlichkeit oder was Ihnen sonst störend erscheint, vergeben. Sie haben außerdem Geduld geübt.
- Antworten Sie ruhig und gelassen? Bleiben Sie sachlich, auch wenn der andere unsachlich war? Ja? Dann haben Sie ihm diese Schwäche vergeben, also losgelassen.
- Verzichten Sie auf Verteidigung, wenn Sie angegriffen wurden? Wenn ja, dann haben Sie Ihr Ego losgelassen.
- Hören Sie immer noch geduldig zu, auch wenn Sie längst eine Lösung gefunden haben, Ihr Gesprächspartner aber den Weg noch nicht erkannt hat? Sagen Sie immer noch: »Ja, ich kann dem anderen Zeit lassen, seinen Standpunkt zu finden«? Das erfordert ein Loslassen vom eigenen Geltungsbedürfnis.

- Bieten Sie dem Gesprächspartner Hilfe durch gezielte, sachliche Fragen an, anstatt Kritik anzubringen? Wenn Sie das in diesem Augenblick, im Gespräch, können, dann haben Sie schon einen großen Schritt im Loslassen von Kritik gemacht.

| **erkennen** | **entscheiden** | **durchführen** |
|---|---|---|
| Handlungsmotive erkennen | sich für Motive entscheiden, die der Weiterentwicklung dienen | den richtigen Zeitpunkt wählen |

Hier wird der Zusammenhang zwischen Loslassen, Vergeben, Geduld und liebevoller Haltung ganz besonders deutlich.

Sie sind auf dem besten Weg dazu, dass Loslassen für Sie zu einer Fähigkeit, zu einem Talent wird, das Ihnen in vielen Situationen das Leben erleichtert, wenn Sie es schaffen, bereits im Ablauf einer Situation loszulassen. Blättern Sie zurück zum ersten Kapitel »Auf dem Weg zu Lebensglück und Gesundheit«, ganz am Beginn des Buches. Dort haben wir davon gesprochen, dass Loslassen zu einem immer einsetzbaren Instrument bei der Problemlösung werden soll und kann.

Andere Situationen, in denen sofortiges Loslassen möglich ist, könnten beispielsweise sein: angegriffen werden, scheinbar ungerecht behandelt werden, von einer Sache ausgeschlossen werden, von Angst befallen werden, versucht sein zu kritisieren usw.

## ÜBUNG 7: Loslassen üben

Gespräche bieten ein gutes Übungsfeld, um das Loslassen zu trainieren. Versuchen Sie es schrittweise. Nehmen Sie sich vor:

- den anderen ausreden zu lassen
- gelassen zu antworten
- sachlich zu bleiben
- keine Kritik zu äußern, sondern lieber Ihren Standpunkt zu erläutern oder Fragen zu stellen
- sich nicht zu verteidigen
- positive Formulierungen zu wählen

Das geht nicht alles auf einmal. Kleine Schritte führen zum Ziel. Üben Sie Punkt für Punkt. Beobachten Sie selbst, welche Ihrer positiven Eigenschaften Sie durch Loslassen verstärken. Freuen Sie sich über die guten Resultate solcher Gespräche und die schönen Gefühle, die sich einstellen.

# Lass los, was dich beengt

Die folgenden Abschnitte dieses Buches beschäftigen sich mit bestimmten Lebensbereichen und bieten Ihnen die Möglichkeit, Parallelen zu Ihren persönlichen Lebenssituationen zu ziehen. *Wir möchten Sie daran erinnern, dass Loslassen ein lebenslanger Lernprozess ist.* Er bringt viel Freude, innere und äußere Freiheit, Erleichterung und Zufriedenheit. Denken Sie aber nicht, dass Sie alle unsere Vorschläge sofort in Angriff nehmen müssen. Beginnen Sie mit dem Abschnitt, der Ihnen für Ihre Situation entweder am nötigsten oder am leichtesten erscheint. Was Sie leicht bewältigen können, ist ein gutes Übungsfeld. Was Ihnen notwendig erscheint, verspricht einen großen Erfolg.

# Wer führt Regie?

*Freiheit bedeutet Verantwortlichkeit. Das ist der Grund, warum die meisten Menschen sich vor ihr fürchten.*
(George Bernard Shaw)

Wer sein Leben selbst in die Hand nehmen will, muss frei sein. Freiheit bedeutet, frei entscheiden zu können, frei über sein Leben zu bestimmen. Dazu ist es nötig, Verantwortung für sich zu übernehmen. Das ist nur möglich, wenn Sie einerseits Ihre Verhaltens- und Denkmuster auf ihre Auswirkungen hin überprüfen und sich andererseits von Einflüssen und Meinungen frei machen, die Ihre Entscheidungen beeinträchtigen.

Manche Menschen sind sich gar nicht bewusst, dass sie in alten Mustern festsitzen, und kommen nicht auf den Gedanken, Altgewohntes zu überprüfen. Sie reagieren auf bestimmte Situationen immer in der gleichen Weise und können daher jederzeit zu einer von anderen gewollten Reaktion veranlasst werden.

Vielen Menschen erscheint es schwierig, uneingeschränkte Verantwortung zu übernehmen: »Lieber nicht ganz alleine entscheiden«, »Lieber mit dem Strom schwimmen«, »Lieber in der Masse untertauchen«, »Man muss doch nicht an vorderster Front stehen.«

Das sind gefährliche Gedanken. Darin spiegelt sich eine ganze Palette von Verhaltensweisen, die dazu führen, dass Menschen Wachs in den Händen anderer werden. Das kann Ihnen nicht passieren, wenn Sie

- Vertrauen zu sich selbst aufbringen: Sie sind fähig zu entscheiden, was für Sie richtig ist
- bereit sind, alle Möglichkeiten zu überprüfen, bevor Sie eine Entscheidung treffen
- nach den Motiven Ihrer Handlungen fragen
- auf Ihre innere Stimme hören und Ihre Gefühle beachten
- Ihre Gewohnheiten hinterfragen
- von Ängsten und Zweifeln loslassen
- daran glauben, dass Ihnen von Gott nichts abverlangt wird, das Sie nicht bewältigen können
- wissen, dass Sie durch die Ehrlichkeit Ihrer Handlungsweise unter den Schutz der Naturgesetze gestellt sind

So brauchen Sie niemandem anderen die Verantwortung für Ihre Handlungsweise aufzubürden. Sie sind der Mensch, auf den Sie sich verlassen können. Sie sind niemandem Rechenschaft schuldig, außer Gott und sich selbst.

Zur Selbstverantwortung gehört auch das Risiko, einmal eine falsche Entscheidung zu treffen. Das soll Sie nicht entmutigen. Wenn eine Entscheidung falsch war, so ist das lediglich ein Ereignis in Ihrer Lebensschule. Es macht Sie nicht zum Schiffbrüchigen. Sie können aus jeder Situation lernen. Wenn Sie der Regisseur Ihres Lebens sein wollen, müssen Sie manchmal durch Erfahrung klug werden. Auch von Bemerkungen der sogenannten Besserwisser sollten Sie sich nicht beirren lassen.

Im Falle einer Fehlentscheidung ist es jedoch an der Zeit, von Selbstvorwürfen loszulassen und einen Ausweg aus der entstandenen Situation zu suchen. Dazu ist es notwendig, das Motiv Ihrer Entscheidung zu überprüfen und die Frage zu klären, ob Sie einem Verhaltensmuster gefolgt sind, das sie besser loslassen sollten.

Woher kommen störende Verhaltensmuster? Einen Teil davon haben wir unkontrolliert aus unserer Erziehung oder aus Traditionen übernommen, oder wir verhalten uns aus einem Anpassungsbedürfnis heraus auf eine bestimmte Weise. Wenn Sie sich sagen müssen: »Das habe ich immer schon so gemacht« oder »Das machen alle so«, dann sollten Sie nachdenken, warum Sie diesen Mustern folgen und ob Sie sich dadurch einschränken lassen.

Andere Verhaltensmuster stammen aus noch nicht abgelegten Schwächen. Sie sind schwer loszuwerden, denn sie haben sich bereits bis zu einem gewissen Grad verselbstständigt. Wir handeln, ehe uns bewusst wird, dass wir wieder so reagieren, wie wir es schon unzählige Male getan haben. Wir kommen erst nachher auf den Gedanken, dass es auch eine andere Möglichkeit gibt. Situationen, die auf unsere Verhaltensmuster abzielen, sind Aufforderungen, nach den Gründen unseres Verhaltens zu suchen und selbst die Führung zu übernehmen. Dabei ist es nicht wichtig, ob es sich um sogenannte Glaubenssätze handelt oder um nicht erkannte Schwächen.

Zwei Beispiele: Jemand reagiert auf eine Situation, die eine Entscheidung erfordert, immer ausweichend. Er gibt keine klaren Antworten. Er sollte nachdenken, warum er so handelt. Geschieht das aus Vorsicht, aus Unsicherheit oder weil er nie seine Meinung preisgeben will? Menschen, deren Schwäche es ist, sich aufzuopfern, sagen zu allem Ja, ohne zu überlegen. Sie können immer in eine bestimmte Richtung dirigiert werden.

Eine andere bekannte Situation ist die Sofortreaktion, wenn jemand nach einem ruft, auch wenn es der ungünstigste Augenblick ist. Das sieht dann so aus: Kind will etwas, Mutter rennt. Einer ruft, befindet sich aber fast außer Hörweite, der andere läuft, um nachzufragen, und zwar sofort.

Um selbstgesteuert zu sein, sollten Sie auch überprüfen, wie weit Sie Einflüssen von außen unterliegen. Es ist nicht ganz einfach, sich dem Diktat der Medien, insbesondere dem des Fernsehens, zu entziehen. Wie sollen wir die dort getroffenen Aussagen überprüfen, um uns eine möglichst objektive Meinung zu bilden? Einige Möglichkeiten gibt es jedoch. Zunächst sollten wir uns darüber im Klaren sein, dass durch vielfältige Techniken alle Bilder und Mitteilungen der gewünschten Wirkung angepasst werden können, ohne Rücksicht auf die Wahrheit. Da sind die immer wiederkehrenden gleichen Bilder, die als Beweis für unterschiedliche Ereignisse vorgelegt werden. Bei genauerer Betrachtung stellt sich heraus, dass sie gar nichts beweisen. Bilder, die angeblich an einem bestimmten Ort zur Dokumentation aufgenommen wurden, sind oft so nichtssagend, dass sie auch an einem x-beliebigen anderen Platz hätten entstanden sein können.

Wie seriös sind Aussagen, die von Personen in den Medien getroffen werden? Offenbar gehen die Verantwortlichen davon aus, dass die Menschen nicht mehr wissen, was jemand einige Tage zuvor gesagt hat. Dieselbe Person behauptet plötzlich das Gegenteil. Ebenso ist es mit den sogenannten wissenschaftlichen Erkenntnissen. Sie widersprechen einander häufig, je nachdem, von welcher Organisation sie dargeboten werden. Die Flut von Informationen macht es uns schwer, richtig von falsch zu unterscheiden. Es bleiben uns aber immer noch unsere Intuition und unser logisches Denkvermögen, die uns Hinweise auf den Wahrheitsgehalt einer Aussage geben können.

Wir sollten zwar informiert sein, aber wir müssen gar nicht alles wissen und beurteilen können. Deshalb können wir viele Informationen getrost loslassen und Entwicklungen abwarten.

| erkennen | entscheiden | durchführen |
| --- | --- | --- |
| Fremdsteuerung ausfindig machen | Verantwortung übernehmen | Verhaltensmuster erkennen und loslassen |

Wichtig ist Ihre Bereitschaft, selbst Ver-antwort-ung zu tragen. Es bedeutet, eine »Antwort« auf die Herausforderungen des Lebens zu geben, und zwar Ihre ganz persönliche. Sie besitzen die großartige Fähigkeit, selbst zu wählen. Allerdings sollten Sie bedenken: Wenn Sie keine Wahl treffen, wählen andere für Sie. Sie wollen gewiss nicht zur Schachfigur werden, die man beliebig hin- und herschieben kann. Lassen Sie los von dem Glauben, dass Ihre Meinung nicht zählt. Im privaten Bereich, im Berufsleben und in der Öffentlichkeit ist Ihre Meinung wichtig.

# Wie wichtig ist Ordnung?

*Ich bin von je der Ordnung Freund gewesen.*
(Marthe in Johann Wolfgang von Goethes *Faust I*)

Es gibt auch Menschen, die der Ordnung Feind sind. Die sind eben nicht zu faul zum Suchen. Aber Spaß beiseite. Herrscht nicht bei jedem Menschen irgendwo ein bisschen Unordnung? Nun ja, so eine kleine Schwäche ist doch nicht tragisch. Die Frage ist: Stört es Sie? Oder stört es Sie, dass jemand anderer unordentlich ist? Finden Sie einen Menschen in Ihrer Umgebung übertrieben ordentlich, ja sogar ausgesprochen pedantisch? Ja? Dann ist das Spiegelbildgesetz am Werk. Es will Ihnen sagen, dass Sie über das Thema Ordnung nachdenken sollten, auch wenn Sie vordergründig keine Unordnung bei sich erkennen können.

Die äußere Unordnung ist oft das Spiegelbild der inneren Unordnung. Deshalb betrachten wir zuerst den Zustand unserer Umgebung.

Wenn wir nach der Arbeit nach Hause kommen und betreten eine Wohnung, in der keine Kleider herumliegen, die Küche aufgeräumt, das Badezimmer sauber ist, tritt sofort Entspannung ein. Wenn wir einen Schrank öffnen und es fällt uns nichts entgegen, freuen wir uns darüber, dass er aufgeräumt ist. Wenn wir uns an unseren Schreibtisch setzen und finden dort kein Chaos an Zetteln, Stiften und Mappen vor, können wir sofort mit der Arbeit beginnen. Welch guter Start!

Wie ergeht es uns, wenn Unordnung herrscht? Sofort stellt sich Unlust, Enttäuschung, Unzufriedenheit ein. Das zerrt nicht nur an den Nerven, das nagt auch am Selbstwertgefühl. Manche Menschen sehen sich veranlasst, sich selbst zu kritisieren. Andere suchen Sündenböcke.

Es gilt also, Unordnung loszulassen und Ordnung zu schaffen und zu halten.

Es lohnt sich, wenn wir uns dafür Zeit nehmen, Ordnung herzustellen, und zwar so, dass jedes Ding seinen Platz hat. Die Ordnung dann auch aufrechtzuerhalten hängt mit der richtigen Zeiteinteilung zusammen und diese wiederum mit dem Lebensrhythmus.

Beides geht nicht ohne Disziplin. Wenn Sie rechtzeitig zu Bett gehen und früh wieder auf sind, können Sie schon am Morgen eine Menge erledigen.

Der Gedanke: »Das lege ich nur vorläufig dorthin« ist ebenfalls ein Feind der Ordnung. Zu glauben, jetzt keine Zeit zu haben, etwas gleich an seinen Platz zu legen, erweist sich als trügerisch. Später haben Sie erst recht keine Zeit. So häufen sich die Dinge.

Möglicherweise sind Sie in der Situation, dass Familienmitglieder Unordnung hinterlassen? Hinter jedem herzuräumen ist nicht möglich und auch nicht richtig. Alleinerziehende Mütter oder Väter haben es oftmals besonders schwer, weil zu viele Aufgaben auf ihnen lasten. Da hilft nur eine strikte Arbeitsteilung zwischen allen Beteiligten und vor allem Ihr Vorbild.

Nehmen wir an, dass Sie grundsätzlich Ordnung in Ihrem Umfeld haben. Was könnten Spiegelbilder Ihnen durch eine Person in Ihrer Umgebung, die schlampig ist, oder durch jemanden, dessen übertriebene Ordnung Ihnen auf die Nerven geht, mitteilen wollen?

Vielleicht ist es ein Hinweis auf Ihren Tagesablauf. Gehen Sie nach einem Plan vor, oder tun Sie »schnell« dies oder das?

Ein geordneter Tagesablauf entspricht dem Ordnungsprinzip des Universums.

Mit einer guten Planung nähern wir uns diesem Prinzip an. Sie ermöglicht uns eine bessere Zeitnutzung. Dadurch sparen wir Energie, und zwar auf zweifache Weise. Zum einen brauchen wir nicht herumzusuchen, was wohl zu tun sei, oder wegen Fehlplanung eine Arbeit doppelt zu machen. Zum anderen müssen uns die Naturgesetze nicht auf die Zeitverschwendung aufmerksam machen und entziehen uns daher auch keine Energie.

Ein Tag lässt sich oftmals nur dann richtig planen, wenn Sie einen Plan über eine Woche oder fallweise darüber hinaus, über einen Monat, erstellt haben. Es ist wichtig, Termine einzuhalten und Prioritäten zu erkennen. So vermeiden Sie Stress. Aktionen in letzter Minute sind erfahrungsgemäß selten erfolgreich.

Gilt denn das auch für Hausfrauen? Gewiss, denn gerade im Haushalt kommt man leicht ins Trudeln. Es geht nicht darum, beschäftigt zu sein, sondern die notwendigen Arbeiten gezielt zu erledigen, um auch freie Zeit zu haben. Zur Tagesplanung gehört auch der Einkaufszettel. Sich alles merken zu wollen, ist kein Gedächtnistraining, sondern eine unnötige Belastung. Stattdessen sollten Sie Ihre Energie für Lernprozesse einsetzen.

Eine sinnvolle Ordnung in Form von Zeitplanung ist auch für Menschen wichtig, die nicht mehr berufstätig sind, sogar wenn es sich dann eher um eine »Freizeitplanung« handelt. Jetzt können Sie endlich Dinge tun, die Sie schon immer gerne getan hätten. Ordnung und Konsequenz in den Aktivitäten, die Sie sich vornehmen, halten aktiv und jung.

Es geht jedoch nicht nur darum, äußere Ordnung zu halten, sondern innere Ordnung anzustreben. Das Spiegelbildgesetz, das im übertragenen Sinn wirkt, kann Sie darauf aufmerksam machen, dass Sie in Ihrer Persönlichkeit, in einem bestimmten Punkt, eine bessere Ordnung herstellen sollten. Sie werden aufgefordert, darüber nachzudenken, welche Schwäche Sie »in Ordnung« bringen müssen, um dann den nächsten wichtigen Schritt machen zu können. Wünschen Sie sich die richtige Erkenntnis und beobachten Sie sich selbst.

Ordnung ist eng verknüpft mit Ehrlichkeit und Mut. Wer ehrlich zu sich selbst ist, kann erkennen, wo eine innere »Unordnung« besteht. Dann braucht es oft Mut, um Ordnung herzustellen. Denken Sie über die Motive Ihrer Handlungen und Verhaltensweisen nach. Sie geben Ihnen Auskunft darüber, was zur Unordnung führt, und somit auch darüber, was Sie loslassen sollten.

## ÜBUNG 8: Ordnung schaffen

Starten Sie einen Versuch! Machen Sie einen Testtag!

- Legen Sie einen Tag lang jedes Ding sofort an seinen Platz.
- Schreiben Sie sich auf, welche Arbeiten oder Erledigungen an diesem Tag Priorität haben.
- Machen Sie sich die Mühe und notieren Sie, was Ihnen gelungen ist und welche Gefühle sich eingestellt haben.

Wie sieht es mit dem anderen Extrem, mit übertriebener äußerer Ordnung aus? Abgesehen davon, dass jede Behaglichkeit verloren geht, wenn einem schon an der Eingangstür der Putzmittelgeruch entgegenweht – wenn wir ständig etwas suchen oder hervorholen müssen, was schon wieder weggeräumt ist, wird viel Zeit verschwendet. Ordnung geht bei diesen Menschen so weit, dass sie für die Ordnung leben. Alle Dinge, alle Gebrauchsgegenstände, die Materie überhaupt, sind zur leichteren Abwicklung des Alltags und zur Unterstützung unserer Entwicklung gedacht, nicht umgekehrt.

Wie bei allen Verhaltensweisen gibt es auch hier eine Grenze, die wir finden müssen. Wenn wir versuchen, hinter die Kulissen zu schauen, so werden wir feststellen, dass Putzsucht oder Ordnungswut einen seelischen Hintergrund haben. Sie sind häufig Fluchtversuche vor einer mangelnden inneren Ordnung. Wer so lebt, hat keine Zeit, in sich zu gehen, denn er ist mit Äußerlichkeiten voll beschäftigt. Es gilt herauszufinden, welche Schwäche die seelische Ordnung stört.

Wer sich bemüht, diese Schwäche loszulassen, wird bald keine Lust mehr haben, die äußere Ordnung zu übertreiben.

| **erkennen** | **entscheiden** | **durchführen** |
|---|---|---|
| innere und äußere Unordnung erkennen | Ordnung herstellen wollen | die Ursache der Unordnung finden, um loszulassen |

Ordnung und Klarheit sind Geschwister. Der Lohn bleibt nicht aus, wenn Sie Ordnung schaffen in Ihren Gedanken, in Ihrem Verhalten oder in Ihrem Umfeld. Klarheit und Übersichtlichkeit erleichtern Ihnen den Alltag.

In allen zwischenmenschlichen Beziehungen, privat oder im Beruf, schafft Klarheit ein angenehmes Klima. Es sollte

Klarheit darüber herrschen, welche Rolle jedem Mitglied einer Gemeinschaft zukommt. Das bedeutet, dass Pflichten und Rechte jedem bekannt sein müssen. Im Berufsleben dienen dazu Verträge. Mit dem Sprichwort: »Genaue Rechnung, gute Freunde« ist wohl nicht nur finanzielle Ordnung gemeint, sondern Ordnung und Klarheit in der Zusammenarbeit und im Umgang miteinander. Wer klare Verhältnisse schafft, der zeigt Interesse am Wohlergehen anderer. Klarheit ist somit liebevoller Umgang mit anderen.

Ein Alltagsbeispiel verdeutlicht, wie sehr der Umgang miteinander durch Unklarheit beeinträchtigt werden kann. Ein junges Paar gab ein Einstandsfest, zu dem etwa vierzig Personen eingeladen waren. Als die ersten Gäste eintrafen, waren die beiden Gastgeber noch nicht mit allen Vorbereitungen fertig. Jeder erwartete vom anderen ganz bestimmte Tätigkeiten, die er oder sie aber nicht erledigte. Bald gerieten die beiden in Streit und Schuldzuweisungen und redeten schließlich während des ganzen Festes kaum mehr miteinander. Sie hatten für die Vorbereitungen ihre Gedanken nicht geordnet und keine klaren Absprachen getroffen. Das führte zu einer chaotischen Situation.

Was hat dieses Beispiel mit Loslassen zu tun? Jeder wollte nur seine Ideen verwirklichen. Das Ego stand im Vordergrund. So kam keiner auf den Gedanken, nach den Wünschen des anderen zu fragen. Wer sich bemüht, Ordnung und Klarheit in einer Angelegenheit, die mehrere betrifft, zu schaffen, lässt automatisch von seinem Ego los, denn er bedenkt auch die Situation des anderen. Auf diese Weise führt Klarheit zu liebevollem Umgang miteinander.

Vielleicht steckt Nachlässigkeit oder Mangel an Kommunikation dahinter, wenn es in Ihrem Umfeld und im Zusammenleben mit anderen zu Unsicherheiten und zu Unstimmigkeiten kommt. Dadurch, dass Sie Ihre Absichten und Gedanken mitteilen, können Sie Harmonie in den Alltag bringen. Durch Ordnung und Klarheit entsteht keine Einschränkung, sondern Freiheit.

Ordnung ist eine seelisch-geistige Leistung, die sich auszahlt. Sie ist eine der Voraussetzungen für Liebe, denn Liebe kann im Chaos nicht gedeihen. Sowohl äußere als auch innere Unordnung stört andere.

Ordnung und Klarheit sind auch Komponenten der Fürsorgepflicht, die wir anderen Menschen gegenüber haben. Bedenken Sie auch, dass Ordnung eine enorme Vorbildwirkung hat.

# Nicht nur beim Tanzen ist Rhythmus gefragt

*Morgenstund' hat Gold im Mund.*
(Sprichwort)

Was hat der Rhythmus beim Tanzen mit dem Sprichwort über die Morgenstunde zu tun? Es geht in diesem Abschnitt um jenen Rhythmus, der in vielerlei Hinsicht für unser Leben von entscheidender Bedeutung ist. Der Wechsel zwischen Wachen und Schlafen ist der Tagesrhythmus. Daraus resultiert der Lebensrhythmus. Je nachdem, wie konsequent ein Mensch mit dem notwendigen Wechsel zwischen aktiver Zeit und Regenerationszeit umgeht, trägt sein Lebensrhythmus zu geistiger und körperlicher Gesundheit bei oder nicht. Die Auswirkungen auf Ihr Leben können so gravierend sein, dass wir Sie besonders darauf aufmerksam machen wollen, wie wichtig der Lebensrhythmus ist. Im zweiten Teil des Buches haben wir bereits im Zusammenhang mit Energie über den Lebensrhythmus gesprochen. Nun lernen Sie weitere wesentliche Aspekte kennen.

Der Lebensrhythmus sollte dem Ordnungsprinzip des Universums entsprechen, denn er ist nicht nur eine wesentliche Energiequelle, sondern auch ein wichtiger Faktor, was Ordnung betrifft. Vielleicht gehören Sie zu denjenigen, die glauben, dass es Abendmenschen und Morgenmenschen gibt?

Die Zeit der Regeneration ist uns von der Natur vorgegeben. Unser Gehirn und unser Nervensystem werden in der

Zeit von 21.30 bis 24 Uhr auf natürliche Weise regeneriert. Erst dann kann der übrige Körper in Ordnung gebracht werden. Das Gehirn ist die Schalt- und Steuerzentrale für den gesamten Organismus, mit deren Hilfe die Naturgesetze nach Mitternacht die übrigen Organe regenerieren. Das ist eines der wichtigsten Naturgesetze, die unseren Körper betreffen. Davon gibt es keine Ausnahme. Eine ungenügende Regeneration des Gehirns führt auf die Dauer zu Gedächtnisstörungen, zu früher Senilität, zu gesundheitlichen Schäden und es blockiert die Weiterentwicklung.

Nach 21.30 Uhr funktioniert die Intuition nicht mehr richtig. Wir bekommen kaum noch Hilfe von Gott und den Naturgesetzen, ausgenommen in Notsituationen. Wir verstoßen ja auch gegen ein Gesetz. Alles, was wir zu später Nachtstunde tun, ist sozusagen zweite Wahl. Die Verbindung zur universellen Wahrheit ist unterbrochen.

Manche Menschen kommen selbst dahinter, dass Arbeiten, die sie bei Nacht erledigen, viel Zeit kosten. Erst kürzlich teilte uns ein junger Mann mit, dass er für dieselbe Arbeit, die er am Vormittag in einer Stunde erledigt, nach 21.30 Uhr drei Stunden braucht. Wer die Nacht zum Tag macht, ist kein Abendmensch. Er folgt nur einer falschen Meinung oder einer schlechten Gewohnheit.

Bestimmte Berufsgruppen wie Schauspieler, Sänger, Musiker, Krankenhauspersonal, Mitarbeiter in Betrieben mit Nachtschicht, Zug- und Flugpersonal stellen eine Ausnahme dar. Sie sollen nach Möglichkeit durch Schlafen am Nachmittag Ausgleich schaffen. Diese Ruhephase hat die gleiche Wirkung wie der Schlaf vor Mitternacht.

Wer rechtzeitig zu Bett geht, der kann früh aufstehen. Die Stunden am Morgen sind die Zeit, in der die Weichen für den Tag gestellt werden. Das wussten schon unsere Vorfahren. Sie haben uns ihr Wissen in Sprichwörtern wie: »Morgenstund' hat Gold im Mund« oder »Früh zu Bett und früh wieder auf, ist der beste Lebenslauf« überliefert.

Wenn Sie glauben, dass alle Ihre Erfahrungen diesen Aussagen entgegenstehen, probieren Sie den von uns empfohlenen Lebensrhythmus über einige Zeit aus. Diese Umstellung haben schon viele Menschen geschafft. Probieren geht immer über studieren. Anfangs bedarf es vielleicht einer allmählichen Umgewöhnung. Wenn Sie einmal gespürt haben, mit wie viel mehr Energie Sie durch den Tag gehen, werden Sie diese Möglichkeit gewiss gerne nutzen.

Sie brauchen auch keine Angst zu haben, dass Sie nicht mehr in ein Theater oder Konzert gehen dürfen. Versuchen Sie in diesem Fall, am Mittag eine kleine Ruhepause einzulegen. So schaffen Sie einen Ausgleich. Das Bemühen zählt auch hier.

Zu spätes Zubettgehen kann auch zu Schlafstörungen führen. Eine Patientin wachte jede Nacht um 3 Uhr auf und konnte nicht mehr einschlafen. Es stellte sich heraus, dass sie regelmäßig erst um 23.30 Uhr zu Bett ging. Sie glaubte, dann müsse sie erst recht bis zum Morgen schlafen können. Während eines Seminars war sie dann doch bereit, um 21.30 Uhr zu Bett zu gehen. Am nächsten Morgen kam sie glückstrahlend zum Frühstück. Sie hatte bis 6 Uhr durchgeschlafen. Inzwischen hat sie ihre schlechte Gewohnheit ganz losgelassen und erfreut sich eines erholsamen Schlafes.

Menschen, die Nachtarbeit machen, sind in einer Situation, die nicht zu lange anhalten sollte. Nicht alle Menschen können auf Dauer mit diesem Rhythmus, der den natürlichen Gesetzmäßigkeiten entgegensteht, gesund bleiben.

| erkennen | entscheiden | durchführen |
|---|---|---|
| feststellen, wie sich der Lebensrhythmus auswirkt | sich für den besten Lebensrhythmus entscheiden | langsam umstellen, Erfahrungen registrieren |

# Was Erkenntnisse blockiert

*Es gehört manchmal mehr Mut dazu, seine Meinung zu ändern, als ihr treu zu bleiben.*
(Christian Friedrich Hebbel)

Wenn Sie Selbststeuerung und Selbstverantwortung leben wollen, sollten Sie sich einiger gravierender Hindernisse bewusst werden. Sie schleichen sich oftmals heimlich ein, sodass wir gar nicht merken, wie wir uns selbst dadurch blockieren. Es handelt sich um Vorurteile, die verhindern, dass wir zu klaren Erkenntnissen und Meinungen kommen, offener für Intuitionen werden und anderen Menschen neutraler gegenübertreten.

Vorurteile sind Stolpersteine auf unserem Weg. Sie können uns regelrecht die Sicht versperren. Von Kindheit an wurden sie uns eingepflanzt. Von den Medien wurden und werden sie uns eingeredet. Manchmal sind sie übermächtig und drohen von uns Besitz zu ergreifen. Sie bedrohen unsere Urteilsfähigkeit und schränken unsere Intelligenz ein.

Das glauben Sie nicht? Denken Sie: »So schlimm kann es doch nicht sein«?

Lassen Sie uns die Fakten betrachten:

- »Um des lieben Friedens willen müssen wir nachgeben.« Auch wenn das, was dabei herauskommt, völlig falsch ist? Diese Einstellung führt unweigerlich zu Konflikten, also erst recht zum Krieg. Wir opfern uns auf und verleugnen uns daher selbst. Das ist unehrlich. Damit können wir uns Ruhe, Frieden und Wohlwollen nicht erkaufen.

- »Was werden denn die Leute sagen? Was werden die anderen denken?« Damit begeben wir uns auf den Pfad der Fremdsteuerung. Schon Dante Alighieri (1265–1321) gab uns den Rat: »Geh' deinen Weg und lass die Leute reden.«
- »Das macht man heutzutage nicht mehr!« Kann sein, dass es eine bessere Möglichkeit gibt als früher. Es ist aber nicht immer so. Eine Verallgemeinerung ist niemals angebracht. Überprüfen ist angesagt.
- »Nur keine Einzelkinder, die machen den Eltern Probleme, sind verzogen und egoistisch. Sie werden es einmal schwer haben im Leben.« Aber stimmt das denn wirklich? Wir kennen viele Einzelkinder, auf die das Gesagte nicht zutrifft.
- »Schon wieder Föhn, da bekomme ich sicher Kopfschmerzen.« Warum haben dann nicht alle Leute Kopfweh? Weil es sich um ein Vorurteil handelt. Für Kopfschmerzen müssen wir schon selbst Voraussetzungen schaffen. Grübeln, sich unter Druck setzen oder mit dem Kopf durch die Wand wollen tut weh.
- »Du kannst doch nicht aus der Reihe tanzen. Pass dich lieber an. Du kannst dich doch nicht über allgemeine Meinungen und Gepflogenheiten hinwegsetzen!« Wenn wir uns diesem Vorurteil beugen, werden wir uns selbst untreu. Wir verzichten auf selbstständiges Denken. Das ist nicht gerade förderlich für unsere Intelligenz.
- Sätze, die mit: alle, jeder, niemand, immer, niemals … beginnen, sind meist Vorurteile.

Vorurteile zu haben heißt sich ein Urteil zu bilden, bevor wir die Fakten überprüft haben. Unter dem Einfluss eines Vorurteils ist unsere Intuition blockiert. Wir sind auch gar nicht bereit für Intuitionen. Wozu auch? Wir glauben ja blindlings, was uns eingeredet wird. Wir informieren uns nicht. Wir bilden uns keine eigene Meinung. Wir treffen keine freie Entscheidung.

Welche Motive stecken dahinter, wenn wir uns von Vorurteilen leiten lassen?

- Leichtgläubigkeit
- sich kein eigenes Urteil zutrauen
- nicht den Mut haben, eine Meinung zu vertreten
- Angst, ausgeschlossen zu werden
- es ist anstrengend, gegen den Strom zu schwimmen
- sich keine Zeit nehmen, etwas zu überprüfen
- anderen Menschen Entwicklung nicht zugestehen
- das eigene Licht unter den Scheffel stellen
- Bequemlichkeit

Wie können wir unser Verhalten grundlegend ändern, also loslassen? Es gilt, das Motiv unserer Handlungen zu erkennen, zu überprüfen und zu ändern. Dadurch werden viele Lernprozesse in Gang gesetzt. Positive Auswirkungen lassen dann nicht lange auf sich warten.

Eine interessante Begebenheit zeigt, dass Vorurteile, die Menschen betreffen, Schaden anrichten, aber auch positive Folgen haben können. Eine Seminarteilnehmerin erzählte uns folgende Geschichte: Zusammen mit ihr absolvierte ein junger Mann eine Banklehre. Er war schüchtern und linkisch, wurde leicht rot, gab oft dumme Sprüche von sich und spielte den Kaspar. Er fühlte sich unsicher, denn er hatte nur einen Hauptschulabschluss, bestand aber die Abschlussprüfung der Lehre gut. Etwa fünf Jahre später wurde die Frau von einem Personalchef gefragt, ob sie diesem Mitarbeiter zutraue, dass er eine Filiale übernehme. Obwohl sie dem Mann all die Jahre nicht mehr begegnet war, meinte sie in Erinnerung an die Ausbildungszeit, dass er das nie schaffen würde. Jahre später, als sie selbst schon lange nicht mehr bei einer Bank arbeitete, traf sie den Mann wieder. Er war Filialleiter. Er sagte ihr, dass ihre Einschätzung seiner Fähigkeiten ihn in seiner Karriere einige Jahre zurückgeworfen habe. Schließlich habe er ihr vergeben und dieses Ereignis als Chance gesehen, um zu beweisen, wozu er fähig sei. Er hätte sich gewünscht, dass sie damals die Möglichkeit der Weiterentwicklung eines Menschen berücksichtigt hätte. Er sei ihr jetzt aber dankbar. Diese Geschichte fand später eine Fortsetzung. Bei einer betriebsinternen Fortbildung, die diese Frau leitete, befand sich ein junger Mann, der ein ähnliches Verhalten an den Tag legte wie einst der Banklehrling. Er wurde oft wegen seiner Antworten von den Kollegen ausgelacht. Wieder wurde sie gefragt, ob der Mann überhaupt für den Betrieb geeignet sei. Statt zu urteilen beobachtete sie ihn genau, um seine Fähigkeiten herauszufinden. Sie stellte fest, dass er sehr kreativ war und gute Ergebnisse brachte, wenn man ihm Zeit ließ. Das teilte sie ihrem Chef mit, der ihn dann in der Druckerei des Betriebes einsetzte. Schon nach kurzer Zeit war er derjenige, der seinen Vorgesetzten bei Bedarf vertrat.

Eine besondere Art von Vorurteil richtet sich gegen die eigene Person. Es handelt sich um die Meinung, dass wir selbst nichts brauchen und daher für uns nichts tun müssen. Diese Art von Vorurteil führt dazu, dass wir ausschließlich mit anderen Menschen und Dingen beschäftigt sind. Wir nehmen uns keine Zeit für unsere eigenen Bedürfnisse, ja wir wollen sie nicht einmal wahrhaben. Daraus entsteht ein Bewusstsein des Unwerts der eigenen Person. Diese ständige Selbstüberforderung führt schließlich zu Energieverlust. Welches Hauptmotiv steckt hinter dieser Einstellung? Wenn wir ehrlich sind, erkennen wir, dass sich dahinter Geltungssucht verbirgt. Menschen, die diese Einstellung zu sich selbst haben, meinen, sie seien ja so fleißig, umsichtig, tüchtig, verständnisvoll, hilfsbereit und vor allem selbstlos. Nur sich selbst vergessen sie. Sie glauben, dass dieses Verhalten andere Menschen beeindrucke und ihnen Anerkennung bringe. Sie wollen etwas gelten in Ihrem Umfeld. Aus dieser Haltung heraus tun sie alles, was andere von ihnen erwarten oder wünschen, und sind dadurch fremdgesteuert. Warnungen, wie Müdigkeit, gelegentliche Unlust, Kopfschmerzen oder leichtere Erkrankungen, die sie für ein paar Tage zur Ruhe zwingen, schieben sie beiseite. Es ist sehr zu empfehlen, von dieser Einstellung loszulassen, bevor der anhaltende Energieentzug zu einer schweren Krankheit führt.

Auch Weltanschauungen können blockieren. Darunter gibt es auch solche, die Vorurteile vertreten.

Ihre Weltanschauung ist richtig, wenn sie zu Ihrer Entfaltung beiträgt. Sie soll die Grundlage zu Ihrem Bestreben sein, sich zu entwickeln. Sie darf Sie in keiner Weise behindern, sonst können Sie den Sinn des Lebens nicht erfüllen.

Was denken Sie über folgende Aussagen:

→ »Alle Menschen sind gleich.« Stimmt das? Mit wem würden Sie sich lieber gleichsetzen lassen: mit einem Kinderschänder, einer Diebin oder mit einem fürsorglichen Vater oder einer fleißigen, ehrlichen Frau? Niemand von Ihnen ist irgendjemandem gleich. Wir sind individuelle Seelen, von denen jede auf einer ganz bestimmten Entwicklungsstufe steht. Jede Seele, die sich um ihre Entfaltung bemüht, ist ein Juwel, ein Diamant, der allerdings noch in Arbeit ist und geschliffen wird.

Es kann also nur heißen: Alle Menschen haben das gleiche Recht auf Entfaltung ihrer Persönlichkeit. Das bedeutet aber nicht, dass alle Kinder denselben Schultyp besuchen müssen,

dass alle Leute dieselbe Mode tragen sollen, dass jeder in einem bestimmten Alter in Pension gehen muss, dass es keine Vegetarier geben darf usw.
Gleiche Rechte zu haben kann nur bedeuten, dass jeder Mensch das Recht auf bestmögliche, individuelle Entfaltung hat. Gleichmacherei führt zu einer Nivellierung nach unten. Dadurch würde keine geistig-seelische Elite mehr entstehen. Es gäbe keine positiven Vorbilder, keine Führungspersönlichkeiten, keine geistige »Lokomotive« in einem Staat.

→ »Es gibt nur eine richtige Religion, nämlich die, in der ich erzogen wurde.« Religion als Grundlage für die Hinwendung zu Gott und zu geistigen Werten ist ein Bedürfnis des Menschen. Religionen repräsentieren die Geisteshaltung ganzer Völker. Sie wirken sich in persönlichen und kollektiven Entscheidungen aus und beeinflussen den Alltag. Allerdings gibt es religiöse Richtungen, welche die Menschen durch tief greifende Einschränkungen in die Irre führen. Das zu überprüfen ist Sache jedes Einzelnen.
Sogar die Aussage, dass wir nur an Gott zu glauben brauchen und Er alles für uns erledigt, bedarf einer Überprüfung. Diese Einstellung führt dazu, dass wir versucht sind, uns nicht mehr um unsere Entwicklung zu bemühen. Gott ist jedoch immer bereit, uns den besten Weg zu zeigen. Er muss uns aber unseren freien Willen lassen, sonst würde er sich selbst widersprechen. Wie gut Sie auf allen Gebieten des Lebens vorankommen, wenn Sie in einem lebendigen Dialog mit Gott und den Naturgesetzen stehen, können Sie selbst ausprobieren.

→ »Es ist gleichgültig, welcher politischen Ansicht wir uns anschließen. Das sind doch alle Gauner.« Auch diese Aussage können wir nicht gutheißen. Die Verantwortung dafür, was in unserem Land und auf der Welt geschieht, tragen nämlich wir alle. Es gilt daher, von dem Gedanken loszulassen, dass wir nichts ändern können. Wir können sehr wohl aus jeder Situation für unser Land das Beste machen. Vor allem: Unsere Gedanken sind Mächte!

Wie können wir frei werden, so frei, dass wir das Richtige erkennen können? Indem wir Vorurteile loslassen, können wir Erkenntnisse bekommen. Gleichzeitig werden wir neutraler und kritisieren weniger. Menschen, die es geschafft haben, sich von Vorurteilen zu lösen, sagen uns, dass diese Offenheit Intuition in gesteigertem Maße zulässt, wie sie es zuvor nicht für möglich gehalten hätten. Sie haben Verantwortung für sich selbst übernommen. Sie bemühen sich, Vorurteilen nicht auf den Leim zu gehen und keine Sündenböcke zu suchen. Das Wissen und die Erkenntnisse des Universums stehen ihnen dadurch vermehrt zur Verfügung. Auch Sie können diesen Weg gehen.

*Unsere Einstellungen sind wie Buntstifte:*
*Sie können unser Leben farbig oder düster machen.*
(Kalenderspruch)

## ÜBUNG 9: Vorurteile erkennen

Unser Vorschlag: Hören Sie sich selbst zu.

- Horchen Sie auf das, was Sie sagen. Überprüfen Sie, ob Sie Sätze mit Wörtern wie: alles, immer, nie, niemand, niemals beginnen und dabei unüberprüfte Verallgemeinerungen aussprechen.

- Wenn Sie sich dabei ertappen, dann überprüfen Sie oder informieren Sie sich, ob die Aussage stimmt oder nicht. Es lohnt sich, denn das fördert Ihre Flexibilität, Ihre Objektivität und Ihre Intelligenz.
- Forschen Sie nach Ihrem Motiv, warum Sie sich einer Meinung anschließen. Ist das auch wirklich Ihre Meinung?

| **erkennen** | **entscheiden** | **durchführen** |
|---|---|---|
| Vorurteile erkennen | Meinungen überprüfen | loslassen durch Offenheit und Neutralität |

# Wie bequem ist es doch, alles beim Alten zu lassen!

Bequemlichkeit ist ein Gefängnis, in das wir uns selbst setzen. Über der Eingangstür dieses Gefängnisses steht folgender Spruch:

*Die glücklichen Sklaven sind die erbittertsten Feinde der Freiheit.*
(Marie von Ebner-Eschenbach)

»Schon wieder Formulare ausfüllen!«, »Dieser Brief soll heute beantwortet werden, aber mir graut davor«, »Ein Gespräch mit der Lehrerin meines Kindes ist fällig, aber … – Dieses Telefonat mache ich morgen, obwohl es heute besser wäre«, » Ich sollte eigentlich … mir etwas Bekömmliches kochen, nachdenken über ein Ereignis, etwas vorbereiten für …, aber …«

Da sitzen wir in unserem Gefängnis und sabotieren uns selbst. Wie haben wir das nur geschafft, uns so einzuengen? Was steckt hinter diesen »Aber-Sätzen« und hindert uns daran zu handeln?

Es ist am besten, wir begeben uns auf Motivsuche. In jedem einzelnen Fall können die Motive anders sein. Sie geben uns jedoch Antwort auf die Frage, was wir loslassen sollten, um handlungsfähig zu werden.

Bequemlichkeit ist eines der Hauptmotive. Sind Sie jetzt entsetzt? Das ist verständlich. Schließlich schuften Sie doch den ganzen Tag, von Bequemlichkeit ist da keine Spur. Uns Autorinnen geht es genauso. Wir sind auch entsetzt, wenn wir uns eingestehen müssen, dass wir aus Bequemlichkeit etwas nicht getan haben, was wichtig gewesen wäre oder Vorrang gehabt hätte.

Was kann uns da alles passieren? Wir haben uns kein ordentliches Frühstück gemacht, wir haben uns nichts zu trinken mitgenommen, wir kochen uns nichts, sondern essen nur Brot. Eigentlich wollten wir uns selbst beobachten. Das ist aber unbequem. Es ist viel bequemer, nicht darüber nachzudenken, was ein bestimmtes Ereignis zu bedeuten hat. Dann brauchen wir nichts an uns zu ändern. Warnsignale? Besser nicht hinhören, sonst müssten wir doch aktiv werden. Eine Krankheit? Nun ja, jeder hat mal was. Besonders ab einem bestimmten Alter stellen sich diese und jene Wehwehchen ein. Ich kann ja ein wenig jammern, aber viel darüber nachdenken? Nein.

Was können Sie tun, wenn Sie sagen: »So etwas passiert mir auch«? Fleiß ist der Gegenspieler der Bequemlichkeit. Sie können ihn einsetzen, wenn Sie jene falschen Motive loslassen, die oft mit Bequemlichkeit einhergehen. Sie sind lediglich Ausreden. Hören Sie auf zu denken, dass Sie für sich keine Zeit haben oder aufwenden dürfen. Machen Sie sich klar, dass Sie wertvoll sind und einmalig mit Ihren Talenten und Eigenschaften. Jeder Aufwand an Fleiß für Ihre Person ist gerechtfertigt.

Mit Bequemlichkeit meinen wir übrigens nicht die wohlverdienten und notwendigen Ruhepausen. Auch gezielte Entspannung ist Fleiß. Planen Sie dafür genügend Zeit ein.

Die zwar nicht weltbewegenden, aber doch recht unangenehmen Folgen von Bequemlichkeit erlebte eine Patientin. Sie wollte ein Visum bei einer Botschaft beantragen und brauchte dafür Fotos, die sie bei einem Automaten machen wollte. Solche Automaten befinden sich in großen U-Bahn-Stationen in der Innenstadt von München. Sie entschied sich, gegen ihre Intuition, für die Station, die der Botschaft am nächsten lag; ihr Verstand hatte ihr dazu geraten. Eine Station weiter zu fahren, fand sie unbequem, denn sie hätte dann auch wieder zurückfahren müssen. Also wieder die Rolltreppe rauf und runter, auf die U-Bahn warten und das alles in der viel weitläufigeren Station, wo sie noch dazu den Fotoautomaten erst hätte suchen müssen. Was geschah? Der Automat in der näher gelegenen Station nahm ihren Geldschein nicht an. Sie wollte es mit Münzen versuchen und bat in einem Geschäft um Wechselgeld. Die Verkäuferin weigerte sich standhaft, Geld zu wechseln, sodass die Patientin erst eine Kleinigkeit kaufen musste, um an Münzen zu kommen. Eine der Münzen blieb im Automaten stecken. So kam sie nicht zu ihrem Foto. Es blieb ihr nichts anderes übrig, als doch zur nächsten U-Bahn-Station zu fahren. Dort klappte es mit dem Foto sofort, aber es war so viel Zeit vergangen, dass die Botschaft inzwischen geschlossen hatte. Die Patientin erkannte, dass sie sich die Schwierigkeiten durch Bequemlichkeit eingehandelt hatte. Außerdem hatte sie ihrer Intuition nicht vertraut.

Verschieben kostet Energie. Diese Erfahrung haben Sie gewiss schon gemacht. Je länger wir etwas vor uns herschieben, desto schwerer fällt es uns, diese Arbeit zu erledigen. Was wir sofort, zum richtigen Zeitpunkt, tun, bringt Energie in Form von Freude und Erleichterung darüber, dass wir es geschafft haben.

Warum schieben wir trotzdem so manche Angelegenheit oder Arbeit vor uns her? Das ist doch unbequem. Motive geben uns die Antwort.

Wenn Sie ein notwendiges Gespräch hinausschieben, haben Sie vielleicht Angst, etwas Unangenehmes zu hören oder dem Gesprächspartner nicht gewachsen zu sein. Lassen Sie dieses falsche Motiv los und wappnen Sie sich, indem Sie sich auf das Gespräch sorgfältig vorbereiten. Denken Sie dabei an die Übung über Gesprächsführung, die wir Ihnen auf Seite 136 vorgeschlagen haben.

Unsicherheit oder das Gefühl des Unvermögens können ebenfalls Motive sein, die Sie behindern. Woher kommen diese Gefühle? Ihr Selbstwertgefühl braucht offenbar dringend eine Aufwertung. Machen Sie sich klar, welche Fähigkeiten und Talente Sie haben. Da findet sich gewiss etwas, das Sie zum Einsatz bringen können. Mut und Zuversicht bringen immer Erfolg. Eine besondere Hilfe stellen bestandene Mutprüfungen dar. Dem Verschieben können Sie auch mit einer guten Zeitplanung entgegenwirken.

Eine Mitarbeiterin, die neu in unserem Institut war, musste auf recht unangenehme Weise erfahren, welche Folgen Verschieben im Zusammenhang mit Mutproblemen hat. Auf einer Vortragsreise stieß sie beim Einparken des Autos gegen eine Metallstange, was eine kleine Schramme zur Folge hatte. Sie beichtete ihr Missgeschick nicht, sondern verschob es auf den nächsten Tag, darüber zu reden. Das tat sie dann aber nicht, denn es fehlte ihr noch mehr an Mut als am Tag zuvor. Für den nächsten Vortragsabend wohnten wir bei einer Freundin. Dort konnte das Auto in einer Garage geparkt werden. Beim Öffnen des Kofferraums entglitt der Mitarbeiterin der Deckel und knallte gegen das Garagentor, was eine Delle in der Griffleiste zur Folge hatte. Aber auch diesmal sagte sie nichts. Sie nahm sich vor, am nächsten Morgen besonders konzentriert zu sein, wenn sie den Kofferraum wieder öffnen musste, um einzupacken. Trotzdem passierte nochmals dasselbe und eine zweite Delle zierte die Griffleiste. Weiter ging die Fahrt zum nächsten Vortragsort. Dort musste sie das Auto in einer Garage mit Lift parken. Als sie den Lift am nächsten Morgen hochfuhr, schrammte das Auto mit der

Griffleiste an den Liftrand. Wieder verschob sie ein Gespräch. Sie redete sich ein, dass sie vor dem Vortrag doch nicht mit einer solchen Mitteilung kommen könnte. Nach dem Vortrag ließ sich der Kofferraum nicht mehr öffnen. Sie erkannte, dass ihr symbolisch gezeigt wurde, dass sie alle Türen schloss und so ihre Mutprobleme nicht lösen konnte. Sie »beichtete« also ihre Kette von Missgeschicken. Am nächsten Tag ließ sich der Kofferraum wieder öffnen.

Oft wird die Schwäche, die der Grund für das Verschieben ist, eben durch Aufschieben verstärkt, wie es auch in diesem Beispiel geschehen ist. Dadurch kann es zu einer negativen Kettenreaktion kommen, wie es hier der Fall war.

| **erkennen** | **entscheiden** | **durchführen** |
|---|---|---|
| Bequemlichkeit und Verschieben blockieren | Motive bearbeiten (z. B. Geltungssucht) | nichts hinausschieben, Entscheidungen treffen |

# So bin ich es gewohnt

*Eine Angewohnheit kann man nicht aus dem Fenster werfen, man muss sie die Treppe hinunterboxen, Stufe für Stufe.*
(Mark Twain)

Mark Twain spricht offensichtlich von schlechten Gewohnheiten, sonst würde er sie nicht loswerden wollen. Er hat übrigens ganz recht. Schlechte Gewohnheiten loszulassen, ist harte Arbeit. Sie stemmen sich dagegen, hinausgeworfen zu werden. Sie wollen den Platz nicht räumen, den sie jahrelang innehatten.

Jahrelang, immer wieder, bei jeder Gelegenheit – das sind die Schlüsselwörter. Gewohnheiten sind Wiederholungstäter.

*Gewohnheiten können die besten Diener oder die schlimmsten Herren sein.*
(Kalenderspruch)

Vergleichen Sie folgende Lebensstrategien: Immer eine Ausrede bereit zu haben, immer zu wissen, wie man den Kopf aus der Schlinge zieht, ist praktisch und erfordert Intelligenz und Fantasie. Oder etwa nicht? Es gibt Menschen, die brauchen keine Sekunde nachzudenken, schon haben sie ihren Sündenbock, so sehr ist ihnen diese Schwäche zur Gewohnheit geworden. »Die Jagd auf Sündenböcke kennt keine Schonzeit«, sagt Lothar Schmidt.

Da ist das Wetter schuld, die Erbanlage, der unmögliche Mitarbeiter, der unfähige Handwerker, das schlimme Kind, die dummen Erwachsenen, die Uhr, die nachgeht, der unverständige Vorgesetzte ... Aber wie weit kommen diese Menschen damit? Doch immer nur bis zur nächsten Ausrede, bis zum nächsten Sündenbock.

Im Vergleich dazu bringt die gute Gewohnheit, bei allen Ereignissen zu fragen: »Was hat das *mit mir* zu tun?« vielfältigen Gewinn. Es ist spannend herauszufinden, weshalb uns dies und das begegnet, passiert, gesagt oder gezeigt wird. Versuchen Sie es! *Diese* Gewohnheit führt zu Weiterentwicklung. Gleichzeitig lernen Sie sich selbst besser kennen. Sie steigern Ihre Intelligenz und Ihre Fantasie, indem Sie versuchen, die Hinweise der Naturgesetze zu verstehen, die Ihnen durch Ereignisse und Spiegelbilder gegeben werden. Sie gewinnen tiefe, interessante Erkenntnisse. Scheinbar unwichtige Begebenheiten werden zu Botschaften von Bedeutung.

Zum Thema Gewohnheit hat uns eine Seminarteilnehmerin folgendes Ereignis geschildert: Sie hatte die Gewohnheit, jeden Tag eine ganz bestimmte Wirtschaftssendung im Fernsehen aufzunehmen, um sie am Abend anzuschauen. Allerdings hatte sie zu Letzterem manchmal keine Lust. Trotzdem blieb sie bei ihrer Gewohnheit. Eines Tages warf der Videorekorder die Kassette vor der Aufnahme aus. Das geschah auch am nächsten Tag. Andere Sendungen konnte sie jedoch aufnehmen. Es lag also nicht am Gerät. Da sie gewohnt ist, danach zu fragen, was ihr ein Ereignis zu sagen hat, fand sie schnell heraus, dass sie Zeit verschwendet hatte, indem sie sich aus bloßer Gewohnheit die Sendung ansah. Manchmal waren die Informationen gar nicht so interessant oder wichtig, dass der Zeitaufwand gerechtfertigt gewesen wäre. Gelegentliche Aufnahmen dieser Wirtschaftssendung, wenn ein besonderes Thema angekündigt ist, bereiten seither keine Schwierigkeiten mehr.

Sie kennen gewiss den Ausspruch: »Wer aufhört zu träumen, der hört auf zu leben.« Auch hier gibt es Unterschiede, die es zu bedenken gilt.

Bauen Sie sich manchmal ein Luftschloss? Träumen Sie bei Tag von scheinbar oder tatsächlich unerreichbaren Dingen? Dann leben Sie in einer anderen Welt. Wenn sich das Gedankenkarussell ständig dreht, kann keine Ruhephase entstehen. In diesem Zustand nehmen Sie sich selbst nicht mehr wahr. Ein entspannendes Abschalten wird immer schwieriger.

Es heißt aber, wer keine Träume mehr habe, der habe sich aufgegeben. In diesen Träumen entstehen angeblich die besten Ideen. Mit dieser Aussage sind jedoch nicht Tagträume, sondern *Ziele* gemeint, die wir tatsächlich verwirklichen können. Wir wissen aus Erfahrung, dass – im Gegensatz zu Zielen – Tagträume Versuchungen sind, die uns in rosigem Licht erscheinen. Ideen, die wir in diesem Zustand bekommen, halten einer objektiven Prüfung kaum stand.

Wenn Sie sich in einer Ruhephase befinden und ganz entspannt sind, dann kommen tatsächlich die besten Ideen. Ihre Intuition ist auf Empfang gestellt.

Es besteht auch ein Unterschied zwischen Tagtraum und Nachdenken. Tagträume, die neben einer anderen Beschäftigung ablaufen, sind gefährlich. Sie führen zu mangelnder Konzentration. Sie lenken von der jeweiligen Tätigkeit ab. Fehler können sich einschleichen. Bei handwerklichen Tätigkeiten kann es zu Verletzungen kommen, beim Autofahren zu Unfällen. Solche Tagträume belasten auch unser Nervensystem. Das ist immer der Fall, wenn wir zwei Dinge zugleich tun, nämlich arbeiten und träumen. Unsere Gedanken sollten ausschließlich auf unser Tun gerichtet sein.

Besonders häufig besuchen uns Tagträume bei Tätigkeiten, die wir automatisiert haben. Das ist so bei den Handgriffen der täglichen Körperpflege, oftmals beim Kochen, bei verschiedenen Arbeiten im Haushalt, beim Autofahren oder bei immer gleich bleibenden Arbeitsabläufen. So werden Tagträume zur »lieben« Gewohnheit.

Wie sehen unsere Tage aus, wenn wir uns im Vergleich dazu um Konzentration bemühen? Werfen Sie jetzt einen Blick in die Schatztruhe Ihrer Erfahrungen. Wie fehlerlos und schnell geht doch alles, was Sie konzentriert durchführen. Das macht Freude und das Nervensystem ist weniger belastet. Sie sind am Ende des Tages vielleicht müde, aber nicht abgespannt. Es bleibt noch genug Energie, um die abendliche Entspannung auch genießen zu können. Lesen Sie mehr über Konzentration in dem Buch *Die Macht der Konzentration*.

Sind Kaffeetrinken und Rauchen auch schlechte Gewohnheiten? Für Menschen, die Kaffee oder Zigaretten ebenso gut sein lassen können, ohne dass es für sie einen besonderen Verzicht bedeutet, handelt es sich – noch – um eine Gewohnheit, allerdings um keine gute, denn Koffein und Nikotin sind gesundheitsschädlich. Leider ist der Schritt von einer Gewohnheit zur Sucht nur sehr klein. Doch darauf gehen wir erst später ein.

Der Hintergrund oder die Veranlassung für diese Gewohnheit ist meist der gesellschaftliche Stellenwert, den die Kaffeestunde oder das Rauchen einnehmen. Ein Viertelstündchen gemütlich beisammensitzen, sich entspannen, plaudern, bevor die Arbeit weitergeht, wird als angenehm empfunden. Bei einer Tasse duftendem Kräutertee lässt sich genauso gut plaudern. Die Entspannung ist nachhaltiger, denn die negativen Wirkungen des Kaffees fallen weg. Auf Kaffee reagiert der Körper mit einer intensiven Mobilisierung seiner Energie, um das schwere Gift Koffein so rasch wie möglich loszuwerden. So erklärt sich die aufputschende

Wirkung des Kaffees. Anschließend erfolgt jedoch ein Abfall der Energie und der Aufmerksamkeit. Deshalb empfehlen Autofahrerclubs, während einer längeren Fahrt auf Kaffee zu verzichten. Koffein schädigt überdies das Gehirn. Mag sein, dass Sie »dumm« angeredet werden, wenn Sie Kräutertee trinken. Ihre Konsequenz bringt Ihnen aber rasch Achtung ein. Der Fortschritt in Mut und Durchhaltevermögen, den Sie dabei machen, wenn Sie diese gesundheitsschädigende Gewohnheit loslassen, ist enorm.

Mit dem Rauchen sieht es nicht anders aus. Junge Menschen fangen oft deshalb mit dem Rauchen an, weil sie sich dann erwachsen vorkommen, sich dazugehörig fühlen oder weil sie einfach »cool« sein wollen. Auch hier lässt sich ein Vergleich anstellen. Sie schließen doch gewiss niemanden aus, der etwas nicht tut, was Sie tun. Warum sollten Sie dann ausgeschlossen werden, wenn Sie nicht rauchen?

| **erkennen** | **entscheiden** | **durchführen** |
| --- | --- | --- |
| Gewohnheiten ehrlich hinterfragen | Blockaden, die durch schlechte Gewohnheiten entstehen, lösen wollen | schlechte Gewohnheiten durch gute ersetzen |

Es gibt eine Reihe von schlechten Gewohnheiten, die nicht so gravierend sind wie die bereits besprochenen. Sie sind aber trotzdem »schlimme Herren«. Sie hindern Sie daran, eine Sache besser zu machen, sich selbst etwas Gutes zu tun oder Ihre zwischenmenschlichen Beziehungen angenehm zu gestalten. In der folgenden Tabelle stehen sich »schlimme Herren« und »gute Diener« gegenüber:

| Schlimme Herren | Gute Diener |
|---|---|
| kein Frühstück essen | mit einem aufbauenden Frühstück eine gute Grundlage für den Tag schaffen |
| beim Essen Zeitung lesen | die Mahlzeit genießen |
| sich zu wenig Zeit zum Essen nehmen | gut kauen und daher besser verdauen |
| schmatzen, schlürfen | ein angenehmer Tischgenosse sein |
| gleich losschießen | durchatmen und kurz überlegen |
| Türen offen stehen lassen, Licht brennen lassen, Wasserhähne schlecht zudrehen | Sorgfältig mit Energie umgehen |
| anderen ins Wort fallen | grundsätzlich den anderen ausreden lassen |
| zu spät kommen | besser planen |
| sich die Schuhe nicht abputzen | eine Übung in Rücksichtnahme einlegen |
| grundsätzlich oder häufig bei Gelb über die Kreuzung fahren | lernen, sich an Regeln zu halten |
| Dinge herumliegen lassen | alles gleich an seinen Platz geben |
| mit jemandem reden, der weit weg in einem anderen Raum ist und daher nichts verstehen kann | zu dem Angesprochenen hingehen |

Das trifft vielleicht auf Sie alles nicht zu. Wenn Sie trotzdem eine schlechte Gewohnheit bei sich entdecken, brauchen Sie nicht entsetzt zu sein. Sie bietet eine gute Gelegenheit, Loslassen zu üben. Das können Sie, indem Sie die schlechte Gewohnheit durch eine gute ersetzen.

Gute Gewohnheiten sind ein Leitfaden durch den Tag. Sie verbessern vor allem Ihre Beziehungen zu Ihrem Umfeld.

## ÜBUNG 10: Durchforsten Sie Ihre Gewohnheiten!

- Listen Sie Ihre guten Gewohnheiten auf. Das ist gar nicht so einfach, weil Ihnen Ihre richtigen Handlungsweisen wahrscheinlich selbstverständlich erscheinen. Es ist wichtig, dass Sie sich guter Gewohnheiten bewusst sind, weil sonst ein einseitiges Bild Ihrer Persönlichkeit in Ihnen entsteht.
- Und Ihre schlechten Gewohnheiten? Leider können wir sie oft selbst nicht erkennen. Nehmen Sie die Hilfe einer vertrauten Person in Anspruch. Forschen Sie dabei auch nach Ihren Motiven.

# Zerreiß deine Fesseln

*Probleme sollte man nicht auf Eis legen.*
*Sie halten sich da zu lange.*
(Norbert Stoffel)

Meist werden Gewohnheiten nicht als Problem eingestuft. Manche davon sind jedoch zumindest der Beginn von Süchten oder Abhängigkeiten, die zu regelrechten Fesseln werden.

In vielen Fällen hat sich der Körper auf eine Gewohnheit eingestellt und reagiert auf eine bestimmte Weise. Die Gewohnheit ist zur Sucht geworden. Das trifft auf Kaffee, Nikotin, Alkohol, Medikamente, Drogen und auch auf das Naschen zu.

Das Wort »Sucht« hat sich in unserem Sprachgebrauch als etwas etabliert, das Ablehnung und Unverständnis, aber auch Mitleid oder Hilflosigkeit dem Süchtigen gegenüber hervorruft. Es sei denn, wir betrachten dieses Wort einmal von einem anderen Standpunkt aus.

»Sucht« gehört zum Wort »suchen«. Jemand sucht etwas oder er sucht einen Ausweg aus einer Situation. Aus irgendeinem Grund findet er aber nicht den richtigen Weg, um sein Ziel zu erreichen. Er setzt ein Mittel ein, das ihn zunächst scheinbar seinem Ziel näher bringt. In Wirklichkeit schadet es ihm. Es beeinträchtigt entweder seine Gesundheit oder/und behindert seine Weiterentwicklung. An sein Ziel gelangt er aber nicht. Häufig verkehrt sich das, was er erreichen will, sogar ins Gegenteil.

Sehen wir uns diese These einmal anhand eines Beispiels näher an: Peter, ein Jugendlicher, wünscht sich, von seinen Altersgenossen voll und ganz akzeptiert zu werden. Das ist ein legitimer Wunsch. Um dieses Ziel zu erreichen, gibt es viele Möglichkeiten: gute Leistungen, Hilfsbereitschaft, Kameradschaftlichkeit, das Einbringen seiner Talente und vieles mehr. Peter erscheint es jedoch am einfachsten, das zu tun, was »alle« tun, nämlich zu rauchen. Er sucht nicht seinen eigenen Weg, sondern versucht, sich anzupassen. Anfangs ist es nicht so schlimm, aber schließlich wird er zum Raucher. Ob er dadurch wirklich die Anerkennung bekommen hat, die er sich wünschte, ist sehr fraglich. Nun gehört er zu der großen, anonymen Gruppe der Raucher. Dadurch erfährt er aber auch Ablehnung von Menschen, die sich durch Raucher belästigt fühlen. »Mitrauchen« ist schließlich gesundheitsschädlich.

Welche Fakten sind ausschlaggebend dafür, dass eine Sucht entsteht?

→ Menschen, die in Gefahr geraten, einer Sucht zu verfallen, verfolgen oft *falsche Ziele* aus falschen Motiven heraus. Manchmal erscheinen diese Ziele harmlos: Kaffee trinken, um wach zu bleiben, rauchen oder Alkohol trinken, um dazuzugehören, Drogen nehmen – nur einmal –, weil man es ausprobieren will, um mitreden zu können, oder der scheinbar harmlose Versuch, eine Frustration durch Naschen auszugleichen. Solche Motive führen auf einen falschen Weg.

→ Manche Menschen wollen *sich nicht der Realität stellen.* Sie möchten lieber aus dem Alltag oder aus einer Situation flüchten, oder sie scheuen sich, eine Entscheidung zu treffen. Sie glauben, dass es keinen Ausweg aus einer Situation gebe.

Deshalb greifen Sie zu einer Ersatzhandlung. Sie suchen dort, wo sie keine Lösung finden können. »Wenn wir keinen Ausweg sehen, so heißt das nicht, dass es keinen Ausweg gibt«, sagt ein Naturgesetz. Die Wege, um aus einer verfahrenen Situation wieder herauszukommen, sind unterschiedlich. Je besser wir loslassen können, desto eher können wir erkennen, was wir tun sollten.

→ Die Frage, warum sie dies oder jenes tun wollen, stellen sich Menschen oft nicht. Sie handeln einfach. Sie tun etwas, weil »man« es eben tut. Für Jugendliche ist es besonders schwierig, sich einem Trend zu entziehen. Aber auch viele Erwachsene haben damit Probleme. Es ist deswegen ganz wichtig, dass Sie sich das Motiv Ihrer Handlung bewusst machen, um herauszufinden, ob Sie ein richtiges Ziel verfolgen. Im Fall der Gruppenzugehörigkeit hilft Ihnen die Frage: »Warum liegt mir etwas daran, zu dieser Gruppe zu gehören?« Allerdings sehen Sie Ihre wahren Motive nur, wenn Sie absolut ehrlich zu sich selbst sind. Motive wie: gelobt werden wollen, Anerkennung suchen, andere beherrschen wollen, nicht aus der Reihe tanzen wollen, nicht auffallen wollen und vieles mehr, führen zu dem oftmals zitierten *Gruppenzwang.* Wer unter Zwang steht, setzt seinen Willen nicht mehr frei ein. Andere Menschen entscheiden für ihn. Das bedeutet, fremdgesteuert zu sein. Die Gefahr, unkontrolliert alles mitzumachen, ist groß. Den Süchten wird dadurch Tür und Tor geöffnet.
Natürlich ist Gruppenzugehörigkeit besonders für junge Menschen wichtig. Die Frage nach den Motiven und somit nach den Zielen ist ausschlaggebend dafür, welcher Gruppe sich Jugendliche anschließen. Ziele wie gute Freunde finden, Natur genießen, gemeinsam Schönes erleben, Talente aus-

üben und viele andere Möglichkeiten, sind nicht durch Anpassung zu erreichen. Sie haben mit Gruppenzwang nichts zu tun. Sie bringen echte, tiefe Freude anstatt kurzlebigen Spaß.

Für Menschen, die in der schlimmen Lage sind, einer Sucht verfallen zu sein, stellt sich die Frage: Wie können sie aus dieser Zwangslage herauskommen, wie können sie diese Fesseln zerreißen? Je nachdem, um welche Sucht es sich handelt, sind die Möglichkeiten unterschiedlich.

Eine Seminarteilnehmerin befreite sich aus ihrer Schokoladensucht auf eine interessante Weise. Um das Teobromin der Kakaobohne, das ja bekanntlich süchtig macht, zu vermeiden, stieg sie auf einen Schokoladenersatz aus Carob um. Das brachte keinen Erfolg. Auch Trockenfrüchte oder Honig waren keine Lösung. Keine Schokolade zu kaufen, hatte nur zur Folge, dass sie sich noch mehr danach sehnte. Sie begann nun zu analysieren, was denn das Besondere an Schokolade war, das sie nicht missen wollte. Sie experimentierte so lange, bis sie den perfekten Ersatz gefunden hatte. Sie mischte weiche Butter mit Honig, geriebenen Haselnüssen und Carobpulver, lauter bekömmliche Dinge, die einen ausgezeichneten Brotaufstrich ergeben, der so angenehm auf der Zunge schmilzt wie Schokolade. Von der körperlichen Seite hatte sie also das Problem gelöst. Sie war sich aber dessen bewusst, dass ihre Sucht einen seelischen Grund hatte. Den wollte sie herausfinden. Zu dieser Zeit fühlte sie sich an ihrer Arbeitsstelle nicht ausgelastet. Den Gedanken, nach Ersatz zu suchen, wie sie es mit der Schokolade gemacht hatte, übertrug sie auf ihre Arbeitssituation. Sie bot ihre Hilfe an, wo sie konnte, besonders auf dem Gebiet der EDV. Schließlich erhielt sie den Auftrag, innerhalb der Firma EDV-Schulungen abzuhalten.

Seither reizt Schokolade sie nicht mehr. Ihren Brotaufstrich gönnt sie sich nur mehr äußerst selten.

Kaffee und Nikotin loszulassen, ist relativ leicht zu bewältigen. Wir stellen immer wieder fest, dass Teilnehmer während unserer 14-tägigen Seminare diesen Schritt machen. Dabei helfen nicht nur die neu erworbenen Kenntnisse und die Beschäftigung mit den Naturgesetzen, sondern auch der Synergieeffekt, der von der Gruppe ausgeht. Die gesundheitlichen Maßnahmen erleichtern es, die Entzugserscheinungen zu bewältigen. Die intensive Aufladung in der Atmosphäre des Seminars bietet eine besonders günstige Gelegenheit, von einer Sucht loszukommen.

Wenn Sie es alleine versuchen, sollten Sie nicht sagen: »nie mehr«, sondern »heute nicht«. Sie sollten den Körper auch durch Entgiftungs- und Entschlackungsmaßnahmen unterstützen. Die von uns vorgeschlagene lactovegetabile Ernährung beinhaltet leicht anwendbare und wirkungsvolle Entgiftungsmaßnahmen (siehe Buch *Vital und jung bleiben*).

Ihren Willen, etwas loszulassen, können Sie am besten aktivieren und unterstützen durch den aufrichtigen Wunsch und die Konzentration. Sie kennen bereits unsere Konzentrationsübungen am Morgen. Auch tagsüber, wenn die Kaffeestunde naht oder die Zigarette lockt, ist es am besten, sich auf eine Arbeit zu konzentrieren oder einer Beschäftigung nachzugehen, die Ihnen besonders viel Freude bereitet.

Um vom Alkohol loszukommen, sind schon größere Anstrengungen notwendig.

Die Kombination von physischer und psychischer Abhängigkeit kommt bei Alkoholismus wesentlich stärker zum Tragen als bei Koffein und Nikotin. Je nachdem, wie lange jemand schon mit dieser Sucht lebt, sind Gehirn und Nervensystem unterschiedlich stark geschädigt. Eine Entziehungskur kann nur dann Erfolg haben, wenn zuerst die seelische Ursache aufgedeckt wird. Es gilt herauszufinden, *warum* jemand dem Alkohol verfallen ist. Was konnte dieser Mensch nicht bewältigen? Was hätte er loslassen sollen? Wenn ein Alkoholiker es schafft, seine grundlegende Einstellung zu der damaligen Situation zu ändern, hat er Chancen, von der Sucht loszukommen.

Wo kann die Ursache einer Sucht liegen? Eine Frau fühlte sich von einer »guten Freundin«, die Alkoholikerin war, völlig abhängig. Sie verwechselte Zuneigung mit Abhängigkeit. So trank sie mit und wurde genauso süchtig wie die Freundin. Erst nach der Trennung, als sie die Freundin ganz losgelassen hatte, konnte sie auch vom Alkohol loskommen. Begleitend führte sie eine Entziehungskur durch, um die Entzugserscheinungen leichter überwinden zu können.

»Wehret den Anfängen« ist oftmals der beste Rat. Alkoholiker wird jemand nicht, wenn er gelegentlich Wein oder Bier zum Essen trinkt. Ausschlaggebend ist das Motiv oder eine bestimmte Situation, die ein Mensch durch Trinken zu bewältigen sucht. Je früher jemand erkennt, dass er einen falschen Weg eingeschlagen hat, desto leichter kann er loskommen. Die Fragen: »Warum trinke ich?« oder »In welcher Situation trinke ich?« können hilfreich sein, vorausgesetzt, die Antwort ist ehrlich. Ehrlichkeit zu sich selbst deckt die Ursache auf, wie das Beispiel eines Patienten zeigt.

Ein Abteilungsleiter hatte nicht genug Mut, seinen Mitarbeitern Anweisungen zu geben. Er bemerkte, dass er nach einem Glas Wein mehr Mut aufbringen konnte. Bald genügte ein Glas nicht mehr. Er brauchte immer mehr Alkohol und stand am Beginn einer Alkoholsucht. Durch die Bearbeitung seiner Mutprobleme konnte er bald wieder auf den Wein verzichten.

Die Zerstörungen, die Drogen anrichten, sind ungleich schwerer. Auch hier ist in vielen Fällen eine Heilung möglich. Sie ist abhängig von der Dauer der Abhängigkeit und der Art der Droge. Massive Entgiftungsmaßnahmen und eine Bearbeitung der seelischen Ursache stellen eine echte Chance dar, solange ein Mensch noch in der Lage ist, Eigenverantwortung zu übernehmen.

| **erkennen** | **entscheiden** | **durchführen** |
|---|---|---|
| Die Ursache einer Sucht ausfindig machen | Hilfe in Anspruch nehmen | Selbstvertrauen und Willen stärken |

# Da hast du eine Last zu tragen

*Sei du der Dinge Herr, nicht Knecht.*
(Horaz)

In diesem Abschnitt geht es um materielle Belastungen. Wann und unter welchen Bedingungen kann Besitz zu einer Belastung werden? Nicht die Tatsache, dass Sie etwas besitzen, ist hier der springende Punkt. Es ist vielmehr die Frage, ob eine Abhängigkeit besteht, die einen seelischen Stillstand bewirkt. Darauf machen die Naturgesetze meist in Form von körperlichen Symptomen aufmerksam.

Wie kommt es, dass man von einem Besitz abhängig werden kann? Wäre es besser, man wäre mittellos und hätte gar nichts? Nein, natürlich nicht. Wir haben an einer anderen Stelle gesagt, dass das Beste für eine gute Seele gerade gut genug ist. Was jedoch für jeden Einzelnen richtig und angemessen ist, kann recht unterschiedlich sein. Das muss jeder für sich selbst herausfinden.

Eine Witwe, die schwere Depressionen hatte, lebte allein in einem wunderschönen, schlossartigen Haus, das ihr Mann erbaut hatte. Es war umgeben von einem riesigen Garten mit über hundert Obstbäumen. Als die vier Kinder noch zu Hause waren und der Mann noch lebte, war dieses Anwesen ein Paradies für die ganze Familie. Jetzt aber war die Frau zu einem wahren Kettenhund ihres Besitzes geworden. Haus und Garten zu pflegen, nahm ihre ganze Zeit und all ihre Kraft in Anspruch. Außerdem traute sie sich nicht, das Haus allein zu lassen, weil es in einer sehr abgelegenen Gegend stand. Sie fuhr nicht in den Urlaub, hatte keine Zeit für Besuche und verlor den Kontakt zu anderen Menschen. Sie verfiel in tiefe Depressionen.

In einem solchen Fall ist es besser, loszulassen, das Haus zu verkaufen und in eine schöne Wohnung zu ziehen. Dann wird es möglich zu reisen, Kultur zu genießen und Freundschaften zu pflegen. Niemand kann sich im ausschließlichen Umgang mit toter Materie weiterentwickeln. Das ist nur in Gesellschaft von Menschen möglich, weil jedermann ein Gegenüber, ein Spiegelbild braucht. Dann erst ist das Leben interessant und abwechslungsreich.

Wie sieht es mit Wünschen aus, die wir uns gerne erfüllen würden? »Ich könnte eine Reise machen, wenn da nicht der große Garten wäre«, sagte uns eine Patientin. Besitztümer, die uns daran hindern, das zu tun, was für uns gut und richtig ist, sind ein Hemmschuh. So mancher Besitz stellt auch eine finanzielle Belastung dar.

Vergessen Sie nicht, dass alle Dinge dazu da sind, um uns zu dienen und uns förderlich zu sein. Wir dürfen alles nutzen und benutzen, was uns das Universum zur Verfügung stellt. Eileen Caddy sagt in ihrem Buch *Herzenstüren öffnen*: »Je mehr du weggibst, desto mehr Raum wird frei, damit mehr hereinfließen kann. Wenn du den Dingen den richtigen Wert beimisst, wird es dir an überhaupt nichts mangeln. Denk aber daran, für alles Dank zu sagen und Mir (Gott) das zurückzugeben, was du nicht mehr brauchst.«

Machen Sie sich niemals zum Sklaven der Materie. Dinge loszulassen, die Sie nicht mehr brauchen, bedeutet häufig, ein Stück Vergangenheit zurückzulassen, um für die Gegenwart frei zu sein. Neues, Interessantes kann dann erst in Ihr Leben treten.

Nicht immer sind es die Größe oder die Lage eines Objekts oder sonst irgendwelche Umstände, die hinderlich sind. Es kann auch ein falsches Motiv sein, das dazu führt, sich eine Last aufzubürden. Warum schuften sich manche Menschen halb tot, um den schönsten Garten weit und breit zu haben, um das größte Auto kaufen zu können, um immer nach der neuesten Mode gekleidet zu sein? Sie wollen Anerkennung, Lob und Bewunderung ernten.

Da steckt eine Schwäche dahinter, die uns in vielerlei »Verkleidungen« begegnet, nämlich Geltungssucht. Wer von seinem Geltungsstreben loslassen kann, wird das richtige Maß finden und Freude und Zufriedenheit mit dem erleben, was er besitzt. Dadurch wird er frei, seinen Garten zu genießen, sich an seinem Auto zu freuen, das ein angenehmer Gebrauchsgegenstand ist, und Kleidung als einen Ausdruck seiner Persönlichkeit zu betrachten.

Eine andere Art von Besitz sind verschiedene Sammlungen. Was wird da alles gesammelt: Abzeichen, alte Gerätschaften, Bilder, Bierdeckel, Briefmarken, Dosen, Flaschen, Futtertröge, Gläser, Hüte, Keramik, Kochbücher, Korken, Mineralien, Münzen, Muscheln, Oldtimer, Schlüssel, Schmetterlinge, Steine, Stofftiere, Vasen, Zündholzschachteln … An dieser Aufzählung sehen Sie, dass der materielle Wert von Sammlungen zwischen wertlos und mehreren Millionen liegen kann.

Aus Erfahrung wissen wir, wie viele finanzielle Schwierigkeiten oder Krankheiten mit dieser Art von Besitz zusammenhängen. Wir sprechen ja auch von Sammler-*leidenschaft*, Sammel-*wut* und Sammler-*stolz*.

Haben Sammlungen überhaupt einen Sinn? Wertvolle Kunstgegenstände und Kulturgüter sind natürlich sinnvolle Sammelobjekte. Aber nur wenige Menschen haben dazu die finanziellen Mittel. Auch wenn viel Geld zur Verfügung steht, ist es wichtig herauszufinden, ob es richtig ist, Geld für eine Sammlung einzusetzen. Manche Menschen haben sogar die Aufgabe, auf diese Weise einen Beitrag zum Erhalt von Kunst und Kultur zu leisten. Ob eine Sammlung im Privatbesitz bleiben soll oder ob es richtiger ist, sie der Öffentlichkeit zugänglich zu machen, ist ein weiterer Aspekt, der überdacht werden muss.

Manche Sammelobjekte können auch lehrreich sein. Kinder können beim Sammeln von Briefmarken manches über andere Länder erfahren, aber auch lernen, Ordnung zu halten. Muscheln oder Steine geben Kindern Auskunft über die Vielfalt der Natur und sind für fantasievolle Spiele geeignet.

Für Erwachsene stellt sich nicht nur die Frage nach dem Sinn von Sammlungen, sondern auch, wie viel Geld und Zeit dafür aufgewendet wird. Die Versuchungen sind groß, insbesondere wenn jemand mit dem Sammeln von bestimmten Gegenständen bereits begonnen hat. Immer wieder wird er von den Naturgesetzen in Versuchung geführt und er entdeckt unweigerlich die interessantesten Objekte.

Wenn Sie einen leidenschaftlichen Sammler kennen, werden Sie feststellen, dass er überall, wo er hinkommt, zuerst an seine Sammlung denkt und bereit ist, Schönes und Interessantes zu versäumen, weil er lieber Sammelobjekten nachjagt. Sein Geld sitzt dann locker in der Tasche. Außerdem ist damit der Aufwand an Energie noch nicht abgetan. Die Gegenstände müssen geordnet und gepflegt werden. Das kostet viel Zeit.

Zeit- und Energieverschwendung kann zu Problemen mit der Schilddrüse führen. Das ist symbolisch zu verstehen. Betroffene hängen sich sozusagen einen »Mühlstein« um den Hals, der sie daran hindert, wichtige Dinge zu tun. Bei einem Patienten griffen die Naturgesetze zu dieser drastischen Warnung. Er hatte etwa 100 steinerne Futtertröge aus dem 16. und 17. Jahrhundert auf seinem Grundstück stehen. Diese ausfindig zu machen, zu transportieren, sie zu reinigen, sie zu pflegen und eine Überdachung zu bauen, hatte viel Zeit und Geld gekostet. Er musste einen großen Teil seiner Sammlung verkaufen, um gesund zu werden.

Sie empfinden vielleicht die Beschäftigung mit einer Sammlung als entspannend. Es stellt sich die Frage, ob der Aufwand an Energie gerechtfertigt ist oder ob zu viel Geld und wertvolle Zeit, die wir besser nutzen sollten, für eine Sammlung eingesetzt werden. Die Naturgesetze melden sich, wenn das der Fall ist. Sie machen uns durch Energieentzug darauf aufmerksam. Dann ist es Zeit loszulassen, bevor eine Krankheit entsteht.

Eine Patientin kam mit Depressionen und Allergien in die Praxis. Es stellte sich heraus, dass sie zusammen mit ihrem Mann das Haus zu einem Museum gemacht hatte. Da standen Hunderte von Gegenständen aus Glas, Porzellan und Keramik herum, lauter geschmackvolle und auch wertvolle Dinge. An den Wänden war kein freies Fleckchen. Wertvolle Teppiche lagen übereinander, weil sie sonst keinen Platz gehabt hätten. Das alles zu pflegen, nahm die ganze Zeit des Ehepaares in Anspruch. Geistige Interessen wurden zurückgestellt. Erst als sie sich dazu entschlossen, absolut nichts mehr zu kaufen und einiges wegzugeben, ging es der Patientin besser.

Wir meinen nicht, dass Sie Ihre Wohnung kahl und leer lassen sollen. Eine behagliche Umgebung trägt zu Ihrem Wohlbefinden bei. Es geht lediglich um das richtige Maß.

## ÜBUNG 11: Entrümpelung

Lassen Sie los, was Sie nicht brauchen. Folgende Wege führen häufig ans Ziel:

- Sammelleidenschaft kritisch überprüfen: Wann haben Sie diese Sammlung begonnen? Verbinden Sie damit noch das gleiche Bedürfnis wie damals? Oder werden Sie durch diese Sammlung in der Vergangenheit festgehalten? Wenn ja, dann ist es besser, die Sammlung aufzulösen.
- Kaufen Sie mit Bedacht ein. Legen Sie sich keine »Mühlsteine« auf Lager. Das kann leicht beim Kauf von Andenken geschehen.
- Verursachen Sie kein Gerümpel: Bedenken Sie, welche Geschenke Sie machen. Fragen ist besser als Überraschen. Sie können aber auch immaterielle Geschenke wählen, wie eine Einladung zu einem Theaterbesuch, Zeit für eine gemeinsame Unternehmung, oder auf die Kinder aufpassen, damit die Mutter einmal ganz frei ist. Sie könnten auch etwas schenken, was sich verbraucht.
- Durchforsten Sie Ihre Kleiderschränke. So manches Stück haben Sie wahrscheinlich schon lange nicht mehr getragen. Sollten Sie es nicht besser weggeben?

| **erkennen** | **entscheiden** | **durchführen** |
|---|---|---|
| Belastungen durch Besitztümer feststellen | eine Auswahl treffen | Unnötiges loslassen und weggeben |

# Die Welt der konstruktiven und destruktiven Gedanken

*Das Leben eines Menschen ist das, was seine Gedanken daraus machen.*
(Marc Aurel)

Wir leben nicht nur in einer Welt der Energien, wir sind selbst auch Energie. Ob Energien als Materie in Erscheinung treten oder nicht, ist unerheblich. Unsere gesamte greifbare Umwelt ist nichts anderes als materialisierte, grobstoffliche Energie. Feinstoffliche Energiearten sind uns ebenfalls bekannt. Dazu zählt die Ausstrahlung einer Persönlichkeit ebenso wie die Welt der Gedanken. Gedanken sind nicht – oder noch nicht – materialisierte Energie. Trotzdem können wir sie oft wahrnehmen. Manchmal können wir jemandem »ansehen«, was er gerade denkt oder was er im nächsten Augenblick tun wird. Dieses interessante Phänomen ist Ihnen sicher bekannt.

Die Energieform der Gedanken hat die Tendenz, sich zu materialisieren. Jedem gesprochenen oder geschriebenen Wort geht ein Gedanke voraus. Jede Handlung muss zuerst gedacht werden. Um ein Produkt herzustellen, ist eine Kette von Gedanken notwendig. Gedanken, die wir bewusst in Entscheidungen und Taten umsetzen, haben sich »verwirklicht«, also materialisiert. Gedanken zeigen ihre Wirkung aber auch, wenn wir sie »nur denken«, also zulassen. Dass Gedanken Mächte sind, ist eine altbekannte Tatsache. Sie sind mächtiger, als die meisten Menschen glauben.

*Durch unsere Gedanken können wir ein Paradies zur Hölle machen und die Hölle zum Paradies.*
(Kalenderspruch)

Welche Erfahrungen haben Sie in dieser Beziehung schon gemacht? Wenn etwas schiefgegangen ist, hatten Sie da nicht vorher destruktive Gedanken wie Ängste oder Zweifel, ob Ihr Vorhaben auch gelingen werde? Wenn Sie zuversichtlich und voll Vertrauen an eine Sache herangegangen sind, ist gewiss alles wie am Schnürchen gelaufen.

Viele Menschen fühlen sich nicht zuständig für ihre Gedanken. Sie sagen: »Was kann ich dafür, die Gedanken sind einfach da.« Handelt es sich um gute Einfälle, sind wir bereit, sie als unser Produkt, unsere Leistung anzunehmen und buchen sie sofort auf der Habenseite. Sind wir aber auch bereit, destruktive Gedanken, die uns quälen, als unsere Leistung anzuerkennen?

Sie sehen schon, dass da etwas nicht stimmt. Das Wort »Einfall« oder »Intuition« sagt, was wirklich geschieht. Wir sind gar nicht in der Lage, selbst Gedanken zu produzieren. Aus Denkanstößen oder Gedankenimpulsen, die uns von Gott und den Naturgesetzen eingegeben werden, entwickeln wir Gedanken.

Denkanstöße sind neben den Gefühlen eine der Möglichkeiten der Kommunikation Gottes mit uns.

Mit Denkanstößen und Gefühlen verfolgt Gott unterschiedliche Ziele. *Warnungen* dienen unserem Schutz und unserer Führung. Mit *Versuchungen* werden wir auf die Probe gestellt und haben die Gelegenheit, Prüfungen zu bestehen. Für unser Bemühen und unsere guten Leistungen bekommen wir *Belohnungen*.

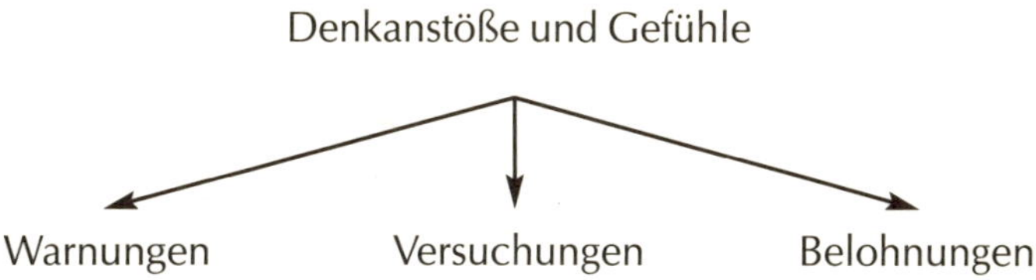


Wir würden bestimmt nur schöne und für uns bequeme Denkanstöße erzeugen, wenn wir das könnten, und uns selbst wohl kaum eine Portion unangenehmer Denkanstöße verordnen, die uns vor schwierige Entscheidungen stellen. Wir würden Denkanstöße vermeiden, die eine Prüfung in Form einer Versuchung darstellen.

Wir könnten uns selbst keine Warnungen zukommen lassen, denn wir wissen oft nicht, dass uns Gefahr droht oder beurteilen eine Situation falsch. Wenn wir erinnert werden, einen bestimmten Gegenstand, den wir im Laufe des Tages benötigen, nicht zu Hause zu vergessen, so ist das eine Belohnung. Auch diese Art Denkanstoß, der gerade im richtigen Augenblick kommt, können wir nicht selbst produzieren.

Wir besitzen jedoch die Fähigkeit, einen Denkanstoß zu verfolgen, weiterzuspinnen, ihn zu nutzen oder ihn beiseitezuschieben. Greifen wir einen Denkanstoß auf, so geben wir ihm Energie, und es reiht sich Gedanke an Gedanke. So entwickeln sich Gedankengänge. Welche Auswirkungen Gedanken auf uns und auf unser Umfeld haben, hängt davon ab, wie viel Energie wir einsetzen. Wenn wir uns die Macht der Gedanken ansehen, so wird ganz deutlich, dass Loslassen von zerstörerischen Gedanken wie Kritik, Angst und Sorgen von großer Bedeutung ist.

Gehen wir zurück zur ursprünglichen Frage. Sind wir verantwortlich für unsere Gedanken? Ja, denn wir verursachen die Denkanstöße durch unser Verhalten. Gute Einfälle und angenehme Denkanstöße sind Belohnungen. Wir brauchen aber auch die unangenehme Sorte der Denkanstöße, um daraus zu lernen und um uns zu bewähren. Sie zielen auf unsere Schwächen ab.

Hier ein Beispiel: Jemand hat sich vorgenommen, sofort nach dem Aufwachen aufzustehen, unabhängig von Tag und Uhrzeit. Sofort aufzustehen ist richtig, denn die Regeneration ist abgeschlossen. Aber schon kommt ein Versuchungsdenkanstoß. »Heute habe ich mehr Zeit« oder »Heute mache ich eine Ausnahme«, »Disziplin hin oder her, ich mag nicht.« Probieren Sie aus, wie der Tag läuft, wenn Sie der Versuchung nachgeben, und was geschieht, wenn Sie einem solchen Denkanstoß keine Energie zukommen lassen. Achten Sie auch auf Ihre Gefühle.

Denkanstöße sind eine Hilfe für uns, die wir uns durch unsere Bereitschaft zur Weiterentwicklung verdient haben. Sie könnten jetzt sagen: »Da handle ich mir also unangenehme Denkanstöße ein, wenn ich mich um die Entfaltung meiner Persönlichkeit bemühe. Nein, danke.«

Richtig ist, dass wir uns durch gute seelische Leistung diese Fürsorge durch Gott und die Naturgesetze verdienen. Sie wenden dafür Energie auf. Es wäre eine Strafe, wenn wir keine Prüfungen in Form von Denkanstößen bekämen, denn das würde bedeuten, dass wir einer solchen Zuwendung nicht würdig sind.

Wie sollen wir mit Denkanstößen umgehen? Sie alle sind Teil unserer Tagesschule. Positive Denkanstöße anzunehmen und, wenn nötig, in Taten oder Verhaltensweisen umzusetzen, ist nicht schwierig. Bei unangenehmen, destruktiven Denkanstößen wie Sorgen, Angst, Zweifel oder Kritik, bei denen es sich stets um Versuchungen handelt, gilt es, eine

Prüfung zu bestehen. Wir haben die freie Wahl, ob wir sie verfolgen wollen oder nicht. Wir können uns weiterhin Sorgen machen, Angst haben, am Gelingen einer Sache zweifeln oder kritisieren. Wenn wir unsere Schwäche erkennen, dann können wir solche Gedankengänge bewusst loslassen. Je öfter uns das gelingt, desto seltener und weniger intensiv tauchen entsprechende Denkanstöße auf. Schließlich bleiben sie ganz weg, wenn wir es geschafft haben, die Schwäche zu überwinden, die wir loslassen sollten. Es gilt an die Stelle von Sorgen, Ängsten und Zweifeln Vertrauen in die göttliche Führung zu setzen.

Wie sieht das Loslassen von Versuchungs-Denkanstößen in der Praxis aus? Wie können Sie loslassen, was Sie quält oder stört? Indem Sie diese Denkanstöße zurückweisen, entziehen Sie ihnen Energie und bekunden Ihren Willen, das Richtige zu tun. Versuchen Sie, das Positive an einer Situation zu erkennen und den Lernprozess zu sehen. Auf diese Weise geben Sie positiven Gedanken Energie und setzen diese den destruktiven Gedanken entgegen. »Wenn man fähig ist, sich von seinen Problemen zu distanzieren (die Bürde zu übertragen), wird man unwillkürlich Erleichterung erfahren«, sagt Florence Scovel Shinn in ihrem Buch *Das Lebensspiel und seine mentalen Regeln*. Auch die Bibel vertritt diesen Standpunkt. Im Psalm 55 heißt es, dass wir unsere Bürde auf den Herrn übertragen sollen.

Destruktive Gedankengänge haben allerdings die Tendenz, immer wieder aufzutauchen, denn sie sind Prüfungen in Bezug auf Vergebung, positive Lebenssicht oder Gottvertrauen. Um sie endgültig loszuwerden ist es notwendig, einmal gründlich darüber nachzudenken, wo die Ursache liegt. Hier hilft das Tagebuch. Schreiben Sie Ihre Erkenntnisse und Ihren Änderungswunsch auf. Denken Sie daran: Sie bekommen Gelegenheit zu üben beziehungsweise zu beweisen, dass Sie ernstlich loslassen wollen.

Der Weg zu Demut und Gottvertrauen führt unter anderem über die Prüfungen, die wir in Form von Denkanstößen bekommen. Einer geschiedenen Frau, die eine elfjährige Tochter hatte, gelang es, sorgenvolle Denkanstöße zurückzuweisen. Sie war in folgender Situation: Sie bekam nur wenig Geld von ihrem Exmann. Sie hatte nach der Scheidung noch keine Arbeitsstelle gefunden. Der Mietvertrag ihrer Wohnung lief in drei Monaten aus. Alle Bemühungen, eine Wohnung zu bekommen und einen Arbeitplatz zu finden, schienen aussichtslos. Auch das Wohnungsamt konnte nicht helfen. Da stellten sich selbstverständlich Gedanken der Sorge und Angst ein. Diese Frau formulierte ihre Wünsche sorgfältig und positiv und mit der Bereitschaft, das anzunehmen, was ihr zugedacht sei. Jeden destruktiven Gedanken ersetzte sie durch einen positiven und hielt sich nicht mit Grübeleien auf. Sie vertraute darauf, dass Gott für sie das Beste wollte.

Schließlich wurde ihr angeboten, dass sie mit ihrer Tochter in einer Sozialeinrichtung unterkommen könne. Sie nahm dieses Angebot demütig an und bereitete sich auf den Umzug vor. Zwei Tage bevor sie ihre Wohnung verlassen musste, erreichte sie ein Anruf des Wohnungsamtes. Eine kleine Wohnung war frei geworden, die ihr zur Verfügung gestellt wurde. Sie war nicht nur preisgünstig, sie entsprach auch ihren Bedürfnissen und Wünschen. Gleich darauf fand sich auch eine Arbeitsstelle. Durch die demütige Haltung und das Gottvertrauen, das diese Frau gezeigt hatte, wurden ihre Wünsche Wirklichkeit. Ihre konstruktiven Gedanken hatten sich materialisiert.

Was Loslassen und das Bemühen um seelische Weiterentwicklung bewirken können, hat eine Architektin bewiesen. Es gelang ihr, unerschütterliches Gottvertrauen zu haben. Nach der Beendigung eines Großauftrages konnte sie keine weiteren Aufträge mehr bekommen. Sie musste ihr Büro schließen. Alle Bemühungen, beruflich weiterzukommen, scheiterten. Selbstverständlich ging trotz aller Einschränkungen das Geld zu Ende. Wie sollte sie Schule und Internat für ihren Sohn bezahlen? Sie musste Schulden machen. In dieser schwierigen Zeit bemühte sie sich besonders um ihre seelische Weiterentwicklung. Sie besuchte eines unserer 14-tägigen Seminare. Die Seminargebühr wurde ihr gestundet. Es gelang ihr, loszulassen und voll Vertrauen zu sein. Wir hörten von ihr immer wieder einen Satz: »Ich weiß, dass eine besonders interessante Aufgabe auf mich wartet.« So kam es dann auch. Sie arbeitet jetzt für eine der größten Firmen Deutschlands. Sie hat eine Aufgabe, bei der sie ihre besonderen Talente einsetzen kann.

Wir möchten Ihnen Mut machen, positive Gedanken überall einzusetzen, um gute Lösungen herbeizuführen. Denn: »Was wir erleben, ist ein Spiegelbild unserer Gedanken«. *(Kalenderspruch)*

Wie wichtig es ist, destruktive Gedanken loszulassen, zeigt sich darin, welche Folgen es haben kann, wenn wir uns nicht darum bemühen. Die Aufforderungen, die uns von den Naturgesetzen zukommen, reichen von Kopfschmerzen, Migräne, Problemen mit den Ohren, Depressionen unterschiedlicher Dauer und Intensität, Stirn- und Kieferhöhlenentzündungen bis hin zum Gehirntumor.

Welchen Gedanken sollten Sie keine Energie geben?

- *Sorgen, Zweifel, Misstrauen* und *Zukunftsängste* wirken lähmend. Das sind Hinweise darauf, dass es um unsere positive Lebenssicht und um unser Gottvertrauen nicht zum Besten steht.

- *Existenzangst* ist eine sehr tiefgreifende Form destruktiver Gedanken. Hier geht es um etwas Grundsätzliches. Menschen, die unter solchen Gedanken leiden, können nicht glauben, dass für sie gesorgt wird. Bedenken Sie: Gott und die Naturgesetze sind nicht an unserer Vernichtung interessiert, sondern an unserer Entfaltung.
- *Selbstmitleid* schadet uns besonders. Es verhindert, dass wir herausfinden können, welchen Fehler wir gemacht haben. Weder können wir das Positive einer Situation erkennen, noch können wir uns selbst vergeben.
- Gedankengänge, die sich mit Schuld anstatt mit Schule beschäftigen, führen zu *Selbstvorwürfen.* Um diese von uns abzuwenden, fangen wir häufig an, Sündenböcke zu suchen. Dabei neigen wir dazu, anderen Menschen Vorwürfe zu machen. Anschuldigungen als Retourkutsche, die dann uns treffen (im Sinne des Spiegelbildgesetzes), sind sehr wahrscheinlich. Wir haben sie geradezu herausgefordert. Nun ist es höchste Zeit, diesen Kreislauf zu unterbrechen, und loszulassen. Das gelingt am besten, wenn wir uns selbst vergeben. Wir befinden uns in unserer Lebensschule, daher werden uns Fehler zugestanden. Nur dürfen wir nicht ewig an einem Fehler festhalten, sonst können wir den nächsten Schritt nicht machen.

  Schuldgefühle führen auch dazu, dass wir erpressbar sind. Wer sich schuldig fühlt, ist nicht frei in seinen Entscheidungen. Er büßt seine Selbstachtung und damit seine Selbstsicherheit ein. Er glaubt, dass Anschuldigungen ihm gegenüber gerechtfertigt sind. Er lässt sich klein machen und kann nicht mehr erkennen, ob die Vorwürfe, die ihm gemacht werden, einen realistischen Grund haben oder nicht. Das gilt nicht nur im persönlichen Bereich, sondern auch im Weltgeschehen.

Auch sogenannte widrige Umstände, die oft als »Schicksal« angesehen werden, tragen keine Schuld an dem, was uns widerfährt. Sie sind ein Teil der Lebensschule und sollten uns ermutigen, nach der Ursache und somit nach dem Lernprozess zu suchen.

- *Missgunst* zerstört zwischenmenschliche Beziehungen und führt schließlich dazu, dass Kontakte zu anderen Menschen abbrechen. Hier gilt es, unser Ego loszulassen und nachzudenken, ob nicht Geltungssucht im Spiel ist.
- *Pechvögel* erwarten für sich immer, dass etwas schiefläuft. Solche Gedanken materialisieren sich sehr rasch. Die Pechsträhne reißt dann tatsächlich nicht ab. Das Phänomen der sich selbst erfüllenden Prophezeiung setzt ein. In diesem Fall braucht die Charaktereigenschaft »positive Lebenssicht« dringend eine Aufwertung.
- Manche Menschen lassen sich von *Katastrophen, Kriegen* oder *politischen Fehlschlägen* irgendwo auf der Welt derart belasten, dass sie krank werden. Sie entwickeln Schuldgefühle, weil es ihnen gut geht, während andere Menschen im Elend leben. Sie glauben nicht, dass sie sich ihren Wohlstand verdient haben. Das ist jedoch bei guter seelischer Leistung der Fall, denn das Gesetz von Ursache und Wirkung lässt sich nicht umgehen. Freuen Sie sich also, wenn es Ihnen durch Ihren Fleiß und durch Ihr Bemühen um Weiterentwicklung auch materiell gut geht, und genießen Sie Ihren Wohlstand.

Unser Vorschlag: *Betreiben Sie Gedankenhygiene*! Verstärken Sie positive, konstruktive, gute und schöne Gedanken, indem Sie ihnen Energie zukommen lassen. Das geschieht, wenn Sie für diese Gedanken dankbar sind und sie in die Tat umsetzen. Konstruktive Gedanken laden auf. Diese Form von Energie ist eine positive Macht. Sie kann und soll ganz bewusst eingesetzt werden. Destruktive Gedanken belasten Gehirn und Nervensystem. Lassen Sie diesen Gedanken keine Energie zukommen, indem Sie dabei verharren und Ihre Schwächen unverändert lassen.

## ÜBUNG 12: Umgang mit destruktiven Gedanken

- Eine Prüfung am Morgen bestehen: Häufig kommen schon während der Morgentoilette Gedanken an das, was einem alles Unangenehmes an diesem Tag begegnen könnte, etwa nach dem Motto: »Guten Morgen, liebe Sorgen, seid ihr auch schon alle wach?« Es kommt nun darauf an, dass Sie nicht bei diesen Gedanken hängen bleiben, sondern sich auf die jeweilige Tätigkeit konzentrieren.
- Dank sagen bringt schöne Gedanken. Danken Sie für die nächtliche Regeneration, für die Sonne, den Regen, ein Erlebnis, eine Erkenntnis, einen lieben Menschen oder was Ihnen gerade einfällt. Spüren Sie, wie sich Ihr Befinden verändert.
- Betreiben Sie bewusst Gedankenhygiene. Das bedeutet, dass Sie sich nicht auf unangenehme Gedanken einlassen, sondern sofort versuchen, etwas Positives im Negativen zu erkennen. *Beispiel:* Ihr Chef hat in einer Ihrer Arbeiten einen Fehler entdeckt und lässt Sie rufen. Eine unangenehme Situation. Positiv daran ist, dass Sie üben können, keine Ausrede zu schwingen, sondern einen Weg zu suchen, wie der Fehler behoben werden kann, also lösungsorientiert zu handeln.

Die beste Möglichkeit, unerwünschte Gedanken loszulassen, bietet Ihnen bewusste Konzentration auf eine Tätigkeit, die Ihre Gedanken ganz in Anspruch nimmt.

- Schreiben befreit. Halten Sie Zwiesprache mit Ihrem Tagebuch, wenn Gedanken der Angst oder des Zweifels Sie bedrängen. Schreiben Sie alles nieder, was Ihnen einfällt. Beantworten Sie vor allem die Fragen: »Wem nützt es, wenn ich mich von solchen Gedanken einfangen lasse?«, »Was soll ich lernen?«, »Weshalb kehren solche Gedanken immer wieder?«

| **erkennen** | **entscheiden** | **durchführen** |
|---|---|---|
| destruktive Gedanken feststellen | Energie in positive Gedanken investieren | Gedankenhygiene betreiben durch Konzentration |

# Gefühle und Emotionen

*Wenn wir anderen gegenüber schlechte Gefühle hegen,*
*wer fühlt sich dann schlecht?*
(Kalenderspruch)

Gefühle und Denkanstöße sind eng miteinander verwoben, denn beide sind Intuitionen, also Möglichkeiten der Kommunikation Gottes und der Naturgesetze mit uns. Wir können manchmal nur schwer unterscheiden, was überwiegt oder was zuerst da war: Gefühl oder Denkanstoß.

Alle Gefühle kommen, genauso wie die Denkanstöße, von Gott. Wir können sie selbst nicht erzeugen. Allerdings verursachen wir sie durch unser Verhalten. Schöne, angenehme Gefühle wie Freude, Geborgenheit, Sicherheit, Zuversicht, Zuneigung und Liebe sind Belohnungen für gute seelische Leistungen.

Alle unangenehmen Gefühle gehören in die Kategorien Warnung oder Versuchung. Auch und besonders sind sie eine liebevolle Zuwendung Gottes und der Naturgesetze, obwohl wir mit solchen Gefühlen zu kämpfen haben. Sie haben den Zweck, uns aus unserem Gefängnis heraus in die Freiheit zu führen.

Um dahinterzukommen, warum uns bestimmte Gefühle »heimsuchen«, müssen wir Ursachenforschung betreiben. Wenn es uns gelingt, die Ursache eines Gefühls zu ermitteln und dann loszulassen, brauchen wir die Warnung oder Prüfung nicht mehr. Wir fühlen uns frei, wie das immer der Fall ist, wenn wir etwas losgelassen haben.

Bevor Sie darangehen, die Ursachen Ihrer Gefühle herauszufinden, ist es zweckmäßig, dass Sie Ihre eigene Gefühlswelt besser kennenlernen. Dazu sind Unterscheidungen notwendig. Manche Gefühle, wie Warnungen und Hinweise, haben einen intuitiven Charakter. Dazu gehören auch alle Belohnungen. Wir bezeichnen sie als Gefühle aus dem Bauch. Sie sagen uns:

- ob unser Vorhaben richtig ist
- ob wir jemandem trauen können
- was die Wahrheit ist
- ob wir dabei sind, in eine Versuchung hineinzuschlittern
- ob uns Gefahr droht
- ob der Zeitpunkt für eine Handlung richtig ist …

Diese Gefühle sind ruhig, unaufdringlich und in Gefahr, von unserem Verstand lautstark übertönt zu werden. Wir sollten lernen, auf diese Gefühle zu hören. Sie sind eine große Hilfe im Alltag. Sie gehören nicht zu der Gruppe, die uns in Bezug auf das Loslassen beschäftigt.

Die zweite Gruppe von Gefühlen hat emotionalen Charakter. Wir sprechen auch von Emotionen. »Man könnte Emotionen auch als übersteigerte Gefühle bezeichnen. Sie sind immer mit einer Veränderung unseres Energieniveaus verbunden« (aus *Die Kraft der Intuitiven Intelligenz*). Emotionen sind jene Art von Gefühlen, die uns aus dem Gleichgewicht bringen. Dazu gehören negative Gefühle wie Wut, Zorn, Neid, Hass, Eifersucht, Rachsucht, Angst, Schuldgefühle, Sorge, Misstrauen, Euphorie, Verliebtheit …

Sie wundern sich vielleicht, dass wir Euphorie und Verliebtheit zu der Gruppe von Gefühlen zählen, die wir loslassen sollten. In beiden Fällen ist unsere Sicht eingeengt. Wir können die tatsächlichen Umstände nicht objektiv beurteilen, denn wir sind völlig aus dem Gleichgewicht und können nicht zu unserer Mitte finden. Häufig folgt auf Euphorie Ernüchterung und auf Verliebtheit Enttäuschung. Hingegen zählen echte Freude und tiefe Liebe nicht zu den Emotionen. Das sind ruhige Gefühle, die Geborgenheit schenken.

## ÜBUNG 13: Lernen Sie die Welt Ihrer Gefühle besser kennen!

- Beobachten Sie zunächst zwei Tage lang alle Ihre Gefühle und schreiben Sie diese auf.
- Versuchen Sie dann, Ihre Gefühle einzuordnen in die Gruppen: Warnung, Versuchung, Belohnung.
- Konnten Sie intuitive Gefühle nutzen?
  In welchen Situationen haben Sie emotional reagiert?
- Legen Sie sich eine Strategie zurecht, wie Sie im Falle einer Emotion reagieren möchten. *Beispiel:* Wenn ich wütend werde, stehe ich auf und wechsle meinen Standort. Dadurch kann ich Abstand gewinnen.

Nun geht es darum, die Ursachen von verschiedenen Emotionen herauszufinden und zu erkennen, was Sie tun können, um loszulassen.

Angst ist eine der stärksten Emotionen und gleichzeitig am schwierigsten loszulassen. Sie ist so weit verbreitet und hat so gravierende Folgen, dass wir diesem Thema ein eigenes Kapitel widmen.

Ein anderer »Plagegeist« für viele Menschen sind Schuldgefühle. Auch in diesem Fall sind Gefühle und Gedanken verknüpft. Schuldgefühle finden ihren Ausdruck in Gewissensbissen und Selbstvorwürfen. Das Gewissen meldet sich, wenn wir uns nicht richtig verhalten haben. Häufig setzen Selbstvorwürfe ein: »Das hätte ich nicht tun/nicht sagen sollen«, »Ich hätte besser aufpassen müssen«, »Wäre ich doch still gewesen.« Streichen Sie die Wörter »hätte« und »wäre« aus Ihrem Wortschatz. Ein Sprichwort sagt: »Es hat keinen Sinn, über verschüttete Milch zu weinen.«

Manche Menschen schlagen sich jahrelang mit Schuldgefühlen herum. Sie können nicht loslassen, weil sie sich selbst nicht vergeben können, einen Fehler gemacht zu haben. Bedenken Sie, dass wir Fehler machen dürfen, um zu lernen. Manchmal haben Menschen auch Schuldgefühle, wenn sie gar nichts falsch gemacht haben. Sie reden sich aber ein, einen Fehler gemacht zu haben, und können nicht loslassen.

Um Schuldgefühle loszuwerden, sind ganz bestimmte Schritte notwendig.

- Zunächst ist zu klären, ob es sich wirklich um ein schuldhaftes Verhalten handelt. Besonders nachts erscheint die vermeintliche Schuld riesengroß. Hier kann ein klärendes Gespräch helfen, um herauszufinden, ob im gegebenen Fall eine reale Schuld vorliegt.
- Schuldgefühle stellen sich auch bei Fehlverhalten im zwischenmenschlichen Bereich ein. Ein Eingeständnis und eine Entschuldigung sind wohl der selbstverständliche Weg aus dieser Art von Schuldgefühlen. Die Lektion, die in einer solchen Situation steckt, sollten wir dankbar annehmen. Meist können alle Beteiligten aus dem Vorfall lernen.
- Anders ist die Situation, wenn jemand durch fahrlässiges Verhalten Schaden angerichtet hat. Schuldgefühle, die eine so gravierende Ursache haben, sind nicht so einfach loszulassen. Materieller Schaden kann manchmal teilwei-

se oder ganz wiedergutgemacht werden. Dann öffnet sich wahrscheinlich der Weg zur Selbstvergebung. Schuldgefühle als Folge von verursachtem Leid bedürfen der grundsätzlichen Durchleuchtung des Charakters, um herauszufinden, welche gravierende Schwäche zu einem Fehlverhalten mit so weitreichenden Folgen geführt hat. Wahrscheinlich sind einer solchen Situation schon Hinweise auf die entsprechende Schwäche vorausgegangen, die nicht verstanden und daher nicht beachtet wurden. Der Weg heraus führt über die intensive Bearbeitung der Schwäche, die als Ursache erkannt wurde. Anders ausgedrückt: Diese Schule muss sehr ernst genommen werden.

Den letzten Punkt der vorangegangenen Aufzählung wollen wir mit einem Beispiel belegen. Es zeigt, wie eng verknüpft Verhaltensweisen untereinander sind und welche Folgen es haben kann, wenn ein Mensch fremdgesteuert ist.

Eine junge Frau fuhr spät am Abend nach Hause. Sie wohnte bei ihren Eltern. Nach einem langen Arbeitstag hatte sie Gebäude und Betriebsgelände ihres Arbeitgebers ordnungsgemäß geschlossen. Die Straße zu ihrem Wohnort führte durch ein unbeleuchtetes Waldstück. Es war Winter und die Fahrbahn war glatt. Plötzlich lief ein Kind über die Straße. Die Frau konnte wegen der Straßenglätte nicht mehr rechtzeitig bremsen. Das Kind war schwer verletzt. Für die herrschenden Witterungsverhältnisse war die Frau zu schnell gefahren, obwohl sie die vorgeschriebene Geschwindigkeit eingehalten hatte. Was war der Anlass und was war die Ursache, dass es zu dieser Situation gekommen war? Der äußere Anlass war beinahe lächerlich. Die Mutter der jungen Frau konnte es nicht akzeptieren, wenn ihre Tochter verspätet zum Essen kam. Deshalb wollte diese sich beeilen. Die Ursache ihres Verhaltens lag in ihren Mutproblemen, die zu Minderwertigkeitsgefühlen geführt hatten. Aus besonderen Lebensumständen heraus glaubte die Tochter immer, zu wenig zu leisten, und wollte ihren Eltern alles recht machen. Sie hatte es bis zu diesem Zeitpunkt noch nicht geschafft, sich von Zwängen und Erwartungen zu lösen. Zu den vorhandenen Komplexen kamen durch den Unfall auch noch Schuldgefühle. Obwohl die junge Frau vom Gericht nur zu einer geringfügigen Strafe auf Bewährung verurteilt wurde, konnte sie die Schuldgefühle viele Jahre lang nicht loslassen.

Die Erfahrung zeigt, dass es für junge Menschen sehr wichtig ist, ein selbstständiges Leben zu beginnen. Der Loslösungsprozess von den Eltern sollte spätestens mit dem zwanzigsten Lebensjahr vollzogen sein. Junge Menschen sollten dann das Elternhaus verlassen. Nur wenn wir ein eigenständiges Leben führen, können notwendige Lernprozesse, die Alltag und Lebensgestaltung betreffen, stattfinden. Den eigenen Intuitionen zu folgen und selbst Entscheidungen zu treffen ist notwendig, um zu lernen, zu wachsen und um nicht fremdgesteuert zu sein. Unter fremdem Einfluss funktioniert die eigene Intuition schlecht. Die Folge davon sind oftmals weitreichende Fehlentscheidungen.

Rachsucht, Hass, Zorn, Wut und Ärger sind eine Gruppe von unguten Gefühlen, die alle dieselbe Ursache haben: Wir können nicht vergeben.

Bei Rachsucht und Hass können wir am deutlichsten sehen, was geschieht, wenn Menschen nicht vergeben können. Rache setzt eine nicht mehr zu kontrollierende Spirale in Gang, die sich immer weiter dreht und zu Krieg und Tod führt. Es stellt sich die Frage: Was kann ich tun, wenn jemand mir etwas »angetan« hat? Wie kann ich da loslassen? Bedenken Sie, dass alles, was ein Mensch tut, Gutes und Schlechtes, auf ihn selbst zurückfällt. Das ist ein unausweichliches Naturgesetz. Daraus folgt zweierlei, nämlich dass derjenige an Größe gewinnt, der vergeben kann, und dass der, der Übles tut, nicht ungeschoren davonkommt. Auch wenn wir vielleicht nicht erfahren, auf welche Weise Gott auf die »Untat« reagiert, so können wir doch sicher sein, dass das Gesetz in Kraft tritt. Es ist gut für uns, nicht zu wissen, was mit dem Übeltäter geschieht, denn sonst könnte sich Schadenfreude einschleichen. Wirklich vergeben heißt: völlig loslassen und vergessen.

Zorn, Wut und Ärger können wir leichter loslassen als Hass. Wir neigen dann vielleicht dazu, uns einmal richtig Luft zu machen. Anschließend sollten wir aber loslassen, damit diese Gefühle nicht zu einem Dauerbrenner werden. Wir haben die Möglichkeit, die Ursache für diese Gefühle herauszufinden, wenn wir an das Spiegelbildgesetz denken.

Eifersucht ist für viele Menschen ein ständiger Begleiter. Sie vergiftet jede zwischenmenschliche Beziehung. Was steckt dahinter? Besitzdenken in Bezug auf Menschen, Selbstüberschätzung, Lieblosigkeit, Neid, etwas erzwingen wollen, Erwartungshaltung, Verlustangst, Misstrauen. In einem solchen Klima können Liebe und Freundschaft nicht gedeihen. Nur was auf gegenseitigem Vertrauen beruht, ist wertvoll und von Dauer.

Auch in der Eltern-Kind-Beziehung spielt Eifersucht oft eine Rolle, wenn »Kinder« eine dauerhafte Partnerbeziehung eingehen.

Wie können wir lernen, Eifersucht loszulassen? Die folgende Übung zeigt einen möglichen Weg auf.

## ÜBUNG 14: Eifersucht loslassen

Beantworten Sie für sich selbst folgende Fragen:

- Welchen Freiraum wünsche ich mir? Nicht alle Interessensgebiete stimmen in Beziehungen überein. Schreiben Sie auf, was Sie gerne alleine oder mit jemand anderem als Ihrem/r Partner/in oder dem besten Freund/der besten Freundin tun würden oder tatsächlich tun.
- Bin ich großzügig, selbstsicher und vertrauensvoll genug, dem anderen die gleiche Freiheit einzuräumen, die ich für mich erwarte? Wenn das nicht der Fall ist, gilt es herauszufinden, was Sie daran hindert, beziehungsweise was hinter Ihrer Eifersucht steckt. Diese Frage können nur Sie beantworten.
- Bin ich auch in Situationen, bei denen es sich nicht um eine Partnerbeziehung handelt, misstrauisch? Wenn ja, dann sollten Sie überprüfen, woher das Misstrauen kommt. Neigen Sie generell dazu, nachtragend, zu empfindlich oder leicht beleidigt zu sein?
- Beugen Sie Ihrerseits Eifersucht vor. Geben Sie keinen Anlass zur Eifersucht.

  Teilen Sie Ihrer Partnerin/Ihrem Partner vorher mit, mit wem und warum Sie etwas unternehmen, nicht erst nachher.

| **erkennen** | **entscheiden** | **durchführen** |
|---|---|---|
| sich Emotionen eingestehen | Gefühlen Aufmerksamkeit schenken | Loslassen durch Erkennen der Ursache |

# Von der Angst ins Vertrauen

*Tausend Ängste bergen tausend Verluste.*
(D. M. Frank)

Angst ist ein Gefühl, das fast jeder Mensch in irgendeiner Form kennt. Ängste sind sehr unterschiedlich und vielschichtig. Gerade bei Angst müssen wir unterscheiden, ob es sich um eine Warnung, also um eine Intuition, handelt, die uns etwas sagen will, oder um eine Emotion. Ängste mit intuitivem Charakter beziehen sich auf reale Situationen. Sie stellen uns vor eine Entscheidung.

Obwohl wir Angst haben, sind wir nicht blockiert und können das Für und Wider abwägen. Angst davor, über einen breiten Graben zu springen, in einem reißenden Fluss zu schwimmen oder eine extrem steile Skiabfahrt zu bewältigen, ist eine Warnung. Wir werden auf die Gefahr aufmerksam gemacht, in die wir uns begeben wollen. Die Entscheidung liegt bei uns.

Ein Mann machte folgende Erfahrung: Er bekam zum Geburtstag eine Ballonfahrt geschenkt. Er war alles andere als ein Angsthase, trotzdem stellte sich sofort ein ungutes Gefühl ein. Als er den Gutschein einlösen wollte, bekam er richtig Angst. Da er aber nicht als feige gelten wollte, stieg er in den Ballon. Die Fahrt verlief jedoch nicht problemlos und der Ballon musste notlanden. Dabei brach sich der Mann ein Bein. Seine Angst war eine Warnung gewesen.

Einer realistischen Angst, die wir deutlich als Warnung empfinden, nachzugeben, ist keine Feigheit.

Irreale Ängste haben hingegen keinen Bezug zur Realität, sind emotional und bringen uns gänzlich aus dem Gleichgewicht. Die Angst ist da, obwohl kein konkreter Anlass besteht. Meist läuft die Fantasie auf Hochtouren. Zum Angstgefühl gesellen sich destruktive Gedanken, die bei genauerer Betrachtung jeder Realität entbehren.

Wenn sich Angst bemerkbar macht, ist es wichtig, zu erkennen, um welche Art es sich handelt. Reale Ängste, die unsere Entscheidung herausfordern, also Warnungen sind, sollten wir unbedingt beachten und uns entsprechend verhalten.

Der Großteil unserer Ängste hat keinen realen Grund, sondern ist irrational. Anlässlich eines Seminars haben die Teilnehmer ihre Ängste aufgezählt. Menschen, die nicht unter Ängsten leiden, können sich kaum vorstellen, was da alles zutage kommt:

Zukunftsangst, Existenzangst, Lebensangst, Flugangst, Platzangst, Berührungsängste, Prüfungsangst; Angst vor Krankheit, Ansteckung, Unfällen, dem Sterben, dem Altwerden, Einsamkeit, dem Arbeitsplatzverlust, Entscheidungen, finanziellen Verlusten, dem Versagen, Fehlern, Menschen, Vorgesetzten, Zurückweisung, Liebesverlust, Willkür, Strafe, Vergeltung, seelischer Verletzung, der eigenen Schwäche; Angst davor, kein guter Mensch zu sein, nicht Nein sagen zu können; Angst vor dunklen Räumen, Aufzügen, Spinnen, Mäusen …

Angst, dass einem lieben Menschen etwas zustößt, Angst vor den Konsequenzen des eigenen Verhaltens (Gesetz von Ursache und Wirkung), Angst vor Gott.

Manche Ängste können einmal durchaus berechtigt, also realistisch sein, ein anderes Mal jedoch unrealistisch.

Ist Prüfungsangst realistisch oder nicht? Für jemanden, der sich nicht genügend vorbereitet hat, ist Angst berechtigt, also realistisch. Wenn Sie sich ehrlich bemüht haben, sich den Lehrstoff anzueignen, brauchen Sie keine Angst zu haben. Stellt sich trotzdem Angst ein, so fehlt Ihnen der Mut, an sich selbst und an die Hilfe der Naturgesetze zu glauben. Die Angst ist emotional besetzt und blockiert das Denken.

Wie können Sie diese Angst überwinden? Sollten Sie in einer solchen Situation sein, dann prägen Sie sich bitte folgende Sätze ein: »Ich habe ehrlich und fleißig gelernt. Ich arbeite konzentriert und bin deshalb eins mit der Allumfassenden Intelligenz. Ich weiß alles, was ich wissen muss.« Probieren Sie diesen Weg aus.

Manche Menschen haben Angst vor dem Fliegen. Auch hier kann es sich um eine Warnung handeln oder nicht. Laut Statistik kommen mehr Menschen bei Zugunglücken und Verkehrsunfällen ums Leben als bei Flugzeugabstürzen. Handelt es sich um eine Warnung, so bezieht sich das Gefühl auf eine spezielle Situation, also auf einen bestimmten Flug. Bei Menschen, die immer Angst vor dem Fliegen haben, handelt es sich wahrscheinlich um eine irrationale Ängstlichkeit, die auch in anderen Situationen auftritt.

Am unangenehmsten macht sich Angst im zwischenmenschlichen Bereich bemerkbar. Angst um einen lieben Menschen ist nur schwer zu ertragen. Sie ist fast immer emotional und bringt uns gänzlich aus dem Gleichgewicht. Die Angst ist da, obwohl kein konkreter Anlass besteht und wir gar nicht wissen, ob sich dieser Mensch wirklich in Gefahr befindet. Unsere Fantasie läuft jedoch auf Hochtouren und gaukelt uns vermeintliche Gefahren vor. Angst nützt dem anderen nicht. Sie könnte aber zur sich selbst erfüllenden Prophezeiung werden. Wenn ein Mensch tatsächlich Hilfe braucht, stellt sich ein anderes Gefühl ein. Es ist eher ein Gefühl von Unruhe, das manchmal von Bildern begleitet wird.

Es taucht dann auf, wenn wir gar nicht daran denken, dass ein lieber Mensch in Gefahr sein könnte. Die eigene Handlungsfähigkeit wird nicht gelähmt.

Es hängt natürlich von der Situation ab, ob wir aktiv etwas unternehmen können oder nicht. Sicher ist aber, dass Angst auch in diesem Fall dem anderen nicht hilft. Florence Scovel Shinn erzählt in *Das Lebensspiel und seine mentalen Regeln* von einer Frau, die plötzlich fühlte, dass sich ihr Bruder in großer Gefahr befand. Sie gab ihrer Angst keine Energie, sondern bekräftigte: »Der Mensch entspricht der universellen Vorstellung und ist immer am rechten Platz, deshalb ist auch mein Bruder am rechten Platz und wird beschützt.«

Später stellte sich heraus, dass sich der Mann wie durch ein Wunder im letzten Augenblick vor einer Explosion hatte retten können.

Zukunftsangst und allgemeine Existenzangst wirken besonders bedrohlich und lähmend. Wir fühlen uns unfrei. Diese Ängste haben die unangenehme Eigenschaft, allgegenwärtig zu sein. Sie beeinflussen alle unsere Entscheidungen und Handlungen. Das Leben erscheint nicht mehr lebenswert.

Um Ängste loslassen zu können, müssen wir nach den Ursachen fragen. Wir finden sie in unserem Charakter. Mutlosigkeit, Unehrlichkeit, nicht vergeben zu können, mangelnde positive Lebenssicht, Zeitverschwendung sind die Ursachen unterschiedlicher Ängste. Mangelnde positive Lebenssicht, insbesondere Zweifel, führt zu einem gestörten Gottvertrauen.

Die tiefste Ursache von Existenzangst ist mangelndes Gottvertrauen. »Man weiß, dass Angst und Sorgen Todsünden sind. Sie sind die Umkehrung des Glaubens und bewirken aufgrund einer verzerrten Vorstellung die gefürchteten Dinge«, schreibt Florence Scovel Shinn in ihrem Buch.

Nun gilt es, Ängste auch tatsächlich loszulassen. Dazu müssen wir uns der Angst stellen, sie also annehmen. Der Wunsch, die Ursache zu erkennen, und Ehrlichkeit zu uns selbst sind die nächsten Schritte. Indem wir uns auf eine Beschäftigung konzentrieren, können wir Abstand zu einer angstbesetzten Situation gewinnen und leichter loslassen oder bessere Entscheidungen treffen. Sollen bestimmte Ängste nicht immer wiederkehren, so gibt es nur einen Weg: die ursächliche Schwäche abzubauen, also loszulassen. Beachten Sie auch, dass Mutprobleme häufig die Ursache von Ängsten sind.

## ÜBUNG 15: Angst überwinden

Folgende Fragestellungen können Ihnen helfen, Angst zu überwinden:

- Bezieht sich die Angst auf eine reale Situation? Dann ist eine Entscheidung zu treffen.
- Bringt mich das Angstgefühl aus meinem Gleichgewicht, quält es mich, spiegelt es mir schlimme Szenen vor oder lässt es Zukünftiges in düsterem Licht erscheinen? Dann handelt es sich um eine Prüfung, denn die Angst ist unrealistisch. Sie deutet auf Mutprobleme und negative Lebenssicht hin.
- Wem nützt meine Angst?
- Was kann, realistisch gesehen, schlimmstenfalls passieren?
- Gibt es eine hohe Wahrscheinlichkeit, dass die gefürchtete Situation eintritt?
- Glaube ich allen Ernstes, dass Gott mir Böses will?

| erkennen | entscheiden | durchführen |
|---|---|---|
| Ursachen der Ängste ausfindig machen | Konzentration, Wunsch und Ehrlichkeit einsetzen | Gott und dem Leben vertrauen, Mutprobleme lösen |

# Lass mich los, damit wir beide leben können

*Freiheit ist das einzige Ding, das man nicht haben kann,*
*wenn man nicht gewillt ist, es anderen zu gewähren.*
(William Arthur White)

Einen Menschen loszulassen, ist der schwierigste und oftmals der langwierigste Lernprozess, den viele von uns bewältigen müssen.

In diesem Kapitel wollen wir versuchen darzulegen, dass Loslassen für alle Beteiligten zum Guten ist. Das scheint, oberflächlich betrachtet, zweifelhaft zu sein. Jedoch hat Loslassen und Losgelassenwerden in allen Fällen, die uns bekannt sind, zu seelischem Wachstum, zu Zufriedenheit und Glück geführt.

In Beziehungen zu anderen Menschen spielen Gefühle, Verpflichtungen, Traditionen und manchmal auch äußere Umstände eine große Rolle. Deshalb hat Loslassen in diesem Zusammenhang sehr unterschiedliche und vielfältige Aspekte. In jedem Fall sind wir gefordert, die Situation ehrlich zu durchdenken und das loszulassen, was uns und anderen schadet.

Es gibt einige Situationen, in denen Loslassen zur Notwendigkeit wird:

- Zwei Menschen haben sich »auseinandergelebt«.
- Partner stellen fest, dass sie von Beginn an nicht so recht zusammengepasst haben.
- Eine Freundschaft geht in die Brüche.

- Kinder werden erwachsen.
- Erwachsene halten noch an ihren Eltern fest.
- Menschen, die uns Energie entziehen, sollten wir loslassen.

In allen diesen Fällen ist die Frage nach der Verantwortung, die wir für andere, aber auch für uns selbst tragen, ausschlaggebend. Wir sollten bedenken, dass Festhalten das größte Hindernis für die Entfaltung der Persönlichkeit darstellt. Dadurch, dass wir uns selbst und einen anderen Menschen behindern, verlieren wir doppelt Energie.

Wie aber können wir zu einer für alle Beteiligten richtigen Lösung oder Haltung kommen? Die Frage nach dem Motiv hilft weiter: »Warum bleibe ich in einer Verbindung, in der es dauernd Konflikte gibt?«, »Warum kann ich meine Kinder nicht loslassen?«, »Warum lasse ich mich belasten durch Menschen, die mir Energie entziehen?« Wenn Sie die Antworten auf diese Fragen gefunden haben, also das Motiv Ihrer Handlungsweise kennen, haben Sie auch den Hinweis auf die Schwäche, die Sie daran hindert, loszulassen. Ob die Lösung nun in einer tatsächlichen Trennung zu suchen ist, wie das bei einer fehlgeschlagenen Partnerschaft meist der Fall ist, oder in einem inneren Prozess des Loslassens, wie das zwischen Eltern und Kindern sein sollte, ist von Fall zu Fall verschieden.

Es gibt zwei Lebensgesetze, die hier eine Rolle spielen:

- das Gesetz von »mitgefangen – mitgehangen«, das besagt, dass jeder Schaden nimmt, der sich in einer falschen Gesellschaft oder Verbindung befindet.
- das Gesetz, das besagt, dass das, was für mich richtig ist, auch für den anderen die beste Lösung darstellt. Wenn ich das Richtige tue, helfe ich den Menschen in meinem Umfeld.

Eine Partnerschaft aufzugeben oder nicht, das ist die am schwierigsten zu beantwortende Frage, wenn Kinder da sind. Hier kann man nichts verallgemeinern. Es kommt auf den Charakter der beiden Partner an. In einer Atmosphäre des Streits und der Unsicherheit aufzuwachsen, ist für Kinder oft schädlicher, als wenn durch eine Trennung endlich Ruhe eintritt. Das ist aber nur dann der Fall, wenn keiner der beiden Eltern versucht, nach der Trennung seinen Groll und vermeintliche Rechte auf dem Rücken der Kinder auszutragen. Wir kennen Kinder, die nach einer Scheidung der Eltern rundum glücklich sind. Andere Kinder sind nach einer Trennung unglücklich.

Zwei Beispiele sollen unsere Beobachtungen verdeutlichen: Die Eltern haben sich getrennt, weil die Frau einen anderen Partner gefunden hatte, mit dem sie sich besser versteht als mit dem Vater des Kindes. Der Junge lebt zeitweise bei der Mutter und beim Vater, je nachdem, wie es sich beruflich am besten machen lässt, nicht, weil jeder Rechte beansprucht. Der Stiefvater liebt das Kind wie ein eigenes. Es gibt zwischen den Erwachsenen keine Eifersucht, keine Schuldzuweisungen, kein böses Wort. Der Junge wird nicht aus schlechtem Gewissen mit Privilegien und Spielsachen überhäuft, wie das oft bei Scheidungskindern der Fall ist. Er wird von allen Beteiligten mit liebevoller Konsequenz erzogen und ist ein zufriedener, quietschvergnügter Dreijähriger, der sich bestens entwickelt.

In einem anderen Fall lebt der Sohn, der jetzt zwölf Jahre alt ist, nach der Scheidung der Eltern aufgrund des Gerichtsbeschlusses bei seinem Vater. Die Mutter beansprucht ihre Rechte unter allen Umständen. So muss der Junge auch dann am Wochenende zur Mutter fahren, wenn er ein »wichtiges« Fußballspiel hat. Das bedeutet für den Jungen, dass er sein Team im Stich lassen muss. Oder die Mutter »schenkt« ihm ein Kleidungsstück, gibt ihm aber die Rechnung dafür mit und sagt: »Dein Vater soll es bezahlen.« Wenn das Kind von diesen Besuchen zurückkommt, ist es immer völlig durcheinander.

Ob eine für alle tragbare Lösung gefunden wird oder nicht, kommt eben immer auf die Charakterstärken der Beteiligten an.

Es gibt gewiss in manchen Fällen Rücksichten, die man nicht so ohne Weiteres beiseiteschieben kann. Es ist wichtig, den anderen innerlich loszulassen, auch wenn eine äußere Trennung nicht erfolgt. Einander die Freiheit zu geben, sodass jeder seinen Weg gehen kann, ist die beste Lösung.

Alle Eltern erleben die Loslösungsphase der heranwachsenden Kinder. Die jungen Menschen müssen lernen, für sich selbst Verantwortung zu übernehmen. Dazu muss ihnen Verantwortung gegeben werden. Vonseiten der Eltern erfordert das Gottvertrauen. Vonseiten der Kinder handelt es sich um einen aktiven Prozess, der mit gegenseitigem Verständnis positiv bewältigt werden kann (siehe Buch *Kinder brauchen Führung*).

Was hindert uns eigentlich daran, einen Menschen loszulassen? Wir glauben, dass Angst in vielen Fällen das Motiv ist: Verlustangst, Angst allein zu sein, Angst, die Lebenssituation nicht bewältigen zu können, Angst vor finanziellen Einschränkungen, Angst, dass dem anderen (Kind) etwas zustößt, Angst, eine bestimmte Stellung in der Gesellschaft zu verlieren, Angst, ausgeschlossen zu werden.

Wahrscheinlich spielt manchmal auch Geltungssucht eine Rolle: das Gefühl, nicht mehr gebraucht zu werden, nichts mehr regeln zu können, seinen Einfluss nicht mehr geltend machen zu können, dass uns ein anderer Mensch vorgezogen wird, dass an unserem Charakter gezweifelt wird oder dass wir durch unseren Entschluss ins Gerede kommen.

Was bewirkt Festhalten? Zwänge, Konflikte, Enge, gegenseitige Behinderung, unangenehme Gefühle und Gedanken und schließlich gesundheitliche Störungen sind die Folge. Die Freiheit, die wir anderen nicht zugestehen, können wir selbst nicht genießen.

| **erkennen** | **entscheiden** | **durchführen** |
|---|---|---|
| Erkennen, was das Loslassen von Menschen verhindert | Die beste Lösung für alle suchen | innerlich loslassen und anderen Freiheit geben |

## Loslassen bei einem Todesfall

Der Verlust eines geliebten Menschen durch den Tod ist besonders schmerzlich. Jeder Mensch erlebt diese Situation auf seine ganz persönliche Weise. Wir empfinden den Tod unserer Eltern als natürlich, auch wenn wir sie sehr vermissen. Wir wissen, dass dieser Tag einmal kommt und sind nicht ganz unvorbereitet. Manche alte Menschen wünschen sich, sterben zu dürfen. Sie werden aber oft von Angehörigen festgehalten. Sie in Dankbarkeit freizugeben ist keine Herzlosigkeit, sondern erleichtert beiden Seiten den Abschied.

Der Tod von Lebenspartnern, Geschwistern, Kindern oder besten Freunden hat eine ungleich schmerzlichere Wirkung auf uns. Neben der Tatsache, dass der geliebte Mensch nicht mehr da ist, dass wir nicht mehr mit ihm sprechen können, dass wir ihm unsere Liebe nicht mehr zeigen können, stellt die Frage nach dem »Warum« eine zusätzliche Belastung dar. Wir finden darauf meist keine Antwort, zumindest nicht zu diesem Zeitpunkt. Oftmals erst Jahre später können wir verstehen, warum der Tod dieses Menschen die beste Lösung war, nicht nur für ihn, sondern auch für uns. Demütig die Entscheidung Gottes anzunehmen und sich nicht mit dem Warum zu quälen, sondern loszulassen, ist der einzige Weg, der uns für Erkenntnisse öffnet und uns unseren Lernprozessen zuführt.

Meist stellen sich auch Schuldgefühle ein. Fast jeder glaubt, etwas nicht getan oder gesagt zu haben, solange der geliebte Mensch noch hier war. Die Liebe kann wohl nie genug tun. Bedenken Sie jedoch, dass wir manchmal daran gehindert werden, etwas zu tun oder zu sagen, oder dass wir auch etwas unterlassen müssen, weil der andere einen bestimmten Lernprozess braucht. Wenn keine schlechte Absicht das Motiv Ihres Verhaltens war, dann sollten Sie Ihre Schuldgefühle getrost loslassen.

Welche Hilfen stehen uns bei diesem ganz besonders schwierigen Prozess des Loslassens zur Verfügung? Es sollte gelingen, nicht »irdisch« zu denken. Die Seele geht ihren Weg, sie entwickelt sich in einer anderen, für sie richtigen Situation und Umgebung weiter. Sie erleidet keinen Schaden dadurch, dass sie diesen Körper verlassen musste. Sie nimmt jedoch alles mit, was sie sich in diesem Leben erworben hat. Dazu durften wir beitragen.

Was uns so besonders schmerzt, ist die Tatsache, dass *wir* nicht mehr mit dieser Seele zusammen sind. Das empfinden wir als Verlust.

Eine große Hilfe ist die Dankbarkeit dafür, dass wir mit diesem Menschen eine gewisse Zeit verbringen durften, dass wir Liebe empfangen und geben konnten. Dankbarkeit ist eine wunderbare Art der Energie, die stets Positives zur Folge hat.

Wir müssen auch nach einem Todesfall den Alltag bewältigen. Das ist gut so, denn Arbeit und Pflichterfüllung sind die besten Möglichkeiten, nicht andauernd zu grübeln. Sie erfordern Konzentration und stellen eine »Atempause« in all den Gedanken und Gefühlen dar, die uns bedrängen. Diese Möglichkeit sollten Trauernde nutzen.

Schließlich fordert auch der Körper seine Rechte. Dem sollten Sie nachgeben, ja sogar ganz besonders darauf achten. Das ist nicht pietätlos, wie manche Menschen glauben. Es gehört zur Trauerarbeit und ist notwendige Gegenwart.

# Hilfe, ich werde gemobbt!

*Auch aus Steinen, die einem in den Weg gelegt werden, kann man etwas Schönes bauen.*
(Johann Wolfgang von Goethe)

Von Mobbing ist so häufig die Rede, dass wir annehmen könnten, das sei eine neue Krankheit. Dieser Gedanke ist gar nicht so weit hergeholt. Tatsächlich werden Mobbingopfer letztendlich krank, wenn sie die Situation nicht rechtzeitig beenden.

Menschen, die von Mobbing betroffen sind, leiden unter dem Arbeitsverhältnis, in dem sie stecken. Sie klagen über die feindseligen Kollegen/innen, über die gesteigerten Anforderungen, über die Unfreundlichkeit des Chefs, der früher ganz anders war. Sie stellen fest, dass sie mehr Fehler machen als sonst und dass sie sich nicht mehr wohlfühlen. Allmählich wird die Situation unerträglich. Erschöpfungszustände stellen sich ein. Am schlimmsten sind die seelischen Verletzungen. Mobbingopfer werden ausgegrenzt, gemieden, verleumdet, verspottet, gemaßregelt und sie fühlen sich ständig unter Beobachtung.

Der Begriff »Mobbing« wurde von dem schwedischen Arbeitspsychologen Heinz Leymann geprägt. Er bezeichnete damit schikanöses Verhalten am Arbeitsplatz. Auf diese Weise wird zwischen Opfern und Tätern unterschieden.

Das äußere Erscheinungsbild bestätigt zunächst diese Ansicht. Offen bleibt dabei jedoch, *warum* Menschen gemobbt werden. Die Betrachtung des Phänomens Mobbing aus der

Sicht der Naturgesetze ergibt interessanterweise ein ganz anderes Bild.

Sollten Sie zu den Betroffenen gehören, wird Sie die Antwort auf folgende Frage vielleicht schockieren: »Ist der Gemobbte tatsächlich das Opfer der Bosheit anderer?«

Die Antwort ist Nein. Mag ja sein, dass unter den Kollegen das eine oder andere Ekel ist. Dieser Mensch muss sein Verhalten selbst verantworten und wird damit kaum glücklich werden.

Wenn der Gemobbte kein Opfer ist, was ist er dann? Er ist ein Schüler in der Schule des Lebens und bekommt durch dieses Mobbing jede nur erdenkliche Chance von Gott und den Naturgesetzen, seine Prüfungen zu erkennen und auch zu bestehen.

Interessant ist, dass sich Menschen, die sich plötzlich als »Täter« zeigen, ganz anders verhielten, bevor der Prozess des Mobbings begonnen hatte. Es scheint, als hätten sie sich verwandelt oder als ließen sie sich von ein oder zwei missgünstigen Menschen mitreißen. Hier sind die Naturgesetze am Werk und erstellen »Schulsituationen«. Mobbing ist ein sehr starkes und wirksames Signal, das zeigt, dass der Betroffene etwas ändern sollte.

Was änderungsbedürftig ist, kann nur in jedem einzelnen Fall individuell geklärt werden. Folgende Möglichkeiten können die Ursache von Mobbing sein:

- Sie sollen eine *Charaktereigenschaft* verbessern, um ein anderes Verhalten an den Tag legen zu können. Denken Sie an das Spiegelbildgesetz, um die Ursache für Ihre Situation herauszufinden. Lassen Sie sich von Freunden oder Personen Ihres Vertrauens Rückmeldungen über Ihre Verhaltensweisen geben. Besprechen Sie konkrete Situationen, in denen Sie sich angegriffen fühlen.

Bedenken Sie, dass ein Arbeitsplatzwechsel nur bedingt eine Lösung darstellt. Jeder Mensch nimmt sich selber mit. Er verhält sich anderswo genauso wie zuvor, es sei denn, er hat erkannt, was er besser machen kann, und nutzt die neue Umgebung, um sein Verhalten zu ändern.

- Sie führen an Ihrem Arbeitsplatz eine längst zur *Routine* gewordene Tätigkeit aus. Dabei können Sie nichts mehr dazulernen. Das bedeutet Stillstand statt berufliche Weiterentwicklung. Wenn Sie nicht innerhalb der Firma eine andere Tätigkeit aufnehmen können, ist ein Firmenwechsel angesagt.
- Sie können *sich nicht mehr mit dem identifizieren*, was von Ihnen verlangt wird. Sie haben sich weiterentwickelt und neue Erkenntnisse gewonnen, die Sie verwirklichen sollen. Wenn das in der gegenwärtigen Situation nicht möglich ist, sollten Sie den Arbeitsplatz und eventuell sogar den Beruf wechseln.
- Sie arbeiten in einer Firma, deren *Produkte oder Angebote nicht dem Wohl der Menschen dienen.* Eine Zeit lang durften Sie dort einiges lernen. Jetzt aber ist ein Wechsel zu einer Arbeit, die den Menschen dient, dringend angesagt. Das ist für Ihre Weiterentwicklung erforderlich. Es ist sicher, dass ein Berufswechsel oder zumindest ein Branchenwechsel ansteht.

Loslassen ist in jedem dieser Fälle notwendig. Lassen Sie sich nicht von der Situation auf dem Arbeitsmarkt blockieren, indem Sie denken, dass es zu schwierig sei, eine neue Arbeitsstelle zu finden. Es wird Ihnen gelingen, wenn Sie vertrauensvoll an die Sache herangehen. Ihr Wunsch nach einer Änderung ist gerechtfertigt (siehe Kapitel »Wie Wünsche Wirklichkeit werden« im zweiten Teil des Buches).

Warten Sie nicht, bis Sie so viel Energie verloren haben, dass Sie krank werden. Reagieren Sie schon bei den ersten Anzeichen einer Veränderung in Ihrem Wohlbefinden. Wertvolle Freundschaften, gute Ernährung, ausreichend Entspannung und der Verzicht auf Suchtmittel und Medikamente sind eine große Hilfe, um rechtzeitig eine Änderung herbeizuführen. Sie brauchen nicht nur den Gedankenaustausch mit Freunden, sondern auch ein unbelastetes Gehirn, damit die Intuition Sie leiten kann.

Sollten Sie schon mitten in einer Mobbingsituation stecken, so kann Ihnen ein Therapeut, der sich mit den Naturgesetzen auskennt, helfen.

Oftmals wird die Frage gestellt, warum Mobbing heutzutage so häufig vorkommt. Das liegt wohl daran, dass die persönliche Weiterentwicklung jedes Einzelnen einen so hohen Stellenwert hat. Gott und die Naturgesetze sind jetzt intensiver daran interessiert, denn die seelische Weiterentwicklung der Menschen ist Voraussetzung für positive Veränderungen in der Welt. »Studien zeigen, dass das Mobbingrisiko in einigen Branchen besonders hoch ist: im Gesundheits- und Sozialwesen, im Bereich Erziehung und Unterricht«, berichtet die Zeitschrift *Lebens(t)räume* in der Ausgabe vom Mai 2005. Auf diesen Gebieten sollten nur Menschen tätig sein, die bereit sind, sich selbst zu verbessern, und die ihre Arbeit als Berufung sehen.

| erkennen | entscheiden | durchführen |
| --- | --- | --- |
| Mobbingsituation rechzeitig wahrnehmen | sich für eine Veränderung der Ursache entscheiden | mit Zuversicht eine neue Arbeitssituation anstreben |

# Spieglein, Spieglein ... hast du mir etwas zu sagen?

*Was mich betroffen macht, betrifft mich.*
(Sprichwort)

Der Begegnung mit Menschen können wir nicht entgehen. Das größte und interessanteste »Übungsfeld« in Bezug auf das Loslassen ist unser Umfeld, denn hier ist das Gesetz des Spiegelbilds am Werk. Manche Menschen sind für uns die reinsten Prüfsteine.

In Ihrem Umfeld gibt es gewiss Menschen, an denen Sie etwas stört, beispielsweise wie sie sich verhalten, was sie tun, was sie reden, wie sie sprechen, wie sie aussehen, welche Ansichten sie haben, wie sie sich benehmen, wie sie Ihnen begegnen und dergleichen mehr.

Kurz und gut: mit solchen Menschen zusammenzutreffen, ist jedes Mal eine Prüfung. Wir stehen ihnen oft kritisch gegenüber, ärgern uns oder sind sogar verletzt.

Das könnten wir mühelos vermeiden, wenn wir in einer solchen Situation sagen würden: »Da bist du ja wieder, lieber Spiegel. Was soll ich denn loslassen?« Wie viele ungute Gedanken und Gefühle könnten wir uns damit ersparen! Wie rasch könnten wir lernen, wenn wir das Spiegelbildgesetz immer anerkennen wollten.

Um Spiegelbilder zu erkennen, müssen wir das Wesen dieses Gesetzes erfasst haben. Drei Arten von Spiegelbildern bieten uns ihre Hilfe an.

→ Wir erleben an anderen Menschen genau das, was wir selbst auch tun.

Das sind Spiegelbilder, die uns eine Schwäche zeigen, indem diese uns in überspitzer Form vor Augen gestellt wird. Sie wird uns durch eine Person sozusagen vorgespielt. Wir erleben an jemand anderem genau jenes Verhalten, das wir selbst an den Tag legen. Nur ist es uns nicht bewusst. Durch das Spiegelbild haben wir die Möglichkeit, uns selbst zu erkennen und zu verbessern.

Dazu ein Erlebnis einer uns bekannten Frau: Wir nennen sie hier Petra. Sie wollte ihrer Freundin eine besondere Freude machen und sie damit überraschen. Zu einer umfangreichen Seminararbeit stellten bestimmte Landkarten eine wichtige Ergänzung dar. Petra besorgte sich nicht ohne Mühe die entsprechenden Unterlagen, um sie als Folien ausdrucken zu lassen.

Im Copyshop war vor ihr ein Mann an der Reihe, der eine Menge Zeitungsausschnitte ausgebreitet hatte, die sich alle um das politische Tagesgeschehen drehten. Petras Unterlagen zeigten historische Landkarten. Der Mann begann ein Gespräch mit Petra. Er fragte sie aus, wozu sie diese Folien benötige, was denn ihre Freundin studiert hätte, was sie selber sei, und gab dabei lückenhaftes Wissen über Fakultäten und Geschichte preis. Er wirkte aufgeblasen und geltungssüchtig. Seine Besserwisserei wollte kein Ende finden. Petra ärgerte sich über ihn.

Als sie schließlich ihrer Freundin die Folien brachte, stellte sich heraus, dass diese längst mit genau den gleichen wichtigen Unterlagen versorgt war. Da begriff Petra, dass sie sich mit ihrer Überraschungsaktion selbst zur Geltung bringen wollte. Der aufdringliche Mann im Copyshop war ihr Spiegelbild gewesen.

→ Das Spiegelbild zeigt das Gegenteil.
Die andere Form des Spiegelbilds ist weniger leicht zu erkennen. Es zeigt uns ein gegenteiliges Verhalten. Wir haben nämlich auch Eigenschaften, die vordergründig positiv erscheinen, in Wirklichkeit aber eine Schwäche darstellen, weil sie übertrieben sind. Hier ein Beispiel: Kennen Sie den wenig gebräuchlichen Begriff »Langmut«? Langmütig sind Menschen, die unendliche Geduld haben. Sie scheinen alles verkraften zu können, auch Situationen, in denen anderen lange schon der Kragen geplatzt wäre. Schließlich ist der Bogen so überspannt, dass ein Donnerwetter losbricht – leider meist zum falschen Zeitpunkt. Einem langmütigen Menschen fällt jemand, der ein gesundes Maß an Geduld hat, nicht unangenehm auf. Er findet so jemanden nett. Also ist derjenige für ihn kein Spiegel, der ihn auf seine Schwäche aufmerksam machen könnte. Deshalb müssen ihm ungeduldige Menschen gegenübergestellt werden. Die Ungeduld anderer stört ihn. Das sollte ihn veranlassen, einmal nachzudenken, ob sich das Maß seiner Geduld in normalen Grenzen hält oder nicht.
Besonders auffällig sind gegenteilige Spiegelbilder in Partnerbeziehungen und Eltern-Kind-Beziehungen. Eine putzwütige Frau kann einen schlampigen Mann haben, der mit schmutzigen Schuhen über den Teppich trampelt oder eine Tochter, die ihr Zimmer als Abstellkammer betrachtet.

→ Die dritte Art des Spiegelbilds hat symbolischen Charakter. Es wirkt im übertragenen Sinn. Eine Patientin, die unter Tinnitus litt, sagte: »Mein Chef ist grundsätzlich dann nicht zu sprechen, wenn ich ihn am dringendsten brauche. Mit meinem Mann geht es mir ebenso. Wenn ich ihm etwas sagen will, ist er beschäftigt und hört nicht zu. Ich bemühe mich aber immer, für jeden ein offenes Ohr zu haben.« Sie fand es ungerecht, dass ihr nicht zugehört wurde. Aber: »Was mich stört, zu mir gehört«, sagt das Sprichwort. Um herauszufinden, was dieses Spiegelbild zu bedeuten hatte, musste sie den Sachverhalt in Worte kleiden. Das ist die beste Möglichkeit, die symbolische Bedeutung eines Ereignisses herauszufinden. Sie beschrieb, wie sich ihr Tinnitus bemerkbar machte, und stellte fest, dass das Geräusch in ihrem Ohr klang, als ob jemand andauernd an ihrer Tür läuten würde. Dieser Ton war in Ruhephasen am unangenehmsten. So fand sie rasch heraus, dass sie nicht genügend auf ihre innere Stimme achtete. Sie hörte zwar den Menschen zu, aber nicht Gott und den Naturgesetzen. Deshalb wurde auch sie nicht gehört. Die Patientin bemühte sich nun besonders um die Verbesserung ihrer Konzentrationsfähigkeit und gewöhnte sich an, bei allen Entscheidungen bewusst auf ihre Intuition zu achten. Obwohl sie einen Tagesplan hatte, lernte sie, nach Beendigung einer Arbeit kurz innezuhalten und zu fragen, was sie als Nächstes tun solle. Das ist eine gute Übung, der Intuition gegenüber dem Verstand den Vorzug zu geben. Es ist eine demütige Haltung, die das kleine, aufdringliche Ego nicht in den Vordergrund stellt. Nach einiger Zeit verschwand das Geräusch aus ihren Ohren.

Diese Art von Spiegelbildern ist die interessanteste. Es macht Freude, die Symbolsprache der Naturgesetze verstehen zu lernen.

Spiegelbilder sind eine großartige Hilfe für unsere Weiterentwicklung. Es soll aber nicht der Eindruck entstehen, dass sie ausschließlich unsere Schwächen aufzeigen. Unsere Stärken werden ebenso gespiegelt. Das fällt uns meist nicht auf. Wenn Sie bewusst darauf achten, werden Sie auch solche Spiegelbilder erkennen.

## ÜBUNG 16: Spiegelbilder erkennen

Schließen Sie Freundschaft mit Ihren Spiegelbildern, indem Sie nachdenken und kurz aufschreiben,

- welche Situationen oder Begegnungen Sie an diesem Tag gestört haben
- ob Ihnen eine Ihrer Schwächen direkt oder als Gegenteil gespiegelt wurde
- oder ob eines der Spiegelbilder Symbolcharakter hat. Dann sollten Sie auf einem anderen Gebiet Ausschau halten. Herauszufinden, was ein Spiegelbild symbolisch bedeutet, schult Ihr intuitives Vermögen.

| **erkennen** | **entscheiden** | **durchführen** |
|---|---|---|
| Anerkennen des Spiegelbildgesetzes | Was mich stört, zu mir gehört | loslassen, was mir mein Spiegel zeigt |

# Auf die Probe gestellt

*Wenn man auf ein Spielfeld geht,*
*wählt man zugleich auch die Spielregeln.*
(Kalenderspruch)

Das Spiel, in dem wir eine Rolle spielen, ist das Spiel des Lebens. Daher sind die Lebensgesetze die Spielregeln.

Je mehr Spieler sich an die Spielregeln halten und je verständnisvoller diese Regeln gehandhabt werden, desto besser gelingt das Spiel. Ihre Rolle in diesem Spiel ist wichtig. Sie können ein guter Darsteller sein, der seinen Part mit Freude spielt. Mitfließen mit den Regeln bringt Harmonie in Ihr Umfeld.

Bei jedem Spiel müssen wir üben, um es beherrschen zu lernen. Wir durchlaufen dabei viele Proben, um unseren Standort zu finden. Wir dürfen ausprobieren und Fehler machen. Der springende Punkt ist in jedem Fall unsere Bereitschaft, zu lernen. Lernen, das bedeutet: erkennen, annehmen und loslassen.

Wenn Sie Versuchungen widerstehen, beweisen Sie, dass Sie Ihren Part gelernt haben. Das ist jedes Mal ein schönes Gefühl. Sie sind ein Fels in der Brandung. Aber warum werden Sie immer wieder auf die Probe gestellt, auch in Situationen, die Sie schon als erledigt betrachtet haben? Das dient dazu, Ihre Selbstsicherheit zu stärken. Sie sollen sich auf sich selbst verlassen können. Sie sind der einzige Mensch, von dem Sie das verlangen dürfen.

Wir sollten Verlässlichkeit nicht als selbstverständlich hinnehmen. Es ist schön, wenn es für Sie einen Menschen gibt, der verlässlich ist. Das ist ein Geschenk. Aber es zu erwarten oder gar zu verlangen, hieße, einem anderen Menschen eine Last aufzubürden.

Auf die Probe gestellt zu werden, ist das Vorrecht derjenigen Menschen, die sich weiterentwickeln wollen. Nur so können wir lernen, unseren Platz im großen, universellen Plan auszufüllen, also Erfüllung zu finden.

| erkennen | entscheiden | durchführen |
|---|---|---|
| Prüfungen erkennen | Prüfungen bestehen wollen | ein Fels in der Brandung werden |

## »Egolosigkeit« erreichen

*Je freier man wird, desto mehr fügt man sich der Sitte.*
(Wilhelm Raabe)

Das Wort »Egolosigkeit« ist wenig bekannt. An seiner Stelle wird meist das Wort »Selbstlosigkeit« gebraucht. Das »Selbst« steht für die Seele. Unser Selbst sollen wir nicht loslassen. Wir sollten jedoch unser Ego, dieses vorwitzige, egoistische »Ich-Ich«, das vorwiegend vom Verstand regiert wird, loslassen.

Wenn wir hier von Egolosigkeit sprechen, meinen wir, dass unser Denken und Handeln das Wohl anderer Menschen zum Ziel haben sollte. Damit ist nicht Aufopferung gemeint, denn diese beruht auf egoistischen Motiven.

*Das Ego loszulassen, stellt die hohe Schule des Loslassens dar.* Es bedeutet, immer zu überprüfen, welche Auswirkungen das, was wir sagen oder entscheiden, auf andere hat.

Nicht die weitreichenden Entscheidungen sind dabei die schwierigsten Klippen, sondern die vielen Kleinigkeiten im Alltag. Wie oft glauben wir uns im Recht, kritisieren, geben Ratschläge, um die nicht gebeten wurde, versuchen zu manipulieren, entscheiden für andere, üben Druck aus oder mischen uns ein.

Das tun wir gar nicht aus bösem Willen, sondern weil wir glauben, anderen damit zu helfen.

Wir vergessen dabei, dass jeder Mensch seine persönliche Lebensschule hat. Wir wissen nicht, welche Prüfung er gerade jetzt bestehen muss.

Nicht selten spielen Besserwisserei und Egoismus bei unseren Handlungen eine Rolle. Auch das geschieht nicht aus Böswilligkeit. Es ist uns einfach nicht immer bewusst, aus welchen Motiven heraus wir handeln. Unser Ego hindert uns daran, die Situation anderer zu erfassen und deren Standpunkt einzunehmen.

Auch Sorge um liebe Menschen verleitet uns dazu, nur *unsere* Sicht der Dinge gelten zu lassen.

Wir können zwar nicht erwarten, Egolosigkeit von heute auf morgen zu erreichen. Aber alle Menschen, die sich um das Loslassen bemühen, sind bereits auf dem Weg zu diesem hohen Ziel.

Antworten auf einige Fragen mögen Sie diesem Ziel ein Stück näher bringen.

## ÜBUNG 17: Auf dem Weg zu mehr Egolosigkeit

Wie lauten Ihre Antworten?

- Nehme ich mir oft Zeit, die Situation anderer Menschen zu bedenken?
- Stelle ich mir die Frage, wie sich meine Handlungsweise auf andere auswirkt?
- Entscheide ich manchmal ohne Rücksprache mit einer betroffenen Person, weil ich glaube, das Richtige zu tun?
- Komme ich aus dem Gleichgewicht, wenn ein mir nahestehender Mensch anders handelt, als ich es erwarte?
- Bestehe ich Prüfungen, die vor allem meine Flexibilität betreffen?

Egolosigkeit macht Vertrauen und Wertschätzung möglich. Immer wenn es uns gelingt, unser Ego zurückzustellen, zeigen wir Wertschätzung für andere Menschen. So wird die Welt um ein Stückchen Liebe unter den Menschen reicher.

| erkennen | entscheiden | durchführen |
| --- | --- | --- |
| die Situation anderer wahrnehmen | rücksichtsvoll entscheiden | Ego loslassen |

| erkennen | entscheiden | durchführen |
|---|---|---|
| Handlungsmotive erkennen | | den richtigen Zeitpunkt wählen |
| Fremdsteuerung ausfindig machen | Verantwortung übernehmen | Verhaltensmuster erkennen und loslassen |
| innere und äußere Unordnung erkennen | Ordnung herstellen wollen | die Ursache der Unordnung finden |
| feststellen, wie sich der Lebensrhythmus auswirkt | sich für den besten Lebensrhythmus entscheiden | langsam umstellen, Erfahrungen registrieren |
| Vorurteile erkennen | Meinungen überprüfen | loslassen durch Offenheit und Neutralität |
| Bequemlichkeit und Verschieben blockieren | Motive bearbeiten (z. B. Mutlosigkeit) | nichts hinausschieben, Entscheidungen treffen |
| Gewohnheiten ehrlich hinterfragen | Blockaden, die durch schlechte Gewohnheiten entstehen, lösen wollen | schlechte Gewohnheiten durch gute ersetzen |
| Die Ursache einer Sucht ausfindig machen | Hilfe in Anspruch nehmen | Selbstvertrauen und Willen stärken |
| Belastungen durch Besitztümer feststellen | eine Auswahl treffen | Unnötiges loslassen und weggeben |
| destruktive Gedanken feststellen | Energie in positive Gedanken investieren | Gedankenhygiene betreiben durch Konzentration |
| sich Emotionen eingestehen | Gefühlen Aufmerksamkeit schenken | Loslassen durch Erkennen der Ursache |

| erkennen | entscheiden | durchführen |
| --- | --- | --- |
| Ursachen der Ängste ausfindig machen | Konzentration, Wunsch und Ehrlichkeit einsetzen | Gott und dem Leben vertrauen, Mutprobleme lösen |
| Erkennen, was das Loslassen von Menschen verhindert | die beste Lösung für alle suchen | innerlich loslassen und anderen Freiheit geben |
| Mobbingsituation rechtzeitig wahrnehmen | sich für eine Änderung der Ursache entscheiden | mit Zuversicht eine neue Arbeitssituation anstreben |
| Anerkennen des Spiegelbildgesetzes | Was mich stört, zu mir gehört | loslassen, was mir mein Spiegel zeigt |
| Prüfungen erkennen | Prüfungen bestehen wollen | ein Fels in der Brandung werden |
| die Situation anderer wahrnehmen | rücksichtsvoll entscheiden | Ego loslassen |

# IV. GESUND WERDEN, GESUND BLEIBEN, KRANKHEITEN ÜBERWINDEN

# Grundsätzliche Gedanken

Loslassen können ist wahrscheinlich die nutzbringendste Fähigkeit, die sich ein Mensch erwerben kann. Im vorangegangenen Teil des Buches haben wir viele Lebensbereiche angesprochen und versucht, eine umfassende Sicht der Möglichkeiten und Vorteile des Loslassens darzustellen. Dabei haben wir bereits erwähnt, dass Loslassen ein zielführender Weg ist, um Krankheiten dauerhaft zu überwinden.

Der Bereich Gesundheit ist für jeden Menschen eine zentrale Frage. Gesund sein bedeutet Lebensqualität zu haben, leistungsfähig zu sein und die Möglichkeit, das Leben zu genießen.

Arbeit und Freizeit sollten uns gleichermaßen Freude und Erfüllung bringen. Auch in der Wirtschaft wurde festgestellt, dass die Gesundheit der Mitarbeiter einer Firma die wichtigste Ressource für einen Betrieb darstellt.

Eine Krankheit überwinden, wieder gesund werden, das ist der größte Wunsch kranker Menschen. Loslassen ist der Weg aus der Krankheit und bietet die Möglichkeit, sich dauerhafte Gesundheit zu erwerben.

Deshalb widmen wir diesem Thema ein eigenes Kapitel und wollen versuchen, eingehend darzulegen, wie Sie das bisher erworbene Wissen über die Lebensgesetze im Falle von Krankheiten anwenden, aber auch, wie Sie Krankheiten vermeiden können.

# Ihre persönliche Einstellung zu Krankheiten

Der Standpunkt, den Sie in Bezug auf Krankheiten einnehmen, ist ausschlaggebend dafür, wie Sie sich im Fall einer Erkrankung verhalten. Die Entscheidungen, die Sie treffen, führen Sie entweder zu Gesundheit, also zu einer tatsächlichen Lösung des Problems, oder zu einer Symptomverschiebung oder einer chronischen Krankheit. Im Verlauf der Lektüre dieses Buchabschnitts werden Sie erkennen können, wie es möglich ist, Krankheiten zu überwinden und dauerhafte Gesundheit zu erlangen, und warum Ihre Entscheidung ausschlaggebend ist.

In diesem Zusammenhang begegnen uns unterschiedliche Haltungen und Aussagen. Sie reichen von permanenter Angst vor Krankheiten bis zum völligen Ignorieren dieser Möglichkeit. Die Erfahrungen, die Menschen gemacht haben, sind von entscheidender Bedeutung für ihre Einstellung zum Thema »Krankheit«. Ihre Erlebnisse haben sie geprägt und möglicherweise Ängste hinterlassen.

Auch Fremderfahrungen gehen nicht spurlos vorüber, besonders dann, wenn geliebte Menschen betroffen sind oder waren.

Von Kindheit an sind wir gewohnt, dass Krankheiten als etwas betrachtet werden, das zufällig entsteht, mit Medikamenten bekämpft und wieder vertrieben werden muss. Andere Möglichkeiten waren und sind wenig bekannt oder werden nicht als zielführend angesehen. Sie wurden uns daher auch nicht vermittelt. Noch immer gilt die Anwendung von Medikamenten als die schnellste und bequemste Methode, eine Krankheit loszuwerden. Dabei übersehen die Beteiligten jedoch, dass die Krankheit oder Störung nur scheinbar verschwindet. Sie muss zwangsläufig in einer anderen Gestalt wiederkommen, denn die Ursache der Krankheit wurde nicht beseitigt. Warum entzieht sich dieser offensichtliche Zusammenhang zwischen der ersten und der nächsten Erkrankung der Beobachtung und der Erkenntnis? Weil die Kenntnisse über die seelischen Ursachen und deren Auswirkungen auf den Körper fehlen. Eine bestimmte seelische Schwäche kann in unterschiedlichen Krankheiten zum Ausdruck kommen. So kann sich der Mangel an Mut beispielsweise in Magenerkrankungen oder in Problemen mit der Wirbelsäule manifestieren.

Um daraus den Schluss zu ziehen, dass die *Ursache* beider Krankheiten in derselben Schwäche zu suchen ist, müssen wir die Naturgesetze und deren Arbeitsweise kennen. Heute suchen bereits viele von Krankheit betroffene Menschen nach Alternativen zu herkömmlichen medizinischen Maßnahmen. Das ist gut so. Wie aber können wir herausfinden, welche der zahllosen Therapieformen und Heilverfahren wirklich sinnvoll sind? Zwei einfache Fragen können hier helfen und uns die Orientierung erleichtern:

1. Bei welcher Methode wird die Frage nach der Ursache gestellt?
2. Kennt der Therapeut die naturgesetzlichen Zusammenhänge, um die Ursache feststellen und entsprechende Anleitungen geben zu können?

Wir wollen Sie nicht in eine bestimmte Richtung drängen. Wir schlagen nur vor, dass Sie Ihre Einstellung prüfen und herausfinden, ob Sie Ihren Standpunkt beibehalten oder ändern wollen. Wir hoffen, dass wir vielen unserer Leserinnen und Leser Mut machen können, im Falle einer Krankheit mit Zuversicht Eigenverantwortung zu übernehmen und das Übel bei der Wurzel zu packen. Das bedeutet, die wahre Krankheitsursache herausfinden und loslassen zu wollen.

In den folgenden Abschnitten werden wir wiederholt auf bereits Gesagtes Bezug nehmen müssen.

# Unser Körper – Spiegel der Seele

Es ist für Sie gewiss nichts Neues, dass der Körper den Zustand der Seele widerspiegelt und nicht umgekehrt. Es handelt sich dabei um eine zentrale Erkenntnis, die es Ihnen ermöglicht, sich Ihres Wertes als Seele bewusst zu sein und sich nicht mit Ihrem Körper zu identifizieren. Das bedeutet jedoch nicht, dass Sie Ihren Körper gering achten sollen – im Gegenteil: Sie sollten Ihren Körper als den größten Schatz auf dieser Erde betrachten, durch den Sie alles über sich selbst, nämlich die Seele, die Sie sind, erfahren können. Er ist der unmittelbare Ratgeber in allen Lebenssituationen. Es kommt aber darauf an, dass wir lernen, ihn zu verstehen und auf seine Botschaften zu reagieren.

Wie vielfältig und aussagekräftig die Mitteilungen unseres Körpers sind, zeigt sich darin, dass es einerseits Sofortreaktionen, sozusagen Momentaufnahmen einer Verhaltensweise gibt, andererseits aber Veränderungen, die allmählich gravierender werden und auf eine Krankheit hindeuten.

Wir wollen hier nicht auf jene Ausdrucksmöglichkeiten durch die Körpersprache eingehen, die zwischenmenschliche Signale ausstrahlen oder auf solche reagieren. Viele davon sind Allgemeingut und regeln das Miteinander von Menschen. Darüber hinaus zeigen wir Gefühle und bringen Gedanken durch den Körper zum Ausdruck, etwa durch Mimik und Gestik, die unser Gegenüber wahrnehmen kann. Wir ermöglichen anderen Menschen dadurch einen Blick auf unsere Persönlichkeit.

Im Zusammenhang mit Krankheiten sind andere Phänomene von Interesse. Manchmal wollen uns die Naturgesetze unmittelbar durch unseren Körper auf unser Verhalten aufmerksam machen. Sie benutzen unseren Körper als Spiegel. Hierzu stellen wir folgende Beobachtungen an uns selbst und in unserem Bekanntenkreis vor:

→ Beim Lesen eines Buchs, das viele Unwahrheiten enthält, verschwimmen uns plötzlich die Buchstaben vor den Augen oder die Augen brennen oder tränen. Mit dem Lesen eines solchen Textes verschwenden wir Zeit.

→ Jemand ist im Begriff, Kritik zu äußern, und bekommt einen Hustenanfall, obwohl er nicht krank ist. Das Wort bleibt ihm sozusagen im Hals stecken. Er hat das Gefühl, zu ersticken.

→ Jemand versucht, sich in die Angelegenheit anderer einzumischen. Seine Nase beginnt zu rinnen, als ob er einen Schnupfen bekäme. Er will ja gerade seine Nase in etwas stecken, was ihn nichts angeht.

→ Eine Frau erzählte uns folgende Geschichte: Sie hatte einen Gärtner bestellt, der den Rasen mähen und die Blumenbeete in Ordnung bringen sollte. Nur ein Beet am Teich wollte sie selbst jäten, denn die Blumen dort hatten erst zu sprießen begonnen und die jungen Pflänzchen waren vom Unkraut kaum zu unterscheiden. Sie machte sich an die Arbeit. Nach wenigen Minuten bekam sie arge Schmerzen im rechten Zeigefinger. Hatte sie sich verletzt? Nein, da war nichts zu sehen. Die Schmerzen waren so stark, dass sie aufhören musste zu arbeiten. Was hatten die Schmerzen zu bedeuten? Bald kam sie dahinter: Es war Besserwisserei zu glauben, dass nur sie die Pflanzen unterscheiden könne. Außerdem war es unnötiger Energieaufwand, den Gärtner zu bezahlen und selbst zu arbeiten. Loslassen war angesagt. Sie sah ihren Fehler ein und noch ehe der Gärtner kam, waren die Schmerzen verschwunden.

→ Ein weiteres persönliches Ereignis zeigt ebenfalls, dass wir durch den Körper Mitteilungen erhalten. Wir befanden uns auf einer Vortragsreise. Das bedeutet, dass die Begleitperson der Vortragenden sich um die Organisation vor Ort kümmert, Kasse und Buchverkauf übernimmt. Dabei ist es nicht zu vermeiden, dass Geräte und Taschen getragen werden müssen. Auch die Bücherkoffer müssen transportiert werden. Nicht immer ist gleich Hilfe zur Stelle. Eine Vortragsreise zu begleiten, ist körperlich anstrengend. Hedwig Hajdu hatte sich als Begleitperson zur Verfügung gestellt. Sie berichtet: »Ich fühlte mich vollkommen fit. Ich hatte allerdings nicht ›nach oben‹ gefragt, ob diese Fahrt für mich gut sei. Als ich am zweiten Tag aufwachte, hatte ich starke Scherzen in meiner rechten Schulter. Ich konnte den Arm nicht heben. Wenn Sie schon einmal eine Nervenentzündung hatten, dann wissen Sie, wie schwierig und schmerzhaft es ist, sich damit anzuziehen. Nun kam es darauf an herauszufinden, was mir die Schmerzen sagen sollten. Es hat keinen Sinn, nach äußeren Anlässen zu suchen, das war mir bewusst. Mein Tagebuch konnte ich nicht zu Hilfe nehmen, denn ich konnte nicht einmal einen Kugelschreiber halten. Wir besprachen die Situation und baten um die richtige Intuition. Es war bald klar, dass ich selbstherrlich gehandelt hatte oder sagen wir besser: geltungssüchtig. Schließlich war ich die Älteste im Team. Ich versprach, keine Vortragsreise mehr zu begleiten und schonender mit meinen Kräften umzugehen, denn ich war zu diesem Zeitpunkt bereits 70 Jahre alt. Wir organisierten uns im Bekanntenkreis tatkräftige Hilfe für den Vortrag am Abend. Dann kam eine andere Mitarbeiterin. Schon während des Tages ließen meine Schmerzen nach und am nächsten Morgen waren sie verschwunden. Nun hätte ich ja wieder arbeiten können, aber dann hätte ich alles missverstanden.

Das Tröstliche an diesem Erlebnis ist für mich die Erfahrung, dass ich sicher sein kann, wieder gesund zu werden, wenn ich die Ursache erkenne und entsprechend darauf reagiere, auch wenn das manchmal mehr Zeit in Anspruch nimmt als in diesem Fall. Ich brauche keine Angst zu haben. Überdies: Haben Sie schon einmal gehört, dass Nervenschmerzen so schnell und ohne irgendeine Anwendung verschwinden?

Erkennen wir das Signal, verschwinden die Erscheinungen auf der körperlichen Ebene. Sie werden dann nicht mehr als Spiegel oder Hinweis benötigt. Allerdings kehren die Erscheinungen bei gleichem Verhalten wieder. Dadurch haben wir die Chance, den Zusammenhang zwischen Auswirkung und Ursache zu erkennen, den wir vielleicht beim ersten Mal nicht wahrgenommen haben.

Was geschieht mit dem »Spiegel«, wenn wir, nämlich die Seele, eine Schwäche fortbestehen lassen, anstatt sie loszulassen? Wir verhalten uns in bestimmten Situationen immer auf die gleiche Weise. Unser Körper bringt dieses Verhalten zum Ausdruck, sooft es auftritt. Daraus entsteht ein bestimmtes Erscheinungsbild eines Menschen, das sehr aussagekräftig ist. Besonders klar lässt sich dieser Vorgang bei Menschen beobachten, die Mutprobleme in einem oder mehreren Bereichen haben. Sobald ein mutloser Mensch in eine bestimmte

Situation kommt, die Mut erfordert, der jedoch fehlt, drückt der Körper durch Haltung, Stimme und Bewegungen seine Mutlosigkeit aus. Schließlich wird daraus ein dauerndes Erscheinungsbild, das diesen Menschen kennzeichnet und auch die Selbstwahrnehmung beeinflusst. Wenn nun diese Person das Bild akzeptiert, das ihr der Körper zeigt, so akzeptiert sie zugleich auch ihre Schwäche. Es kann der falsche Eindruck entstehen, dass der Körper die Seele beeinflusst. Wer so denkt, wird nur schwer die Botschaft erkennen, die ihm sein Körper übermitteln will. Dieser Mensch stellt nicht die Frage nach der Ursache für sein Erscheinungsbild und kommt deshalb auch nicht dahinter, welche Schwäche er bearbeiten und schließlich loslassen soll.

Nun zeigt die Erfahrung aber, dass es durchaus sinnvoll ist, an seinem »Spiegel« etwas zu verbessern. Warum? Wir erläutern diesen Umstand wieder an Mutproblemen: Wer sich dazu entschließt, in einer Situation, in der es ihm für gewöhnlich an Mut fehlt, seine Schultern zu straffen, den Kopf zu heben, Blickkontakt zu suchen, laut und verständlich zu sprechen, der hat bereits erkannt, dass er mehr Mut an den Tag legen muss, um Ängste zu überwinden. Er hat die Botschaft seines Körpers verstanden.

Es ist jedoch die Seele, die bereits an der Verbesserung der Mutprobleme arbeitet und die Angst loslassen will. Der Wunsch und der Versuch, das Erscheinungsbild zu verändern, sind ein erster Schritt. Das geänderte Verhalten wird von unserem Gegenüber sofort wahrgenommen und wir erleben eine andere Reaktion, als wir für gewöhnlich erwarten durften.

Dieses Erfolgserlebnis hilft uns, bei der nächsten Gelegenheit ebenfalls mehr Mut zu zeigen und die Angst zu überwinden. Je stärker Sie sich dessen bewusst sind, dass die Seele das

Sagen hat, desto größer ist Ihr Erfolg. Probieren Sie es aus und erleben Sie, was Sie damit bewirken können.

Jedes Verhalten wird sofort auf den Körper übertragen und kann so von uns selbst und anderen wahrgenommen werden. Das gilt auch für alles, was wir richtig machen. Nur fällt es uns schwerer, diese positiven Signale zu beobachten, weil sie uns nicht stören und weil wir manches für selbstverständlich nehmen. Wir sollten sie jedoch beachten, denn sie zeigen uns, dass wir auf dem richtigen Weg sind, uns weiterzuentwickeln, was mit der Verbesserung unserer Gesundheit gleichzusetzen ist. Richtiges Verhalten wird häufig mit angenehmen Gefühlen oder mit Erkenntnissen belohnt, auf alle Fälle aber mit Energiegewinn.

Alle Eigenschaften, alle Talente und auch die Intelligenz einer Seele finden Ausdruck durch den Körper, der ihr zur Verfügung steht, um in Erscheinung treten zu können. Diesen Spiegel und seine ständigen Veränderungen zu beachten, ist eine Hilfe zur Selbsterkenntnis. Unser Körper signalisiert uns die jeweilige Situation sehr genau durch sein Befinden. Wir erfahren durch ihn, ob wir auf dem richtigen Weg sind, er sagt uns aber auch, ob wir im Begriff sind, auf eine Krankheit zuzutreiben.

# Ein Vorwarnsystem

»Die Krankheit kommt zu Pferd geritten und schleicht davon mit Schneckenschritten«, sagt ein Sprichwort, das wohl aus einer Zeit stammt, als das Pferd noch das Maß der schnellen Fortbewegung war.

Hat das Sprichwort recht? Es gibt den Eindruck wider, den viele Menschen haben, wenn sie krank werden. Scheinbar plötzlich, ganz unvorhergesehen, treten gravierende Beschwerden auf. Der Arzt stellt die Erkrankung eines Organs fest. Die Diagnose lautet dann etwa: Migräne, Lungenentzündung, Entzündung der Magenschleimhaut, Zwölffingerdarmgeschwüre, Unterfunktion der Leber, Gallensteine, Blasenentzündung, entzündliche Prozesse im Bewegungsapparat, Pilzerkrankungen usw. Sogar bei den schwersten Krankheiten wie Rheuma, Diabetes, Hepatitis, Tumorbildung, Krebs oder Multiple Sklerose haben manche Menschen den Eindruck, dass sie von der Krankheit überrascht wurden. Zwar haben sie immer stärker werdende Beschwerden wahrgenommen, dass die Angelegenheit aber so ernst ist, wollten sie nicht wahrhaben. Dahinter steckt wahrscheinlich die Angst, mit dieser Situation nicht fertig zu werden, oder die Menschen glauben, dass die Beschwerden mit Medikamenten schnell wieder beseitigt werden können. Aber Krankheiten erscheinen nicht »unangemeldet«. Es gehen immer Warnungen in Form von Beschwerden voraus, die sich allmählich steigern.

Wenn unsere Weiterentwicklung stagniert, bekommen wir Hinweise darauf. Das geschieht einerseits durch Ereignisse in unserer Tagesschule, wie wir das in den vorangegangenen Kapiteln dieses Buches geschildert haben, andererseits durch Veränderungen in unserem Wohlbefinden. Alle unsere Entscheidungen haben eine Wirkung auf unseren Körper. Er bringt unsere jeweiligen Verhaltensweisen, die aus einer Schwäche entstehen, in Form von unterschiedlichen Beschwerden zum Ausdruck. Auf diese Weise haben wir die Möglichkeit zu erkennen, dass wir eine Schwäche loslassen sollten. So wird der Körper zum Spiegel des Seelenzustands. Häufig erkennen wir diese Zeichen nicht. Das kann folgende Gründe haben:

- Es ist den meisten Menschen wenig oder gar nicht bewusst, dass die Seele den Zustand des Körpers verursacht. Wie oben bereits erwähnt, identifizieren sich viele Menschen vorwiegend mit dem Körper. So wird der entsprechende Zusammenhang nicht durchschaut.
- Auf jede Veränderung des körperlichen Zustandes zu achten, erscheint vielen als übertrieben. Sie nehmen sich keine Zeit, nach der Ursache zu fragen. »Das wird schon wieder« oder »Ich habe keine Ahnung, was mit mir los ist. Wird schon nicht so tragisch sein« sind gängige Aussagen.
- Die meisten Menschen sind nicht gewohnt, die Ereignisse des Tages und sich selbst zu beobachten.

Mit welcher Art von Vorwarnungen melden sich die Naturgesetze? Manche Erscheinungsformen von Warnsignalen sind allgemeiner Natur und weisen darauf hin, dass eine Überprüfung Ihres Verhaltens angesagt ist. Manchmal beziehen sich Vorwarnungen auf unmittelbar vorangegangene Ereignisse oder auf den vergangenen Tag. Dazu gehören: Unlustgefühle, eine leichte Einbuße an Energie, leichte Kopfschmerzen, gelegentliche Schlafstörungen, wenig Appetit, gelegentlich auftretende Schmerzen im Bewegungsapparat, kurz alle Veränderungen in Ihrem Wohlbefinden.

Wenn Sie diesen Signalen gleich Beachtung schenken und nach der Ursache fragen, haben Sie die Möglichkeit, die Störung rasch zu beseitigen, indem Sie die Schwäche, auf die Sie aufmerksam gemacht wurden, loslassen. Ihre Intuition hilft Ihnen dabei. Die Beschwerden verschwinden rasch oder allmählich, je nachdem, wie schnell die Bearbeitung Ihrer Schwäche voranschreitet. Es kommt ganz darauf an, wie leicht oder wie schwer etwas loszulassen ist. Werden diese ersten Anzeichen nicht beachtet, so kehren sie wieder, denn auch Ihr Verhalten wiederholt sich. Allerdings verstärken sich die Beschwerden.

Stärkere Vorwarnungen sind:

- dauernde Müdigkeit, die unabhängig von Ihrer Arbeitsleistung auftritt,
- allgemeiner Energiemangel,
- Konzentrationsstörungen, durch die sich viele Fehler und Missgeschicke einschleichen können,
- Antriebslosigkeit, sodass Sie beinahe unfähig sind, eine Arbeit zu beginnen. Nichts macht Ihnen Freude.
- erschöpft sein, sowohl körperlich als auch geistig. Sie haben das Gefühl, ein normales Tagespensum an Arbeit nicht zu schaffen.
- Schlafstörungen, wie: nicht einschlafen können, nachts häufig aufwachen, keinen Tiefschlaf finden,
- Mangel an Regeneration, der eine Folge der Schlafstörungen sein kann. Es ist aber auch möglich, dass Sie geschlafen haben und sich trotzdem nicht erholt fühlen. Darin zeigt sich, dass Ihr Energiehaushalt dringend aufgewertet werden sollte. Bitte lesen Sie im Kapitel »Unser Energiehaushalt« im Teil II des Buches nach.

- Appetitlosigkeit und Verdauungsstörungen,
- das Gefühl, in einer Falle zu sitzen, lässt Ihnen keine Entscheidungsfreiheit mehr,
- Depressionen als lähmendes und sehr ernst zu nehmendes Warnsignal.

Vorwarnungen haben häufig auch Symbolcharakter. Davon war in diesem Buch bereits die Rede. Wir werden aber in einem eigenen Kapitel in diesem Teil des Buches auf Krankheiten bezogene Beispiele für die Symbolsprache der Naturgesetze geben.

# Wie organische Krankheiten entstehen

Es ist interessant, die Denkansätze der Menschen in Bezug auf Krankheiten zu betrachten und zu vergleichen. Sie haben sich im Laufe der Geschichte gewandelt:

- *In prähistorischer Zeit* wurde Krankheit als Strafe der Götter angesehen.
- *Im Altertum* erkannten die Menschen, dass Krankheit Unordnung ist. Sie interpretierten sie im Sinne der jeweils gültigen Naturphilosophie.
- *Im Mittelalter* wurden Krankheiten als Veränderung, als Abweichung von der göttlichen Ordnung verstanden.
- *Derzeit* wird Krankheit als Zellentätigkeit unter abnormen Umständen gesehen. Die Therapien bestehen dementsprechend vor allem in chemisch-toxischer Beeinflussung des Zellstoffwechsels und in invasiven, operativen Verfahren.

Bereits in prähistorischer Zeit dachten die Menschen darüber nach, warum sie krank wurden. Da sie Krankheit als Strafe der Götter ansahen, bemühten sie sich um ein besseres Verhalten. Sie wollten die Götter nicht beleidigen. Auf diese Weise entwickelten sie sich weiter.

Als die Menschen erkannten, dass Krankheit nicht den natürlichen Gegebenheiten entspricht, also eine Art Unordnung darstellt, versuchten sie, die Ordnung wiederherzustellen. Das gelang gewiss nicht immer, aber durch ihr Bemühen kamen sie weiter.

Krankheiten als Abweichung von der göttlichen Ordnung zu verstehen, bedeutete einen großen Schritt in die richtige Richtung.

Und heute? Was sind abnorme Umstände? Worin bestehen sie? Wodurch werden sie herbeigeführt? Bei dieser Beschreibung wird nur symptomatisches Denken zum Ausdruck gebracht, ohne dass man die Ursache ergründen will.

Unsere Verhaltensweisen und unsere Entscheidungen lösen in unserem Körper ganz bestimmte Reaktionen aus. Es ist Ihnen sicherlich bekannt, dass bei Stress Adrenalin ausgeschüttet wird. Bei Ärger läuft einem die Galle über. Das bedeutet, dass die normale Gallensaftproduktion gestört wird. Bei Angst können Magenkrämpfe oder Störungen in den Ausscheidungsorganen die Folge sein.

Mutlosigkeit kann den Bewegungsapparat ungünstig beeinflussen. Durch solche Unpässlichkeiten können wir darauf aufmerksam werden, dass eine Korrektur in unserem Verhalten ansteht.

Alle Veränderungen zum Schlechten, die in unserem Körper vorgehen, kosten Energie, denn sie sind massive Störfaktoren in den Abläufen der Körperfunktionen. Wenn nun eine Schwäche, die die Störung verursacht, nicht bearbeitet, also nicht losgelassen wird, ist wiederholt ein bestimmtes Organ betroffen, meist über längere Zeit.

Dauert dieser Zustand an, machen uns die Naturgesetze immer dringender auf den fälligen Lernprozess aufmerksam. Die Hinweise in Form von Prüfungen werden häufiger. Die Störungen werden gravierender und machen sich bereits als gesundheitliche Probleme bemerkbar.

Werden Vorwarnungen nicht erkannt oder nicht berücksichtigt, wird der Energieverlust so groß, dass die Funktion des entsprechenden Organs nicht mehr voll aufrechterhalten werden kann. Das Gehirn, das alle Körpervorgänge steuert, leidet unter dem Energieverlust. Um uns am Leben zu erhalten, muss vonseiten der Naturgesetze viel Energie eingesetzt werden. Schließlich funktioniert auch das Immunsystem aus Energiemangel nicht mehr klaglos. Eine Krankheit ist entstanden.

Heute ist es möglich, die chemischen Veränderungen im Körper festzustellen. Die Forschung hat herausgefunden, welche wichtigen Stoffe bei bestimmen Krankheiten fehlen. Bei Blutarmut fehlt beispielsweise Eisen, bei Krebs Molybdän, bei Osteoporose fehlt Kalzium in den Knochen. Verschiedene chemische Vorgänge können daher nicht mehr ablaufen.

Diese Kenntnisse verleiten dazu, durch Zufuhr der fehlenden Stoffe eine Heilung herbeiführen zu wollen. Die Seele wird gänzlich außer Acht gelassen. Dieser Versuch stößt aber auch auf körperlicher Ebene auf verschiedene Schwierigkeiten. Fast ausschließlich werden synthetische Stoffe angeboten. Diese sind nicht mit der Energie ausgestattet wie die gleichen Stoffe in der Natur. Sie werden außerdem nicht im natürlichen Verband zugeführt. Das bedeutet, dass Begleitstoffe fehlen, die erst die Auswertung ermöglichen und eine Umsetzung in die notwendigen Vorgänge gewährleisten.

Eine weitere Schwierigkeit ist die Dosierung. Es kann wohl niemand behaupten, dass er genau feststellen kann, wie viel von einem bestimmten Stoff gerade dieser Körper zu diesem Zeitpunkt benötigt. Jedes Zuviel ist für den kranken Körper eine zusätzliche Belastung, denn der Überschuss muss ausgeschieden werden. Das kostet Energie, die ohnehin knapp ist. Ein Teil dieser Überschüsse oder nicht aufnehmbaren Stoffe wird im Körper deponiert, leider auch im Gehirn.

Mit Medikamenten wird nicht nur versucht, fehlende Stoffe zuzuführen, sondern verschiedene Vorgänge im Körper generell zu beeinflussen. Das wiederum hat Nebenwirkungen, denn viele Zusammenhänge sind noch lange nicht erforscht. Die Pharmaindustrie sichert sich gegen jede Art von Beschwerden seitens der Patienten ab, indem sie auf Nebenwirkungen aufmerksam macht.

# Symptomverschiebungen und chronische Erkrankungen

Ihre persönliche Erfahrung zeigt sehr wahrscheinlich, dass Krankheiten durch medikamentöse Maßnahmen verschwinden oder gemildert werden. Die entscheidende Frage aber lautet: Hat die Seele etwas gelernt, hat sie etwas losgelassen, wenn der Körper mit Medikamenten »zurechtgerückt« wurde? Die Antwort ist: Nein. Sie hat die Ursache der Krankheit nicht erkannt, vielleicht nicht einmal danach gefragt. Auch niemand anderer hat darauf aufmerksam gemacht, nicht aus Nachlässigkeit, sondern aus Unkenntnis und Medizingläubigkeit.

Wie reagieren Gott und die Naturgesetze auf diese Situation? Sie sind weiterhin an der Entfaltung der Seele interessiert. Gott will ihr eine neue Chance geben. Deshalb müssen die Naturgesetze erneut auf die Schwäche aufmerksam machen. Sie können gar nicht anders. *Da die Ursache noch immer vorhanden ist, kann die Wirkung nicht ausbleiben.* Es wurden ja nur die Symptome beseitigt.

So kommt es, dass Patienten als geheilt entlassen werden und doch bald wieder in der Praxis eines Arztes erscheinen, allerdings mit anderen Beschwerden oder bereits mit einer anderen Krankheit.

Meist ist diese Erkrankung ernster als die vorhergegangene. Es hat eine Symptomverschiebung stattgefunden. Andere Symptome weisen auf dieselbe Ursache hin. Die Seele hat eine neue Chance, jetzt den Zusammenhang zwischen ihrer Schwäche und der Krankheit zu erkennen.

Die im Folgenden geschilderten Beispiele beruhen auf jahrelangen Beobachtungen und Erfahrungen und schließlich auch darauf, dass durch die Umsetzung der gewonnenen Erkenntnisse Heilung eintrat. Es muss betont werden, dass keine Medikamente eingesetzt wurden.

→ Ein Patient schilderte seine jahrelange Leidensgeschichte. Sie begann mit Bluthochdruck, dann folgten Probleme mit Leber und Galle und schließlich eine Gallensteinoperation. Anschließend hatte er im Abstand von drei Jahren zwei Herzinfarkte. Er hatte Angst, wieder einen Infarkt zu bekommen.
Was war sein Problem? Er war wie ein Vulkan und hatte häufig Wutausbrüche. Er konnte nicht vergeben. Es ist vielleicht auf den ersten Blick nicht zu verstehen, was Wutausbrüche mit Nicht-vergeben-Können zu tun haben. Hier müssen wir die Frage stellen: Warum wird jemand wütend? Weil er sich durch das Verhalten anderer angegriffen fühlt. Es wird ihm ein Spiegel vorgehalten und das kann er nicht ertragen und nicht verzeihen. Er will sein Spiegelbild nicht erkennen. Wer genau beobachtet, der wird feststellen, dass die Anlässe für Wutanfälle einander sehr ähnlich sind, denn es wird eine bestimmte Schwäche aufgezeigt. Wenn die Mutter zum Kind sagt: »Tu das nicht, du weißt, da wird der Papa wütend«, ist damit die Spiegelbildsituation beschrieben. Es geht also darum, das Spiegelbild anzunehmen, die Schwäche zu erkennen und loszulassen.
Wutanfälle gibt es aber auch in Bezug auf Fehler, die der betreffenden Person selbst unterlaufen. Haben Sie schon einmal beobachtet, dass jemand sein Werkzeug auf den Boden wirft, weil ihm seine Arbeit nicht gelungen ist oder nicht schnell und gut genug vorangeht? Diese Person muss lernen,

ihre Unzulänglichkeit zu akzeptieren und sich selbst zu vergeben.

→ Eine Patientin hatte schon verschiedene Behandlungen wegen unterschiedlicher Magenprobleme hinter sich. Es war eine Besserung eingetreten. Bei diesen Behandlungen waren ihre Mutprobleme nicht aufgedeckt und daher von ihr auch nicht bearbeitet worden. So kam es zu einer Symptomverschiebung. Nun plagten sie heftige Rückenschmerzen, denen scheinbar nicht beizukommen war. Es stellte sich heraus, dass sie Angst hatte, ihre Meinung zu sagen oder eine Entscheidung zu treffen. Sie konnte sich nicht durchsetzen. Da sie auch nicht Nein sagen konnte, wenn es angezeigt gewesen wäre, nahm sie – bildlich gesprochen – alles auf ihren Rücken. Zusätzliche Arbeiten und die Probleme anderer Menschen schleppte sie mit sich herum. Nur die Stärkung ihrer Charaktereigenschaft »Mut« brachte die endgültige Heilung.
Mangelnder Mut ist die Ursache vieler Magenerkrankungen und Probleme mit dem Rücken.

→ Eine andere Patientin kam mit Schilddrüsenproblemen in die Praxis. Vorher hatte sie Bulimie. Das sind Essstörungen, bei denen der Patient große Mengen isst und dann absichtlich erbricht. Sie hatte Angst, zu dick zu sein.
Wo war die Ursache zu suchen? Die Patientin versuchte seit zwei Jahren eine »Erbtante« und eine Cousine zu »retten«. Sie wollte sie auf den Weg der seelischen Weiterentwicklung bringen. Die beiden Verwandten waren jedoch nicht bereit, selbst etwas zu tun. So wollten nur ihre Probleme gelöst haben und riefen ständig um Hilfe. Alle Bemühungen der Patientin in Bezug auf eine Änderung im Verhalten der beiden

Frauen blieben ergebnislos. Sie goss Wasser in ein Gefäß ohne Boden. Das war Zeitverschwendung, die viel Energie kostete und zu Gewichtsverlust und Essstörungen führte. Als die Energie immer weniger wurde, meldete sich die Schilddrüse. Diese ist nämlich ein »Energiemessapparat«. Gott sei Dank war noch keine Operation vorgenommen worden, denn es hat keinen Sinn, jenes »Instrument« zu entfernen, das auf den Energieabfall aufmerksam macht. Oder würden Sie ein Thermometer wegwerfen, weil es Ihnen die zu hohe Temperatur in Ihrer Wohnung anzeigt, anstatt die Heizung zu drosseln? Die Patientin erkannte, dass sie sich lange Zeit aufgeopfert hatte, ohne Erfolg zu haben. Missionieren ist nicht im Sinne der Naturgesetze. Damit hatte sie viel Zeit verschwendet. Durch Loslassen dieses falschen Verhaltens kam die Schilddrüse wieder in Ordnung.

→ Nicht immer gibt es so viele Symptomverschiebungen und Vorwarnungen wie bei dem Fall von Frau B., den wir im Kapitel ab Seite 263 beschreiben werden. Vorwarnungen müssen nicht immer gesundheitlicher Natur sein, sondern können sich auch auf Ereignisse beziehen.

Eine Patientin hatte schwere Depressionen und einen gravierenden Energieverlust, bevor Brustkrebs diagnostiziert wurde. In ihrem Haushalt lebte auch ihre kranke Schwiegermutter, die sie pflegte, um von ihrem Mann und von der Schwiegermutter gelobt und anerkannt zu werden. Die Patienten war berufstätig und hatte ein Kind. Die Überforderung machte sich bald bemerkbar, denn sie hatte nicht den Mut, auf eine Entlastung ihrer Person zu dringen. Die Familie war wohlhabend und eine andere Versorgung der Schwiegermutter wäre möglich gewesen. Die Patientin fürchtete jedoch, dass sie die Anerkennung ihres Mannes verlieren würde. Auch die Depressionen konnten sie nicht zu einer Änderung ihrer Situation bewegen. Bald stellten sich bei der Tochter Schulprobleme ein. Das Mädchen konnte sich nicht mehr konzentrieren. Die Schwiegermutter wurde immer anspruchsvoller. So verlor die Patientin immer mehr Energie und Gewicht. Schließlich wurde Brustkrebs festgestellt. Sie hatte sich alle Mühe und Plage sozusagen »zur Brust genommen«. Sie hatte sich aufgeopfert um des lieben Friedens willen und um etwas zu gelten. Ihre Mutprobleme hatte sie nicht beachtet. Sie unterzog sich einer Brustamputation. Das ist nicht gerade die Situation, die eine Frau selbstbewusster macht. Die Bedrohung blieb, denn sie hatte den Krebs noch nicht besiegt. Die Ärzte meinten, es könnte jederzeit wieder eine Krebsgeschwulst entstehen. Sie kam in unsere Praxis, bevor Bestrahlungen oder Chemotherapie vorgenommen worden waren. Sie lernte loszulassen und sich selbst zu schätzen. Schließlich war sie selbstbewusst und mutig genug, um sich von ihrem Mann zu trennen und ihr eigenes Leben zu beginnen. Heute erfreut sie sich bester Gesundheit und Schaffenskraft. Sie ist inzwischen wieder verheiratet und glücklich.

Wann wird eine Krankheit chronisch? Manche Krankheiten eignen sich besonders gut dafür, zu einer »Dauereinrichtung« zu werden. Das geschieht dann, wenn wir zu lange nicht herausfinden, was uns durch die Krankheit gesagt werden soll. Chronische Krankheiten sind eine ständige Aufforderung, nach der Ursache zu fragen und eine Schwäche loszulassen. Als Beispiele sind Ihnen vermutlich chronische Bronchitis, Tinnitus, Rheuma, Neurodermitis, chronische Stuhlverstopfung und andere Krankheiten bekannt.

Es ist bestimmt ein Schock, wenn Ihnen der Arzt sagt, Ihre Krankheit sei chronisch, diese Beschwerden würden Sie nie wieder loswerden. Aber die Frage ist, ob Sie sich damit abfinden müssen. Gibt es einen Weg, durch Loslassen auch eine chronische Krankheit zu überwinden? Unsere Erfahrung zeigt, dass das möglich ist. Die meisten chronischen Krankheiten können geheilt werden. Nur in seltenen Fällen, wenn eine Krankheit zu weit fortgeschritten ist, kann eine gänzliche Heilung nicht erreicht werden. Die Krankheit kann aber zumindest eingedämmt und auf einem erträglichen Niveau gehalten werden.

Zuerst muss die seelische Ursache erkannt sein, die mindestens 90 Prozent ausmacht. Dann sollten Sie bedenken, dass Ihr Körper über sehr lange Zeit einer Schädigung ausgesetzt war. Ihr Verhalten, das die Ursache der Krankheit ist, hat ebenfalls bereits »Tradition«, das bedeutet, dass Geduld, Ausdauer und Konsequenz erforderlich sind, um eine Änderung herbeizuführen. Häufig wurden im Zusammenhang mit der vorhandenen Schwäche falsche Entscheidungen getroffen, die, wenn möglich, rückgängig gemacht werden sollten. Da ist Loslassen gefragt. Ein weiterer Aspekt besteht darin, dass Medikamente langsam abgesetzt werden müssen, um dem Körper die Möglichkeit einer Entgiftung und Entschlackung zu geben, ohne dabei die Ausscheidungsorgane zu überfordern. Sie sollten auch alle Möglichkeiten nutzen, die Energie bringen, wie Konzentrationsübungen, gute Ernährung, Aufenthalt in aufladenden Gegenden, Anwendungen und die Pflege schöner Freundschaften. Die Fähigkeit der Selbstbeobachtung, die Sie durch die von uns vorgeschlagenen Beobachtungsaufgaben erlernen können, hilft Ihnen, nicht immer wieder in denselben Fehler zu verfallen, sondern die Prüfungen zu erkennen und durch Loslassen zu bestehen.

# Schwere Krankheiten überwinden

»Willst du den Körper heilen, musst du erst die Seele heilen«, sagte schon Platon (427–347 v. Chr.). Das ist Ihnen gewiss bewusst, sonst hätten Sie das Buch längst zur Seite gelegt. Vielen Menschen erscheint glaubhaft, dass leichtere Erkrankungen durch Loslassen einer Schwäche und somit durch Weiterentwicklung ohne Medikamente behoben werden können. Sie trauen sich auch zu, diesen Weg im Falle einer Krankheit zu gehen. Die Erfahrung zeigt, dass Patienten, die konsequent daran arbeiten, das loszulassen, was als Krankheitsursache erkannt wurde, erstaunlich rasch gesund werden.

Sie stellen sich vielleicht die Frage, ob das auch bei schweren Krankheiten wie Krebs, Diabetes, Multipler Sklerose funktioniert. Das Prinzip der Heilung ist immer dasselbe. Es kommt allerdings auf den Patienten an. Seine Einsicht, sein Fleiß, seine Konsequenz, seine Selbstdisziplin, sein Gottvertrauen sind ausschlaggebend. Die Entscheidung für diesen Weg muss ohne jede Einschränkung getroffen werden. Ein bisschen seelische Arbeit, ein bisschen Schulmedizin oder Alternativmedizin führen nicht zum Erfolg. Gewiss gibt es unterstützende Maßnahmen wie Entgiftung und Entschlackung, gute Ernährung und der Aufbau des Immunsystems. Doch davon später.

Alle Patienten, die auf diesem Weg eine schwere Krankheit überwunden haben, sagen einstimmig, dass sie für diese Erfahrung dankbar seien. Sie hätten sonst nicht die Notwendigkeit der seelischen Weiterentwicklung erkannt. Ihr Leben sei reicher und glücklicher geworden. Ganz wesentlich sei die Tatsache, dass sie keine Angst mehr vor Krankheiten hätten.

Ist eine schwere Krankheit schon sehr weit fortgeschritten, kann der Körper möglicherweise nicht mehr oder nur teilweise regeneriert werden. Wir haben bereits erwähnt, dass das bei chronischen Krankheiten der Fall sein kann, wenn die Schädigung zu lange angedauert hat. Im Fall von Krebs ist ab einem bestimmten fortgeschrittenen Stadium der Tod nicht zu vermeiden. Ist es in einem solchen Fall sinnvoll, trotzdem diesen Weg einzuschlagen? Hat Loslassen von Schwächen dann noch etwas zu bedeuten? Ja, denn es stirbt nur der Körper, nicht die Seele. Diese erwirbt sich einen großen Vorteil für ihr nächstes Leben hier auf der Erde. Was wir in diesem Leben erreicht haben, kann nicht verloren gehen. Alle Fortschritte in unserer Entwicklung bleiben uns erhalten. Eine Krebspatientin, die diesen Weg gegangen ist, erlebte eine schöne Zeit, obwohl sie wusste, dass sie sterben würde. Wir freuten uns alle, wenn sie zur Konsultation kam, denn sie strahlte von einem zum anderen Mal mehr Liebe aus. Sie konnte ihren Tod annehmen. Als sie gestorben war, schrieb uns Ihr Mann, dass die ganze Familie für diese letzte Zeit dankbar sei. Seine Frau sei wie eine Heilige gestorben. Eine wesentliche Hilfe für sie war das Verständnis und die Unterstützung ihrer Familie gewesen.

# Der Weg von Frau B. zu ihrer Krebserkrankung und zur Heilung

Mit dem Einverständnis einer anderen Krebspatientin schildern wir deren Erlebnisse, um Ihnen ein lebendiges Bild der Entstehung einer Krankheit, aber auch der Wiedererlangung der Gesundheit geben zu können.

Frau B. ist heute eine selbstsichere, offene, stets lernbereite Persönlichkeit. Sie ist gesund, voll Energie und arbeitsfähig. Nach ihrem 60. Geburtstag absolvierte sie eine Ausbildung in einem für sie neuen Beruf, den sie auch ausübt. Ihr Weg zu Freiheit und Gesundheit war lang und steinig.

Die im folgenden Text *kursiv* gedruckten Sätze stehen im Zusammenhang mit der nachfolgenden Tabelle.

Frau B. erinnert sich: »Kurz nach meiner Eheschließung stellte ich fest, *dass ich energielos war. Obwohl mir mein Mann half, schaffte ich es kaum, die Arbeiten im Haushalt zu erledigen.* In dieser Zeit war ich ganztägig berufstätig.

Es gab viele Streitigkeiten mit meinem Mann, meist um Nichtigkeiten. *Ich wollte immer recht haben. Ich wollte Macht über meinen Partner haben.* Dabei spürte ich eine *innere Unzufriedenheit*, die ich nicht einordnen konnte.

Wir waren Mitglieder in einem Tanzsportclub und widmeten uns bald dem Turniertanz. Das bedeutete Training während der Woche und häufig Auftritte und Turniere am Wochenende. Oftmals konnte ich kaum die Kraft dazu aufbringen, *ließ mich aber überreden zu tanzen*, sogar wenn ich krank war. *Ich hatte nicht den Mut, für mich selbst einzutreten*, sondern meinte, meinem Mann zuliebe immer bereit sein zu müssen.

Unter Aufbietung aller meiner Kräfte wurden wir einmal sogar Landesmeister. Das tat meinem Selbstbewusstsein gut.

Ich fühlte mich häufig nicht wohl. Der Arzt *stellte Anämie und vegetative Dystonie fest.* Das bedeutet, dass niemand wusste, was mit mir los war. Bald stellten sich *Allergien gegen Metalle und Tierhaare ein. Ich wollte nicht nachgeben und durchsetzen, was ich für richtig hielt.* Meine Nase lief ständig, obwohl ich keinen Schnupfen hatte. *Ich steckte meine Nase in Angelegenheiten anderer Menschen. Ich traf sogar Entscheidungen für andere und fühlte mich für alles zuständig, was mein Umfeld betraf.* Nur mich selbst nahm ich nicht wahr. Dafür hatte ich keine Zeit, denn ich war ja so beschäftigt damit, fremde Probleme zu lösen. Dieses falsche Verhalten setzte ich auch fort, als ich schon meine beiden Kinder hatte. Auch für sie entschied ich, was sie selbst hätten regeln müssen.

An meiner Arbeit fand ich keinen Gefallen mehr, denn ich wollte mich nicht länger meinem Chef unterordnen. So wechselte ich den Beruf. Es war nicht leicht, mich durchzusetzen, aber ich schaffte es.

Nach der Geburt unseres ersten Kindes arbeitete ich halbtags. Wir tanzten längere Zeit nicht. Ich erholte mich und gewann mehr Energie. *Ich schaffte es jedoch nicht, nein zu sagen, als mein Mann wieder tanzen wollte.* Die Überlastung war bald perfekt: Kind, Haushalt, neuer Beruf, Training und am Wochenende meist Turniere. *Wieder stellte ich meine eigenen Bedürfnisse zurück, denn ich schätzte mich nicht. Die Minderwertigkeitskomplexe*, die ich schon als Kind hatte, bestanden weiter.

In dieser Zeit hatte ich häufig *Bronchitis, Nebenhöhlenentzündungen, ständige Verdauungsbeschwerden und Scheidenpilze.* Maßnahmen der Schulmedizin halfen nur kurzfristig. Dann waren alle Beschwerden wieder da. Ich wandte mich an eine Heilpraktikerin, die nur mit natürlichen Mitteln arbeitete. Meine gesundheitliche Situation besserte sich etwas. Ich ließ mich jedoch auch dort behandeln, anstatt selbst etwas zu tun. *Ich gab meinen Beruf nicht auf, denn ich brauchte die Selbstbestätigung*, etwas leisten zu können. Das war das primäre Motiv für meinen Entschluss, berufstätig zu bleiben. Allerdings war auch das Geld ein Argument.

Nach der Geburt unseres zweiten Kindes blieb ich sechs Jahre zu Hause. *Als unsere Tochter zur Schule ging, wurde ich Vorsitzende des Elternbeirats. Ich musste Mut beweisen, meine Meinung zu sagen und lernen, vor Versammlungen zu sprechen.* Ich fühlte mich besser, *denn ich war mutiger geworden.*

Ich nahm meine Berufstätigkeit wieder auf. Das war eine große zeitliche Belastung, die ich fünf Jahre lang durchstand. *Dann wurde ich gemobbt. Ich fühlte mich sehr betroffen. Wie konnte ausgerechnet mir das passieren?* Ich war wie in Trance. *Ich galt also nichts, ich war unfähig, Leistung zu bringen.* Ich suchte mir eine andere Stelle. Dort konnte ich mich profilieren. Das erforderte viel Einsatz. Inzwischen hatten wir zum Volkstanz gewechselt. *Neben meinem neuen Beruf leitete ich mit Erfolg eine Volkstanzgruppe für Kinder. Für mich selbst blieb keine Zeit.* Das führte dazu, *dass ich mich immer weniger mochte und überdies eine richtige Heulsuse war.*

Mein Ausfluss wurde stärker. Ich beachtete diesen Umstand nicht. Ich hatte ja keine Zeit für mich und außerdem *Angst, für hysterisch gehalten zu werden.* Endlich suchte ich eine Frauenärztin auf. Die Diagnose lautete: *Krebs.* Trotz der Betroffenheit war ich froh, dass ich nun eine Begründung für meine Energielosigkeit vorweisen konnte.

Ich schaffte es, *die Situation anzunehmen und nicht zu hadern. Es stellte sich das Gefühl ein, dass ich durchkommen würde.* Dafür war ich dankbar. Im Krankenhaus wurde festgestellt, dass ich Lymphdrüsenkrebs mit Sitz am Gebärmutterhals hatte – ein Novum. Der Tumor wuchs schnell, und es stellte sich ein sehr schmerzhafter Harnstau in den Nieren ein. Außerdem wurde mir gesagt, dass der Tumor inoperabel sei. Eile war geboten. Was tun? Die einzige Alternative, die die Schulmedizin anzubieten hatte, war eine Chemotherapie. Damals besaß ich noch nicht das Wissen, das mir später zuteil wurde. Ich sah keine andere Möglichkeit und entschied mich für die Chemotherapie. Es war die Hölle. Zu den bekannten Erscheinungen wie Herzrasen, Erbrechen und Haarausfall kam *eine Venenentzündung* hinzu. Am schlimmsten war die Leere im Gehirn. Mein Körper wehrte sich mit allen Mitteln. *Obwohl das Tumorgewächs nach dem zweiten Teil der Chemotherapie verschwunden war, wollte ich die Behandlung fortsetzen. Ich glaubte, jede einzelne Tumorzelle damit vernichten zu können. Ich war noch nicht bereit, selbst Verantwortung zu übernehmen.*

Dann kam der nächste Schock: Die Ärzte sagten mir, dass sich bald wieder Krebsgeschwülste zeigen würden und schlugen eine Totaloperation vor. Dabei sollten auch alle Lymphdrüsen aus dem Bauchraum entfernt werden. In mir sträubte sich alles. Was hatte ich erreicht? Mir war klar, dass nur das Symptom bekämpft worden war. Ich hatte immer noch Krebs.

Inzwischen hatte ich mir einiges Wissen über Lymphdrüsenkrebs und die üblichen Behandlungsmethoden und deren Folgen angeeignet. *Ich lehnte eine Operation ab.* Ich wollte leben, aber in Würde, nicht als Wrack. Wenn das nicht möglich war, wollte ich lieber sterben. *Es war mir klar geworden, dass nur ich die Verantwortung für mich übernehmen konnte*, sonst niemand. Nun begann eine Zeit des Kampfes gegen die Meinung anderer. Ich musste mich gegen die Ärzte, gegen die Krankenkasse und gegen meine Familie durchsetzen. Meinen Mann zu überzeugen, stellte die größte Mutprobe dar. *Ich fühlte mich jedoch leicht, frei und getragen. Ich lernte Menschen kennen, die mich bei meinem Weg zur Eigenverantwortung bestärkten und bekam wichtige Informationen.*

Das war die Wende in meinem Leben. Aber wie sollte es weitergehen? Eine Freundin hatte gesagt: ›Wenn du dich nicht änderst, hast du keine Chance.‹ Was machte ich falsch? *Ein Psychologe, mit dem ich kurzfristig Gespräche führte, zeigte mir einen Fehler auf.* Er sagte, ich hätte alle Probleme der Welt gelöst, nur nicht meine eigenen. Damit hatte er ins Schwarze getroffen.

*Zunächst brach ich die Behandlung bei meiner Hausärztin ab*, denn ich hatte herausgefunden, dass sie mich in ihren Aufzeichnungen als schizophrene Persönlichkeit eingestuft hatte. Eine Operation abzulehnen, galt wohl als verrückt.

*Von nun an sorgte ich für mich und beschäftigte mich vor allem mit Gesundheit.* Ich ernährte mich besser, ich machte eine Lehmbadekur, um die Gifte aus meinem Körper auszuscheiden, trank Tees und ließ nur noch Natürliches an meinen Körper heran. Ich arbeitete nur so viel, wie ich leisten konnte.

Die Schädigung des Gehirns durch die Chemotherapie hatte ich noch lange nicht überwunden. Ich wusste oft nicht, was ich soeben gesagt hatte oder was ich sagen wollte. Neues konnte ich nur schwer behalten. *Da kam mir die Idee, meine Gedanken und Wünsche in Bezug auf meine Gesundheit aufzuschreiben. Ich merkte bald, dass ich Hilfe bekam*, wenn ich das tat. So lernte ich, auf die Ereignisse des Tages zu achten. Meine Intuition verbesserte sich.

Ich wurde auf die Paracelsusmesse in Wiesbaden aufmerksam. Dort hörte ich einen Vortrag von Frau Dr. Müller-Kainz, der mich sehr beeindruckte. Bald danach kam ihr *Buch* Was Krankheiten uns sagen *auf den Markt.* Was in diesem Buch über Krebs steht, war eine Beschreibung meines Verhaltens, wie ich es vor meiner Erkrankung an den Tag gelegt hatte. Von der Aufzählung der Punkte über Geltungssucht am Ende des Buches traf eine ziemlich große Anzahl auf mich zu. *Das musste ich mir ehrlich eingestehen.*

Ich fuhr zu einem zweiwöchigen Seminar von Frau Dr. Müller-Kainz auf die Insel Elba – ohne meinen Mann. Das war neu und schwer durchzusetzen gewesen. Hatten wir doch bisher alles gemeinsam unternommen. *Ich kam aufgeladen, glücklich und frei zurück.* Aber schon bald verlor ich wieder Energie. Was musste ich loslassen? Ich hatte gelesen, dass Erkrankungen in den Genitalien auf Partnerprobleme hinweisen.

Das fand ich auch von Frau Dr. Müller-Kainz bestätigt. Tatsächlich drehten sich die Gespräche mit meinem Mann nur noch um Alltägliches. Das Tanzen bildete noch eine Gemeinsamkeit. Sonst fühlte ich mich einsam. Das war nicht die Schuld meines Mannes. Wir hatten uns in unterschiedliche Richtungen entwickelt. *Der Gedanke, dass wir uns trennen sollten, wurde immer drängender.* Was stand dem entgegen? Die Kinder waren erwachsen und selbstständig.

Damals war die Meinung anderer Leute für mich noch ein Problem. Wir hatten bisher als das ideale Ehepaar gegolten, denn nach außen hin hatten wir immer dafür gesorgt, dass der Schein gewahrt blieb. Als ich mich mit meinem Mann über unsere Trennung geeinigt hatte, nahm ich all meinen Mut zusammen und gab im Tanzsportclub unseren Entschluss selbst bekannt. *Damit hatte ich auch eine Mutprüfung bestanden und meine Geltungssucht ein wenig abgebaut, denn jetzt war es mir gleichgültig, was andere sagten.*

Ich fand eine Anstellung, sodass ich auch finanziell bald unabhängig war und ausziehen konnte.

*Ich habe jetzt ein sehr offenes, gutes Verhältnis zu meinem Mann.* Auch er ist zufrieden, denn er fand bald eine Freundin, mit der er sich gut versteht. *Ich habe meine Ernährung auf eine vollwertige lactovegetabile Kost umgestellt.* Ich bemühe mich, nicht geltungssüchtig zu sein und mutig meine eigenen Probleme zu lösen. Ich fühle mich geborgen und finde das Leben spannend. Ich bin so gesund, wie ich nie zuvor im Leben gewesen bin.«

Eine Analyse des Weges von Frau B.: Vergleichen Sie die in der Lebensbeschreibung kursiv gedruckten Sätze mit den Verhaltensweisen und Vorwarnungen.

| **Ursache: Entscheidungen, Schwächen, Verhalten** | **Wirkung: Vorwarnungen** | **Hilfe: Symbolische Bedeutung der Vorwarnungen** |
|---|---|---|
| Geltungssucht, Mutlosigkeit | Sie hat wenig Energie | Aufforderung, etwas zu ändern |
| Recht haben wollen, andere beherrschen wollen | Innere Unzufrieden heit macht sich bemerkbar | Die Seele kümmert sich nicht um sich selbst und ist daher nicht zufrieden |
| Sich zu etwas überreden lassen, nicht für sich selbst eintreten | Eine allgemeine Verschlechterung der Gesundheit tritt ein | Der Seele geht es schlecht |
| Nicht nachgeben, die eigene Meinung durchsetzen wollen, mit dem Kopf durch die Wand gehen wollen | Eine Allergie gegen Tierhaare und Metalle tritt auf | Allergien stellen eine Ausscheidung dar. Schwächen sollen losgelassen, also ausgeschieden werden |
| Angelegenheiten anderer sind wichtiger, als die eigenen | Die Nase läuft | Sich einmischen verhindert Lernprozesse, sowohl die eigenen als auch die anderer |

| **Ursache: Entscheidungen, Schwächen, Verhalten** | **Wirkung: Vorwarnungen** | **Hilfe: Symbolische Bedeutung der Vorwarnungen** |
|---|---|---|
| Die eigenen Bedürfnisse dauernd zurückstellen | Sie fühlt sich minderwertig | Den Wert der Seele nicht erkennen |
| Nicht Nein sagen können, anderen sagen, was sie tun sollen, und für sie Entscheidungen treffen | Die Vorwarnungen verstärken sich durch Auftreten von: häufiger Bronchitis, | Bronchitis: Anweisungen und Ratschläge sind falsch, sie stören die Lernprozesse anderer. Falsches kommt aus dem Mund heraus |
| | Nebenhöhlenentzündungen, | Die Nase in Angelegenheiten anderer stecken |
| | Verdauungsstörungen, | Nicht loslassen können, stur sein |
| | Scheidenpilz | Die Partner passen nicht zusammen, obwohl sie beide interessante Persönlichkeiten sind. Sie sollten sich »scheiden« lassen, um sich besser entwickeln zu können |
| Lob und Anerkennung suchen. Sie gibt ihren Beruf nicht auf | Andere Warnungen: schlechte Gefühle, sie mag sich selbst nicht | Der Seele geht es weiterhin schlecht |
| Sie arbeitet wieder nach einer Auszeit. Die Energie nimmt wieder ab | Sie wird gemobbt | Sie befindet sich in einer unguten Situation, die sie verlassen sollte |

| Ursache: Entscheidungen, Schwächen, Verhalten | Wirkung: Vorwarnungen | Hilfe: Symbolische Bedeutung der Vorwarnungen |
|---|---|---|
| Profiliert sich in einem anderen Beruf | Weint wegen jeder Kleinigkeit. Das Nervensystem ist angegriffen | Es ist wirklich zum Weinen. Das ist eine Depression |
| Sucht nach einer Begründung für ihre Energielosigkeit. Will nicht als hysterisch gelten | Verstärkter Ausfluss tritt auf | Diagnose: Krebs |
| Sie wollte die Chemotherapie fortsetzen | Warnung: Venenentzündung im Arm während der Chemotherapie | Erkrankung der Arme: Loslassen von der falschen Behandlung |

Durch richtige Entscheidungen besiegte Frau B. den Krebs.

| Ursache: Richtige Entscheidungen | Wirkung: Belohnungen |
|---|---|
| Als Krebs festgestellt wurde, hadert sie nicht, sondern nimmt die Situation an | Sie bekommt das Gefühl, dass sie es schaffen wird. Dafür ist sie dankbar |
| Sie lehnt eine Operation ab und übernimmt Verantwortung | Sie findet die Kraft, sich durchzusetzen und besteht Mutproben |
| Sie erkennt durch den Hinweis eines Psychologen ihre hauptsächliche falsche Verhaltensweise | Es wird ihr gezeigt, dass sie sich von ihrer Hausärztin trennen muss, was sie auch tut |

| Ursache: Richtige Entscheidungen | Wirkung: Belohnungen |
|---|---|
| Sie kümmert sich um ihre Gesundheit | Die Intuition verbessert sich |
| Um die Schwierigkeiten in Bezug auf ihr Gedächtnis auszugleichen, beginnt sie, ihre Gedanken und Wünsche aufzuschreiben | Sie lernt dadurch, auf die Ereignisse des Tages zu achten und bekommt den Hinweis auf die Paracelsusmesse |
| Als sie das Buch *Was Krankheiten uns sagen* bekommt, ist sie ehrlich zu sich selbst. Sie entschließt sich zu einem Seminar mit Einzelberatung bei Dr. Müller-Kainz | Dort erfährt sie Aufladung, fühlt sich frei. Die Aufladung hilft ihr, neue Erkenntnisse zu gewinnen und ihren Weg zu suchen |
| Disharmonie in der Ehe und Gefühle der Einsamkeit stellen sich ein. Sie entschließt sich zur Trennung von ihrem Mann | Sie kann loslassen. Sie hat gelernt, die Zeichen der Naturgesetze zu verstehen |
| Sie besteht eine weitere Prüfung in Geltungssucht, indem sie die Absicht, sich von ihrem Mann zu trennen, selbst bekannt gibt und sich nicht um die Meinung anderer kümmert | Sie findet eine neue berufliche Aufgabe. Das Verhältnis zu ihrem Mann und zu ihren Kindern ist harmonisch |

Wir wollen eine andere schwere Krankheit nicht außer acht lassen, nämlich Multiple Sklerose. Bei dieser Krankheit wirken mehrere Schwächen zusammen, die sich gegenseitig verstärken. Die Hauptursache ist aber auch hier Geltungssucht. Für die Patienten ist es schwierig, diese Zusammenhänge zu durchschauen. Sie halten ihre Schwächen für Stärken und erwarten, dass sie in ihrem Umfeld damit Bewunderung auslösen. Genau da liegt die Schwierigkeit, das wirkliche Motiv ihrer Handlungsweise zu erkennen und sich nichts vorzumachen. Häufig sind die Patienten geradezu abhängig davon, bewundert zu werden. Wer abhängig ist, ist nicht mehr selbstständig. Dies bringt der Körper zum Ausdruck, wenn er im Verlauf der Krankheit in immer stärkerem Maße unselbstständig wird.

In der Schulmedizin wird Multiple Sklerose als unberechenbar und unheilbar bezeichnet. Eine Patientin sagte, sie hätte genau beobachtet, dass unter ganz bestimmten Belastungen ein Krankheitsschub ausgelöst wird. Es ist wichtig, dass sich die Patienten nicht selbst überfordern oder überfordern lassen. Vor allem sollten Dauerbelastungen vermieden werden. Damit aber nicht genug. Bei Multipler Sklerose ist es notwendig, die Zusammenhänge und Mechanismen des Verhaltens zu verstehen und mit viel Fleiß und Durchhaltevermögen an der Änderung des Verhaltens zu arbeiten.

Wir möchten den Betroffenen Mut machen, sich auch von dieser schweren Krankheit nicht unterkriegen zu lassen. Die Erfahrung zeigt, dass auch hier eine Heilung möglich ist. Lesen Sie mehr darüber in dem Buch *Was Krankheiten uns sagen.*

# Wertschätzung der eigenen Person oder Geltungssucht?

Bei allen schweren Krankheiten ist ein übersteigertes Geltungsbedürfnis im Spiel. Dieses loszulassen ist eine Notwendigkeit, wenn eine Krankheit überwunden werden soll. Meist kommen noch andere Schwächen hinzu. Die beste Vorbeugung vor schweren Krankheiten ist das Bemühen, Geltungssucht bei sich selbst zu erkennen und nicht auf sie hereinzufallen.

Jeder Mensch hat das Bedürfnis, geschätzt zu werden. Jeder hat die Möglichkeit, durch sein Verhalten berechtigte Wertschätzung zu erlangen. Sie geht Hand in Hand mit der Einstellung zu uns selbst und vor allem mit dem Bewusstsein, dass jeder für sich selbst der wichtigste Mensch ist. Das klingt egoistisch, ist aber die Voraussetzung dafür, dass wir für andere Menschen etwas tun können, denn ohne »Ich« gibt es kein »Wir«. Wer sich selbst wertschätzt, wird bemüht sein, sich weiterzuentwickeln. Er wird alles für sich tun, was seine Kenntnisse, Fähigkeiten und Verhaltensweisen verbessert. Nur wer etwas hat, kann etwas geben.

»Es kann die Ehre dieser Welt dir keine Ehre geben. Was dich in Wahrheit hebt und hält, muss in dir selber leben«, sagt der Dichter Theodor Fontane. Der Schritt von dem natürlichen Bedürfnis nach Wertschätzung zu Geltungsbedürfnis und schließlich zu Geltungssucht ist klein. Die Versuchungen, aus Geltungssucht zu handeln, sind hingegen groß. Wir werden alle diesen Prüfungen unterzogen, denn diese Eigenschaft ist der größte Hemmschuh auf unserem Weg zur

Selbstentfaltung und verhindert Egolosigkeit und damit auch echte Liebe unter den Menschen. Sie darf auf Dauer keinen Platz im Universum haben. Deshalb zählen die Krankheiten, deren Hauptursache Geltungssucht ist, zu den schwersten.

»Vor Geltungssucht wird sehr gewarnt, denn sie ist äußerst gut getarnt«, sagt ein Kalenderspruch. Sie ist tatsächlich die raffinierteste Schauspielerin, die wir kennen. An dem Beispiel von Frau B. haben Sie bereits gesehen, wie viele Gesichter sie haben kann. Hinter jeder unserer Handlungen kann Geltungssucht stecken oder nicht. Entscheidend ist das Motiv, das Sie immer herausfinden sollten. An einigen Beispielen wollen wir Situationen erläutern, die uns häufig begegnen.

Menschen opfern sich in den verschiedensten Situationen auf. Aufopfern heißt, sich eine Beschäftigung oder Arbeit aufbürden lassen, nur um gelobt zu werden, auch wenn wir dafür eigene Bedürfnisse opfern müssen. Die Angelegenheiten anderer werden bald wichtiger als die eigenen. Schließlich haben solche Menschen keine Zeit mehr, über ihre eigenen Probleme nachzudenken und sie zu beheben.

Alle Arten von Übertreibungen und Untertreibungen haben ein geltungssüchtiges Ziel. Wer übertreibt, will sich in den Mittelpunkt stellen und bewundert werden. Wer untertreibt meint, damit Bescheidenheit demonstrieren zu können und dafür Anerkennung zu ernten. In beiden Fällen ist auch Unehrlichkeit im Spiel. Übertreibungen äußern sich nicht nur in dem, was jemand sagt. Auch sein Äußeres übertrieben zurechtzumachen gehört zu dieser Schwäche.

Immer der Beste sein wollen bedeutet, dass jemand sich um Leistung bemüht, um andere vom ersten Platz zu verdrängen und Lob zu ernten. Dabei spielt Neid eine Rolle. Tritt jemand jedoch mit sich selbst in Konkurrenz, so braucht er niemanden zu beneiden oder zu verdrängen. Er wird auch nicht auf Anerkennung warten, weil er sich selbst achtet und Selbstachtung eine wertvolle und ausreichend angenehme Erfahrung ist.

Besserwisserei ist leicht als Geltungssucht zu entlarven und gehört zu den unangenehmsten Formen dieser Eigenschaft. Häufig reagiert das Umfeld negativ.

Sich für unentbehrlich zu halten ist Selbstüberschätzung. Diese Einstellung ist weiter verbreitet, als auf den ersten Blick zu erkennen ist. Handlungen, die aus dieser Haltung resultieren, lassen anderen oft keinen Freiraum. Denken Sie nur an eine Mutter, die meint, ohne sie würde alles in sich zusammenstürzen, Chaos würde ausbrechen, Mann und Kinder müssten verhungern. Oder denken Sie an die Unentbehrlichen in einer Firma. Sie können nicht delegieren und erwarten, dass sie ganz besonders geschätzt werden, wenn sie alles selbst machen. Sie glauben, dass niemand sie ersetzen kann.

Der Vereinsmeier ist häufig in mehreren Vereinen gleichzeitig zu finden und bekleidet liebend gerne überall ein Amt. Am schönsten findet er es, Vereinsvorstand zu sein. Er sonnt sich in seinem Bekanntheitsgrad, den er sich durch seine Tätigkeit erwirbt. Vereinsarbeit in einem gemeinnützigen Verein ist richtig, wenn das Motiv stimmt. Uneigennützig und ohne sich aufzuopfern für andere etwas Richtiges zu tun, heißt, aus seiner eigenen Schatztruhe zu geben.

Der große Ratgeber glaubt, alle Situationen zu durchschauen, immer zu wissen, was ein anderer gerade braucht. Er teilt seine Erkenntnisse großzügig aus und gibt vor, das Leben zu kennen. Seine Person steht so sehr im Vordergrund, dass er nicht bemerkt, was andere Menschen tatsächlich brauchen. Hier kann man erkennen, wie Geltungssucht die Intuition beeinträchtigt.

Die perfekte Gastgeberin verwendet viel Zeit, um ihre Gäste bestens zu versorgen. Sie ist dafür bekannt, dass sie immer etwas Besonderes zu bieten hat. Hilfe lehnt sie ab, denn sie glaubt, dass es unter der Würde einer Gastgeberin sei, sich helfen zu lassen. Meist kann sie die Gegenwart lieber Menschen nicht genießen, denn sie hat keine Zeit, den Gesprächen zuzuhören. Dafür sammelt sie eifrig Komplimente. Gästen ist es oft unangenehm zu sehen, wie sich die Gastgeberin verausgabt.

Es gibt noch viele Gelegenheiten, geltungssüchtig zu sein. 70 Beispiele für Geltungssucht finden Sie im Anhang des Buches *Was Krankheiten uns sagen*.

Wie können wir unterscheiden, ob wir aus Geltungssucht handeln oder nicht? Die Antwort gibt uns das Motiv, das unserer Handlungsweise zugrunde liegt. Deshalb sollten wir uns immer Fragen stellen wie: »Was will ich erreichen, warum tue ich das?« »Handle ich lösungsorientiert, sachbezogen oder ichbezogen?« Wir verweisen auch auf das Kapitel »Motive Ihrer Handlungen« am Beginn des dritten Teils dieses Buches.

Geltungssucht ist eine ganz besondere Hürde. Es sollte uns gelingen, sie schließlich loszulassen und damit ihren schädlichen Einfluss auszuschalten. Unsere Gedanken spielen dabei eine wichtige Rolle. Wir brauchen keine großartigen Aktionen zu starten, um uns in den Vordergrund zu spielen. Ein Denkanstoß kann geltungssüchtige Gedanken nach sich ziehen. Wir müssen sie nicht aussprechen oder in die Tat umsetzen, sie sind an sich schon Geltungssucht. Wir brauchen uns nur in einen solchen Gedankengang zu verwickeln, anstatt ihn schleunigst abzubrechen. Hier ist Gedankenhygiene gefragt!

Welchen Gedanken sollten wir keine Energie geben? Erwartungshaltung, Prestigedenken, sich für unentbehrlich halten, Lob erwarten, Leistung und Können anderer Menschen abfällig beurteilen, sich einmischen »müssen«, Lösungen für die Probleme anderer suchen, Zweifel am Wissen anderer, weil wir alles besser wissen, Konkurrenzdenken, das letzte Wort haben wollen.

Wertschätzung der eigenen Person erreichen wir nur, wenn es uns gelingt, mit geltungssüchtigen Handlungen und Gedanken keine Energie zu verschwenden. Wir befreien uns damit aus einer Zwangsjacke, die unsere Entscheidungen beeinträchtigt, und öffnen uns einer besseren Intuition. Wir können uns unserer Weiterentwicklung widmen, weil wir uns nicht mehr in Konkurrenz mit anderen sehen.

# Ursache oder Auslöser – der gravierende Unterschied

Wir haben davon gesprochen, dass Wissenschaftler heute irrtümlich glauben, durch Beeinflussung der Zelltätigkeit und anderer körperlicher Maßnahmen Krankheiten heilen zu können. Ein weiterer Irrtum besteht darin, dass der Mensch mit seinem physischen Erscheinungsbild gleichgesetzt wird. Die Krankheitsursache wird in Einflüssen von außen gesucht. Erst allmählich findet ein Umdenken statt. Selbst dann, wenn von seelischer Ursache die Rede ist, bleiben genauere Beschreibungen der Zusammenhänge aus.

Haben Sie schon einmal erlebt, dass bei der Erstellung einer Diagnose zwischen Ursache und Auslöser unterschieden wurde? Wohl kaum. Die vorgeschlagenen Behandlungen beziehen sich dementsprechend meistens nur auf den Versuch, die Erscheinungsform einer Krankheit zu beseitigen, also den Spiegel zu verändern.

Allgemein bekannt ist die Meinung, dass Föhn die Ursache von Migräne sei. Es stellt sich die Frage, warum nur wenige Menschen bei Föhn Kopfschmerzen haben oder einen Migräneanfall erleiden. Betroffene haben allerdings manchmal auch dann einen Migräneanfall, wenn eine ganz andere Wetterlage herrscht. Ist in diesem Fall die Ursache eine andere als Föhn? Die erwähnten Tatsachen lassen nur den einen Schluss zu: Föhn kann einen Migräneanfall *auslösen*, die Ursache ist aber woanders zu suchen. Was machen Migränepatienten, was andere Menschen nicht oder nur in geringem Maße tun? Vergleichende Beobachtungen haben ergeben, dass Menschen, die unter Migräne leiden, bestimmte Schwächen aufweisen. Diese sind: sich ärgern, sich unter Druck setzen, stur eine Angelegenheit oder einen Gedanken verfolgen. Der Föhn ist lediglich ein Sündenbock, ein gelegentlicher Auslöser. Die *Ursache* ist im Verhalten der betreffenden Person zu finden. Migränepatienten, die ehrlich zu sich selbst waren und ihre Schwäche losließen, konnten sich von dieser Plage befreien.

Auch bei Allergien müssen wir uns die Frage stellen, warum nicht alle Menschen auf bestimmte Lebensmittel oder auf Pollen allergisch reagieren. Diese sind nur Auslöser. Die Ursache liegt auch hier im Verhalten der Patienten. Den Auslöser zu vermeiden, wenn das möglich ist, oder die Auswirkungen mit Medikamenten zu bekämpfen, kann nicht zu einer dauerhaften Heilung führen. Nur die Beseitigung der Ursache beseitigt auch die Wirkung. Die Ursache ist hier nicht so leicht zu erkennen. Die falsche Reaktion des Körpers auf ein an sich harmloses Produkt wie Mehl, Eiweiß oder Obstsorten oder auf die natürlicherweise herumfliegenden Pollen bringt zum Ausdruck, dass falsche Ziele verfolgt werden, und zwar ohne sie zu hinterfragen und unter allen Umständen. Das ist stur.

Bei Darmpilzen wird die Krankheit häufig den Hefeprodukten in die Schuhe geschoben. Hefepilze können stark vermehrt auftreten und Beschwerden auslösen. Sie sind jedoch nicht die Ursache. Diese ist vor allem in Sturheit und Nicht-loslassen-Können zu sehen. Selbstverständlich sollten zuckerhaltige Lebensmittel vermieden und das Immunsystem gestärkt werden. Die Heilung kann jedoch nur durch Loslassen der Schwäche und durch mehr Toleranz und Offenheit erfolgen.

Gleichgültig, um welche Krankheit es sich handelt, die Ursache ist immer seelischer Natur. Auslöser und Ursache zu verwechseln, ist irreführend. Diese Denkweise führt zu falschen Schlussfolgerungen und zu symptomatischen Behandlungsmethoden.

Menschen, die auf bestimmte äußere Einflüsse mit einer Krankheit reagieren, sollten sich fragen: »Warum passiert das mir, anderen Menschen aber nicht?« Diese Fragestellung ist auch die beste Möglichkeit, zwischen Betroffenen und nicht Betroffenen Vergleiche zu ziehen und so die auslösenden Verhaltensweisen festzustellen. Außerdem hilft die Symbolsprache von Krankheiten, um die Ursachen herauszufinden.

Hier möchten wir noch die sogenannten Erkältungskrankheiten erwähnen. Sie sind Entgiftungs- und Entschlackungsmaßnahmen, die der Körper von Zeit zu Zeit vornimmt, denn niemand kann sich heutzutage den Umweltgiften gänzlich entziehen. Wenn Sie Medikamente nehmen, ist diese Selbsthilfemaßnahme des Körpers besonders notwendig. Als Auslöser werden Wetterumschwünge, Ansteckung, Bazillen und Viren angenommen. Die Ursache ist in diesem Fall keine Schwäche, sondern genau genommen eine Belohnung. Wir werden dazu gezwungen, uns ruhig zu verhalten, damit der Körper alle Energie zur Reinigung nutzen kann. Dafür sollten wir dankbar sein, loslassen und den Körper unterstützen. Das geschieht am besten durch die Einnahme von Birkenpresssaft, frisch gepressten Säften aus Zitrusfrüchten, Knoblauch und durch altbewährte Maßnahmen wie Wickel, Inhalationen mit Kamillentee und Essigfußbädern. Medikamente sind nicht sinnvoll, denn der Körper befindet sich in einer Ausscheidungsphase. Er hat nur mehr Arbeit damit, denn er muss dann auch noch diese Gifte, nämlich die Medikamente oder deren Abbauprodukte, loswerden.

# Die Symbolsprache der Naturgesetze

Wir haben wiederholt die Symbolsprache der Naturgesetze erwähnt und auch aus dem Leben gegriffene Beispiele gegeben. Gott verständigt sich mit den Seelen mithilfe dieser Sprache besonders deutlich, wenn es um Krankheiten geht, denn Krankheiten sind sehr ernste Warnungen und sollen einen Richtungswechsel im Verhalten bewirken. Die Symbolhaftigkeit von Krankheiten erlaubt ebenfalls Vergleiche von Patient zu Patient, wie das auch bei Auslösern der Fall ist.

Wir erinnern daran, dass wir die Symbole erkennen können, wenn wir das Ereignis oder das Krankheitsbild in Worte fassen. Das bedarf der Intuition, aber auch der Übung. Es gelingt umso besser, je ehrlicher wir zu uns selbst sind. Manchmal kann ein Freund/eine Freundin besser erkennen, was uns gesagt werden soll. Das funktioniert jedoch nur, wenn wir um Hilfe bitten, nicht wenn sich diese Person ungefragt einmischt.

Bei der Lektüre der Analyse der Krebspatienten haben Sie bereits symbolische Bedeutungen von Krankheiten kennengelernt. Es gibt einige generelle Richtlinien, die uns die Deutung erleichtern. Darüber hinaus muss die ganz persönliche Situation beachtet und einbezogen werden. Sie sollten immer den Zeitpunkt und den Ort beachten, wann oder wo eine Krankheit beginnt oder sich verschlimmert.

Ein Beispiel zeigt, wie Erkrankungen mit der augenblicklichen Situation in Bezug stehen können. Eine Frau hatte häufig Blasenentzündungen, manchmal in Abständen von nur einigen Wochen. Erkrankungen der Ausscheidungsorgane zeigen immer an, dass etwas losgelassen werden soll. Ihre Ehe war leider, trotz aller Bemühungen, nicht mehr haltbar. Sie lebte bereits von ihrem Mann getrennt und die Scheidung war eingereicht. Sie hatte keine Blasenentzündung, solange sie nicht in ihr früheres Haus zurückkehrte und ihrem Mann nicht begegnete. Als sie jedoch einmal einige persönliche Dinge aus dem Haus holte, bekam sie wieder die typischen Beschwerden. Das geschah noch einmal, nämlich als sie zur Gerichtsverhandlung wegen der Scheidung musste. Diese fand in ihrem früheren Wohnort statt. Außerdem war es nicht zu vermeiden, dass sie dort ihrem Mann begegnete, der in die Scheidung nicht einwilligen wollte und größte Schwierigkeiten machte. Es wurde ihr gezeigt, dass sie alles loslassen musste, was sie noch mit ihrem früheren Leben verband. Nur so konnte sie sich befreien.

Auch Heilkrisen können uns manchmal mehr sagen, als nur, dass unser Körper eine Entgiftung nötig hat. Eine junge Frau war für einige Tage zu Besuch bei ihrer Mutter. Schon am zweiten Tag setzte ein heftiger Schnupfen ein und bald begann die Frau auch zu husten. Sie musste das Bett hüten. Bis zum Wochenende wollte sie wieder fit sein, denn da hatte ihre Firma eine Schulung angesetzt, an der sie teilnehmen sollte. Aber die gesundheitliche Krise zog sich hin. Warum wurde sie daran gehindert, rechtzeitig zurückzukehren? Sie hatte schon seit einiger Zeit den Wunsch, ihren Arbeitsplatz zu wechseln oder eine ganz andere Arbeit zu beginnen, obwohl sie in dieser Firma sehr geschätzt wurde. Doch die Anforderungen waren so hoch, dass sie bereits Kreislaufprobleme hatte, denn sie konnte durch ihre Arbeitszeiten kaum einen richtigen Tagesrhythmus einhalten. Durch den Zeitpunkt, an dem die Heilkrise stattfand, sollte sie wohl darauf hingewiesen werden, dass ihr Wunsch berechtigt und ein Berufswechsel angezeigt war. Symbolisch zeigten ihr die Naturgesetze, dass sie nicht in die gleiche Lebenssituation zurückkehren sollte.

Nun zu generellen Richtlinien der Symbolsprache:

- Alle Erkrankungen des *Bewegungsapparates* deuten darauf hin, dass jemand in einer falschen Situation »steht« oder im Begriff ist, in eine falsche Situation »hineinzugehen«. Worauf sich die Warnung bezieht, hängt von den persönlichen Umständen und sehr oft von einer bevorstehenden Entscheidung ab. Häufig wird auch ein Stillstand in der Weiterentwicklung signalisiert.
- Erkrankungen von *Armen* und *Händen* zeigen meist an, dass etwas losgelassen werden soll.
- *Depressionen* sind symbolisch dafür, dass sich jemand niederdrücken lässt oder sich selbst niederdrückt. Sie bewirken einen Energieverlust und deuten auf diese Weise auf Zeitverschwendung hin, denn: Energie ist auch Zeit.
- *Rückenprobleme* zeigen, dass sich jemand beugt, nachgibt, sich duckt. Häufig »gebeugt« zu sein, also zu tun, was andere wollen, verursacht Schmerzen und verschiedene andere Beschwerden.
- Wer sich zu viel aufladen lässt, belastet seine *Schultern.*
- *Kopfschmerzen* treten dann auf, wenn wir unbedingt etwas durchsetzen wollen, also mit dem Kopf durch die Wand gehen möchten. Auch Ärger oder sich selbst unter Druck zu setzen führt zu Kopfschmerzen.
- Probleme mit den *Sprechorganen* weisen darauf hin, dass sich jemand nicht artikulieren kann, oder Falsches, Negatives aus dem Mund kommt.
- Die *Nase* signalisiert uns unser falsches Verhalten, wenn wir »die Nase in etwas hineinstecken«, was uns nichts angeht. Wir mischen uns ein.

- Wer Probleme mit den *Augen* hat, will etwas nicht sehen oder sieht vieles negativ. Er hat eine falsche Sichtweise.
- *Ohrenprobleme* bedeuten, dass wir etwas nicht hören, was unserer Weiterentwicklung förderlich wäre. Wir achten nicht auf Intuitionen.
- Die *Lunge* reagiert mit Beschwerden, wenn wir vor Überlastung keine Luft mehr bekommen, weil wir unseren Körper ständig überfordern.
- *Magenprobleme* können sich einstellen, wenn uns etwas bedrückt und wir nicht den Mut haben, unser Problem zu lösen.
- *Herzbeschwerden* zeigen, dass einem etwas »das Herz bricht« oder zu sehr zu Herzen geht. Das kann geschehen, wenn wir nicht vergeben können. Wenn wir uns ständig unter Druck setzen, können ebenfalls Herzerkrankungen auftreten (Managerkrankheit).
- *Krebs:* Je nachdem, wo der Krebs sitzt, symbolisiert er eine bestimmte Schwäche, die außer der Hauptursache, nämlich der Geltungssucht, zum Tragen kommt. Hier nur ein Beispiel: Brustkrebs ist symbolisch dafür, dass sich jemand alle Belange seines Umfeldes »zur Brust nimmt« und sich aufopfert. Weitere Beispiele finden Sie in dem Buch *Was Krankheiten uns sagen.*

Die folgenden Beispiele zeigen, wie wir die Bedeutung einer Krankheit herausfinden können, wenn wir versuchen, Wörter in einem anderen Zusammenhang zu gebrauchen oder eine Situation anders auszudrücken: Jemand hatte alle Anzeichen eines beginnenden Schnupfens, dabei aber das Gefühl, dass dahinter etwas anderes steckte. Er fragte sich: »Warum bin ich verschnupft? Wovon habe ich die Nase voll?« In den Ereignissen des vorangegangenen Tages fand sich die Antwort.

Dem Chef gegenüber »verschnupft« zu sein, anstatt eine Lösung für ein Problem zu suchen, hat keinen Sinn. Allein durch die gedankliche Korrektur des Verhaltens verschwanden die Erscheinungen und aus dem Schnupfen wurde nichts. Anstatt zu sagen: »Ich habe einen Schnupfen« können wir auch sagen: »Ich bin verschnupft.« Die Frage: »Wem gegenüber oder weshalb?« ergibt sich dann von selbst.

Ein persönliches Erlebnis Frau Hajdus zeigt ebenfalls, wie wir die Bedeutung eines Ereignisses erkennen können, wenn wir in Worte fassen, was uns widerfährt. »Ich hatte seit einiger Zeit kleine Schwindelanfälle, die schließlich so gravierend wurden, dass sich wie bei einer Seekrankheit auch Übelkeit einstellte. Ich musste stundenlang liegen, bis mein Kopf sich wieder beruhigt hatte. Offensichtlich tat ich etwas, das nicht ehrlich war, ich schwindelte also. Aber was war das? Die Übelkeit gab mir einen weiteren Hinweis. Ich empfahl bei unseren Seminaren Kamillentee mit Baldrianpresssaft zur Beruhigung des Nervensystems und sagte dazu, dass wir dieses Getränk täglich um ca. 17 Uhr trinken würden. Das traf für das gesamte Team des Instituts zu, nur nicht für mich. Ich mochte den Geruch von Baldrian nicht, ich fand ihn übelerregend. Etwas zu unterrichten, das auf mich selbst nicht zutraf, war nicht ehrlich. Ich trinke seither täglich dieses Getränk und finde es wohltuend. Der Geruch stört mich längst nicht mehr. Die Schwindelanfälle hörten auf und kamen nie wieder.«

# Der Weg aus der Krankheit

Eine Frau sagte: »Wenn ich meine Krankheit selbst verursacht habe, dann kann ich mich auch selbst wieder gesund machen.«

Das ist eine weise Erkenntnis, die ihre Gültigkeit hat, es sei denn, die Schädigungen sind so weit fortgeschritten, dass eine Regeneration nicht mehr möglich ist.

Was bedeutet der Ausdruck »Selbstheilungskräfte aktivieren«? Was aktiviert werden kann, muss in irgendeiner Form vorhanden sein. Die Erfahrung zeigt, dass Organe erstaunlich regenerationsfähig sind. Der Grund dafür ist der Umstand, dass Krankheiten nicht den Zweck haben, uns zu plagen, uns das Leben schwer zu machen oder gar umzubringen. »Eine Krankheit ist ein Blumenstrauß, den uns ein Freund (Gott) schenkt«, wie Frau Dr. Müller-Kainz immer sagt.

So sollten wir Krankheiten auch betrachten, anstatt zu hadern. Die Situation anzunehmen ist der erste Schritt zur Aktivierung unserer Selbstheilungskräfte. Damit übernehmen wir Verantwortung für uns und sind offen für den Weg aus der Krankheit. Verzweiflung und Mutlosigkeit haben dann keinen Platz mehr.

Die Diagnose ist der Endpunkt des Weges in eine Krankheit, aber zugleich auch der mögliche Wendepunkt. Je nachdem, wofür Sie sich entscheiden, betreten Sie jetzt einen Leidensweg oder den Weg zur Gesundheit. Zunächst muss die Ursache für Ihre Erkrankung gefunden werden. Auslöser können Sie außer Acht lassen. Nach der Lektüre dieses Buches gehören Sie zu den Menschen, die wissen, wo sie suchen müssen, nämlich in Ihrem seelischen Verhalten.

Es ist trotzdem nicht immer leicht, selbst die Zusammenhänge zu durchschauen. Der Grund dafür ist die Tatsache, dass unser Charakter eine Gesamtheit darstellt, die jedoch vielschichtig ist und Verknüpfungen von Eigenschaft zu Eigenschaft aufweist. Das ist so zu verstehen: Wer nicht genügend Mut hat, traut sich oft nicht, die Wahrheit zu sagen. Wer nicht vergeben kann, verschwendet Zeit mit negativen Gedanken und Aussagen. Wer mit Absicht Zeit vertrödelt, ist unehrlich. Dazu kommt, dass unser Charakter nie konstant ist, sondern sich in die eine oder andere Richtung entwickelt. Außerdem können wir selbst weniger leicht unser Verhalten erkennen als jemand anderer, der uns objektiver beurteilen kann. Aus diesen Gründen ist oft die Hilfe eines Therapeuten notwendig, der sich mit der Wirkungsweise der Naturgesetze auskennt.

Der Weg aus der Krankheit erfordert Fleiß, Ausdauer und Konsequenz. Das Loslassen von einer falschen Verhaltensweise oder Schwäche muss geübt werden. Deshalb gibt es auf diesem Weg viele Übungsmöglichkeiten in Form von Situationen, die dazu verleiten, in das alte Muster zu verfallen. Es ist nicht schlimm, wenn jemand alle diese Prüfungen nicht sofort besteht, denn wir müssen lernen, solche Situationen zu erkennen. Manchmal gelingt das erst im Nachhinein. Aber auch das ist ein Fortschritt. Auch hier gilt: Das ehrliche Bemühen zählt. Je mehr die Krankheitserscheinungen zurücktreten, desto leichter und hoffnungsvoller wird der Weg. Aber sogar dann, wenn jemand seine Gesundheit wiedererlangt hat, wird er Gelegenheiten bekommen, durch die er beweisen kann und soll, dass er nicht wieder in die alten Bahnen zurückkehren will.

Selbstheilungskräfte werden demnach durch das Bemühen aktiviert, Schwächen loszulassen, sodass der Körper nicht länger als Spiegel dienen muss. Die beste Unterstützung auf dem Weg zur Heilung ist von körperlicher Seite eine gesunde und vollwertige Ernährung.

# Ohne richtige Ernährung geht es nicht

Unser Körper bedarf der sorgfältigen Pflege und Versorgung, um mit der notwendigen Energie ausgestattet zu sein, wie bereits im Kapitel »Drei wichtige Energiearten«, Unterkapitel »Regenerationsenergie – Ernährung« im zweiten Teil des Buches dargelegt.

Wie wichtig Energiezufuhr im Falle einer Krankheit ist, versteht sich von selbst. Ein kranker Körper braucht besondere Hilfe und Aufmerksamkeit. Das ist jedoch ohne eine sorgfältig abgestimmte Ernährung nicht zu erreichen. Aber auch wenn Sie nicht krank sind und gesund bleiben wollen, ist auf Dauer eine gute Ernährung notwendig. Sich richtig zu ernähren, stellt eine seelische Leistung dar, denn es handelt sich um die Pflege unseres kostbaren »Spiegels«. Welche Übungsmöglichkeiten für Stärken und Talente das Gebiet der Ernährung bietet, haben wir ebenfalls im Kapitel über Energie erwähnt.

Was dürfen wir von einer gesundheitsfördernden Ernährung erwarten? Sie muss

- alle notwendigen Nährstoffe in ausreichender Menge zuführen
- ausreichend Ballaststoffe enthalten
- den Aufbau und die Erhaltung des Immunsystems gewährleisten
- gezielte Maßnahmen zur regelmäßigen Entgiftung und Entschlackung beinhalten
- die Zufuhr von Giften vermeiden

- bei geringem Energieverbrauch für den Stoffwechsel einen optimalen Energiegewinn bringen
- abwechslungsreich und wohlschmeckend sein
- rasch und einfach zubereitet werden können
- aus möglichst naturbelassenen Lebensmitteln bestehen

Das klingt anspruchsvoll, ist jedoch viel leichter durchzuführen, als es auf den ersten Blick scheint. Die entscheidende Aussage ist: Es gibt eine Ernährung, die diesen Ansprüchen genügt. Wir empfehlen eine lactovegetabile Kostform, die tatsächlich alle erwähnten Punkte erfüllt. Sie wurde in mehr als 30 Jahren von vielen Menschen erprobt, und zwar nicht nur in Testphasen, sondern als Dauerernährung. Wer erlebt, wie wohl er sich dabei fühlt, bleibt gerne bei dieser Ernährung. Sie wurde ja auch im Einklang mit den Naturgesetzen entwickelt.

Was bedeutet lactovegetabil? Das ist eine vegetarische Kostform mit Milchprodukten. Von der Bundesärztekammer wird lactovegetabile Ernährung für Ernährungsberatung und Ernährungstherapie empfohlen. In ihrer Aussendung *Gesund essen – Empfehlungen für die ärztliche Ernährungsberatung und Ernährungstherapie* weist die Ärztekammer wörtlich auf folgende Zusammenhänge hin: »Die meisten Vegetarier verhalten sich nicht nur in der Ernährung, sondern auch in anderen Lebensbereichen gesundheitsbewusster als die Durchschnittsbevölkerung … Der weitgehende Verzicht auf Nikotin und Alkohol sowie eine hohe körperliche Aktivität sind oft Teil einer vegetarischen Lebensweise.«

Es gibt jedoch unterschiedliche Formen dieser Kost. Unsere guten Erfahrungen und Erfolge beziehen sich auf die in dem Buch *Vital und jung bleiben* beschriebene Art von lactovegetabiler Ernährung.

Diese Form der Ernährung erfüllt nicht nur alle oben angeführten Bedingungen, sondern weist einige Besonderheiten auf:

- Ein sehr schmackhaftes »Immunfrühstück«, das aus einem Sauermilchprodukt mit rechtsdrehender Milchsäure und frischem Obst besteht, ergänzen wir mit wichtigen positiven Darmbakterien und bauen so unser Immunsystem auf.
- Wir vermeiden Weißzucker. Er ist ein reines Kohlenhydrat und weist keine Begleitstoffe wie beispielsweise Mineralstoffe auf, die zur Verstoffwechselung notwendig sind. Diese holt er sich aus unserem Körper. Vor allem wird den Knochen Kalzium entzogen und dem Nervensystem Vitamin B. Unser Gehirn benötigt dringend gute Zuckerarten, wie sie in Früchten, Trockenfrüchten, Honig, Ahornsirup, Agavendicksaft, Apfeldicksaft und Birnendicksaft enthalten sind. Wir verwenden deshalb nur diese genannten Süßungsmittel.
- Ähnlich ist es mit dem Kochsalz. Es ist reines Natriumchlorid. Auch hier fehlen die Begleitstoffe. Es schadet Nieren und Herz. Deshalb ist Kräutermeersalz besser. Wir empfehlen jedoch milchsauer vergorene Sojasauce (Tamari). Durch die milchsaure Gärung können wir das für uns notwendige Natrium leichter aufnehmen. Besonders Rekonvaleszenten sollten Kochsalz vermeiden.
- Besonders wichtig ist die Vermeidung von erhitzen Fetten. Beim Erhitzen von Fett bilden sich Lipoperoxide. Diese Giftstoffe muss unser Körper wieder ausscheiden. Wenn dazu die Energie nicht ausreicht, werden sie im Körper deponiert. Wir garen deshalb Getreide und Gemüse schonend in Wasser. Dabei bleiben auch die natürlichen Geschmackstoffe besser erhalten als bei der Zubereitung

mit Fett. Wir verwenden nur native, kaltgepresste Öle oder Sauerrahmbutter, die wir erst bei Tisch den schon etwas abgekühlten Speisen zugeben. Auch Käse erhitzen wir nicht.

- Ein Getränkeprogramm sorgt für eine fortwährende, sanfte Entgiftung und Entschlackung, welche die Ausscheidungsorgane nicht überfordert, und für eine zusätzliche Zufuhr von Vitaminen und Mineralstoffen sorgt. Gleichzeitig erreichen wir damit, dass wir eine ausreichende Flüssigkeitsmenge zu uns nehmen.
- Der Eiweißbedarf wird über Milchprodukte, Hülsenfrüchte, Gemüse, Getreide, Nüsse und Samen gedeckt.

Ein ganz besonders wichtiger Aspekt ist die Beschaffenheit der Lebensmittel. Sie sollten möglicht naturbelassen sein. Leider werden Lebensmittel heute auf vielerlei Weise verändert. Die Wissenschaft vermutet, dass es allein in Pflanzen 10 000 unterschiedliche Inhaltsstoffe gibt. Davon sind etwa 4000 derzeit bekannt. Nur bei einem Teil davon kennen wir die Wirkungsweise und das Zusammenwirken. Trotz dieser im Vergleich zur Vielfalt geringen Kenntnisse, werden Lebensmittel durch Bearbeitungsmethoden, Zusatzstoffe und durch den Entzug mancher Inhaltsstoffe verändert. Die Veränderungen sind manchmal so gravierend, dass der Nährstoffgehalt beträchtlich sinkt.

Vergegenwärtigen wir uns einmal, was alles Lebensmitteln zugesetzt wird: Konservierungsstoffe, Antioxidationsmittel, Emulgatoren, Verdickungsmittel, Schutzgase, Geschmacksverstärker, Farbstoffe, Aromen, Süßungsmittel, Trennmittel, Entfärbungsmittel, Stabilisatoren, Härter, Weichmacher, Schaumdämpfer, Treibgase, Rieselfähigkeitshilfen und noch vieles mehr. Alles das muss unser Körper verarbeiten. Das ist nicht nur ein hoher Energieaufwand, denn manches davon kann der Körper nicht loswerden und muss es einlagern. Auch das Gehirn wird als Deponie verwendet. Die Mengen an Zusatzstoffen, die manche Menschen zu sich nehmen, sind beträchtlich.

Der Ökotrophologe Bernd Küllenberg stellte in einem Vortrag fest, dass ein Mensch, der sich hauptsächlich von Fertiggerichten ernährt, auf eine Zusatzstoffmenge von 20 Gramm täglich komme. Bei Anhängern von Light-Produkten seien es sogar bis zu 50 Gramm täglich (*NHV-Zeitschrift* 1/2005). Dazu kommt, dass nicht alle Stoffe so deklariert werden müssen, dass deren Herkunft für den Verbraucher nachvollziehbar ist. Auf vielen abgepackten Waren finden Sie die Bezeichnung »natürliche Aromen«. Das bedeutet lediglich, dass diese Geschmackstoffe aus einem in der Natur vorkommenden Grundstoff erzeugt wurden.

Hans-Ulrich Grimm hat eingehende Recherchen über Zusatzstoffe betrieben. Er schreibt: »Sägespäne beispielsweise waren bisher dem menschlichen Verzehr entzogen, als Rohstoff allenfalls für Spanplatten gebräuchlich … Bei Haarmann & Reimer machen sie aus Sägespänen Erdbeeraroma.« An anderer Stelle heißt es: »Die amerikanische Firma Athlon erhielt ein Patent für die trickreiche Verwendung von Vogelfedern in einem Zusatz für Konfekt und Backwaren« (Hans-Ulrich Grimm, *Die Suppe lügt*). Als besonders schädlich muss Vanillin eingestuft werden, das sich in vielen Süßigkeiten findet. Es ist außerordentlich schädlich für das Gehirn.

Wir können Ihnen nur dringend empfehlen, dass Sie sich informieren und Ihre Nahrung sorgfältig auswählen, egal, ob Sie eine Krankheit überwinden oder gesund bleiben wollen. Loslassen von schädlichen Ernährungsgewohnheiten ist dabei ein entscheidender Schritt.

Besonders für unser Gehirn ist es wichtig, sowohl bestens ernährt, als auch nicht verschlackt und vergiftet zu sein. Nur so kann unsere Schalt- und Steuerzentrale klaglos funktionieren und ihre volle Leistung bringen. Wir möchten Ihnen Mut machen, eine Ernährungsumstellung vorzunehmen. Es ist einfacher, als Sie vielleicht glauben. Gesunde Ernährung ist eine Möglichkeit loszulassen, die Freude und Energie bringt.

# Unsere Lernprozesse, unser Gewinn

Sie haben in diesem Teil des Buches erfahren, welche Botschaften uns Krankheiten übermitteln sollen. Viele Menschen werden erst durch diese Mahnungen, die sie oftmals in extreme Situationen bringen, darauf aufmerksam, dass es noch etwas anderes gibt, als die Welt, die sie durch ihre Sinne wahrnehmen. Spirituelles Leben beginnt manchmal erst, wenn jemand nicht mehr weiterweiß.

Wer verstanden hat, wie und warum Krankheiten entstehen, der weiß auch, dass er gesund bleiben kann. Er kennt den Weg zu dauerhafter Gesundheit. Wir werden rechtzeitig von den Naturgesetzen auf unsere Lernprozesse hingewiesen, schon lange bevor wir krank werden.

Wir werden allerdings immer wieder Prüfungen unterzogen. Wir müssen beweisen, dass wir es ernst meinen mit dem Loslassen von unseren Schwächen. Mit »Eintagsfliegen« in unserem Verhalten ist uns selbst nicht gedient, unserem Umfeld nicht und schon gar nicht der Welt. Mit jeder Stärke, mit jedem Talent, mit jeder Steigerung der Intelligenz ist ein klein wenig mehr an positiver Energie im Universum vorhanden. Das ist unser aller Verantwortung. Wir dürfen diese scheinbaren Kleinigkeiten nicht gering achten, denn alles Große besteht aus kleinen Teilen. Bestandene Prüfungen, errungene Erfolge, gewonnene Erkenntnisse bringen Sicherheit und Freude.

Denken Sie daran, dass sich verwirklicht, womit wir uns beschäftigen. Deshalb ist es sinnvoll, sich mit Gesundheit auseinanderzusetzen und alles loszulassen, was ihr nicht dient. Freuen Sie sich auf Ihre Tagesschule und die Lernprozesse, die Ihnen angeboten werden, und gehen Sie den interessanten Weg der Entfaltung Ihrer Persönlichkeit und immer besserer Gesundheit. Führen Sie ein spannendes Leben voll vielfältiger Ereignisse, ohne Angst und in Geborgenheit.

# Ein Beitrag zum Gesundheitswesen

Wie stehen Sie zum Thema »Gesundheitswesen«? Finden Sie richtig, was uns hier geboten wird? Wir meinen, dass Selbstverantwortung den Schlüssel zu einem finanzierbaren Gesundheitswesen darstellt. Je weniger wir an Leistungen beanspruchen, desto mehr Geld bleibt für Aktivitäten der Kassen, die zur Aufklärung und zur Förderung der Gesundheit beitragen können.

Stellen Sie sich vor, wie viel Sie dem Gemeinwesen sparen, wenn Sie keine Medikamente in Anspruch nehmen. Wie viel besser wird es dem Betrieb gehen, in dem Sie arbeiten, wenn Sie nur sehr selten Krankenurlaub brauchen? Auch Krankengeld muss nicht ausgezahlt werden.

Manche Menschen glauben, dass sie unbedingt beanspruchen sollten, was sie sich durch ihre Krankenkassenbeiträge an Rechten erworben haben. Das ist berechtigt bei Unfällen, unvermeidlichen Operationen oder zur Erhaltung der Zahngesundheit. Das gilt auch für unterstützende Maßnahmen wie zum Beispiel Krankengymnastik, Massagen, Kuren. Darüber hinaus sollten Sie sich immer fragen, welchen Beitrag Sie selbst durch Ihre seelische Leistung und eine gute, aufbauende Ernährung für Ihre Gesundheit leisten können.

Sind solche Überlegungen sinnvoll? Ja, denn Sie wissen, dass Gedanken Mächte sind. Das Gesundheitswesen ist unser aller Angelegenheit. Es liegt an uns, die Definition von Krankheit zu ändern und sie nicht als »Zellentätigkeit unter abnormen Umständen« (siehe Kapitel »Wie organische Krankheiten entstehen«) zu sehen. Sie ist vielmehr eine Störung in der Weiterentwicklung einer Seele. Viel schöner und vielleicht auch anregender ist es, Gesundheit wie folgt zu definieren:

> Gesundheit ist der Ausdruck
> des Einklangs einer Seele mit Gott
> und den Naturgesetzen,
> ein freiwilliges Mitfließen mit den
> Mächten des Universums.

# V. BELOHNUNGEN DURCH LOSLASSEN

Erinnern Sie sich an den Anfang unseres Buchs? Dort haben wir gesagt, dass durch Loslassen von bestimmten Eigenschaften, Gewohnheiten und Schwächen der Weg frei wird zu Stärken und Talenten, zu größerer Energie, zu einer gesteigerten Intelligenz, zu besserer Intuition, zu Ausstrahlung, Heilung, Freiheit, Freude, Liebe und Gottvertrauen, kurz zu einem angenehmeren Leben. Das geschieht, weil Sie sich durch Loslassen weiterentwickeln. Immer mehr kleine und größere Schwächen verschwinden, immer mehr Stärken zeichnen Sie aus.

Wir geben hier zusammenfassend einen Überblick, welche Talente und Eigenschaften durch Loslassen besonders gefördert werden.

# Drei wichtige Talente

## Selbstdisziplin – das Schlüsseltalent

Schon wieder dieses verpönte Wort. Alle Versuche, es endgültig aus den Gedanken und aus dem Wortschatz zu verbannen, scheinen zwecklos zu sein. Irgendwo taucht es wieder auf. Wir geben zu, dass wir von Selbstdisziplin sehr viel halten und uns auch bemüht haben, sie in diesem Buch ins rechte Licht zu rücken. Dass wir dies jetzt noch einmal betonen, hat einen guten Grund. Selbstdisziplin ist ein »Schlüsselwort«, besser gesagt ein Talent, das eine Schlüsselposition einnimmt. Unser »Selbst« in den Griff zu bekommen, ist eine der Voraussetzungen für Selbstsicherheit. Zu wissen, dass Sie sich auf sich selbst verlassen können, gibt Ihnen Freiheit und Unabhängigkeit. Niemand kann in dieses Hoheitsgebiet einbrechen, das nur Sie betreten können, über das nur Sie verfügen.

Selbstdisziplin ist auch eine Quelle wahrer Freude. Die kleinen inneren Siege, von denen außer Ihnen niemand Kenntnis hat, die niemand anderen als Besiegten zurücklassen, sind eine Quelle der Kraft und Ausgeglichenheit. Beides strahlt auf Ihr Umfeld aus und macht Sie liebenswerter.

Es sind die kleinen Alltäglichkeiten, an denen wir Disziplin üben können, indem wir scheinbar Unbedeutendes loslassen. Aber gerade das macht uns zu angenehmeren Menschen. Wer diszipliniert ist, wartet nicht darauf, dass ein anderer für ihn erledigt, was er selbst tun sollte. Er kümmert sich um seine seelischen Belange genauso wie um die Bedürfnisse seines

Körpers. Er tut aber auch vieles, was das Zusammenleben mit anderen Menschen reibungsloser macht, weil er es selbstverständlich findet, notwendige Tätigkeiten nicht anderen zu überlassen, wenn er in der Lage ist, sie selbst zu erledigen. Einem disziplinierten Menschen braucht niemand zu sagen: »Zieh die Schuhe aus, schließ die Tür, lösch das Licht, räum deine Sachen weg, sei pünktlich, sei verlässlich …«

Selbstdisziplin ist auch eine Quelle der Zufriedenheit. Dieses angenehme Gefühl stellt sich ein, wenn wir etwas getan haben, wozu Disziplin notwendig ist. Wir wissen und fühlen, dass wir richtig gehandelt haben. Gleichzeitig ist auch ein Energiezuwachs zu spüren.

Wer selbstdiszipliniert ist, kritisiert andere nicht und lässt Lernprozesse und gelegentliche Ausnahmen zu. Selbstdisziplin steht nicht im Gegensatz zum Loslassen, denn Loslassen erfordert Disziplin, um so manchen Prozess einer Veränderung in unserem Verhalten durchzustehen. Sie brauchen dieses wichtige Talent auch häufig, um Intuitionen in die Tat umzusetzen. So unbequem, unbeliebt und unmodern Selbstdisziplin erscheinen mag, ist sie doch ein wesentlicher Beitrag zu einem angenehmeren Leben und gleichzeitig eine Belohnung dafür, dass es uns gelungen ist, manches loszulassen, das uns gehindert hat, glücklich zu sein.

## Konzentrationsfähigkeit – Energiequelle und Voraussetzung für eine gute Intuition

Wenn wir Kinder beim Spiel beobachten, so stellen wir fest, dass sie vollkommen konzentriert sind. Sie sehen und hören nicht, was um sie herum vorgeht. Sie sind mit ihrem ganzen

Sein in ihrer Welt. Sie besitzen dieses Talent als Grundlage dafür, sich lebensnotwendige Kenntnisse spielerisch anzueignen. Wir empfinden das Fehlen oder ein Defizit an Konzentrationsfähigkeit bei Kindern als Mangel, weil sie etwas Grundlegendes und Notwendiges darstellt. Bei einer Sache bleiben zu können, im Hier und Jetzt zu sein, erleichtert es uns, Fähigkeiten und Kenntnisse zu erwerben.

Dieses wichtige Talent geht sehr häufig verloren, und viele Erwachsene müssen es sich neu erwerben. Es lohnt sich, täglich zu üben. Denn Gott sei Dank ist Konzentrationsfähigkeit unbegrenzt zu steigern. Selbstdisziplin hilft, die entsprechenden Übungen durchzuführen, bis sie zu einer ständigen Einrichtung, zu einem Bedürfnis werden. So gewinnen Sie das Talent wieder, das Sie in Ihrer Kindheit als selbstverständliche Fähigkeit besaßen.

Wenn wir uns in einer Lebenssituation befinden, die unsere Weiterentwicklung behindert, haben wir es besonders schwer, unsere Konzentrationsfähigkeit zu steigern. Denken Sie nur an einen Beruf, in dem Sie nicht mehr weiterkommen. Es entsteht ein Energieentzug, sodass konzentriertes Arbeiten kaum mehr funktioniert. Ebenso ist es in zwischenmenschlichen Beziehungen. Konflikte verhindern konzentriertes Verhalten, denn sie sind ständige Störfaktoren. Wer sich in schwierigen Lebenssituationen befindet, sollte sich fragen, was es loszulassen gilt, um weiterzukommen. Loslassen und Konzentrationsfähigkeit bedingen sich gegenseitig. Wenn wir loslassen, was uns beeinträchtigt, können wir uns besser konzentrieren. Wenn wir uns auf eine richtige Tätigkeit konzentrieren, lassen wir automatisch störendes Verhalten los. Wir üben Loslassen und steigern gleichzeitig unsere Konzentrationsfähigkeit.

Konzentriert und bewusster durch den Tag zu gehen, ermöglicht es uns, Intuitionen leichter wahrnehmen und Ereignisse bewusster beobachten zu können. Konzentrationsfähigkeit ist also die Voraussetzung dafür, die großartige Lebenshilfe, die uns Intuitionen bieten, optimal nutzen zu können, und eine wunderbare Belohnung für unser Bemühen, loslassen zu lernen.

## Die Intuition – unsere direkte Verbindung zu Gott und den Naturgesetzen

Über Intuition wird viel geredet und geschrieben. Auch wir machen in diesem Buch keine Ausnahme. Wir glauben, dass Menschen sich niemals zu viel damit beschäftigen können, denn sie ist tatsächlich das »Toptalent«, das uns zur Bewältigung unseres Lebens zur Verfügung steht. Eine gute Intuition ist die optimale Hilfe, das zu erkennen und loszulassen, was auf unserem Lebensweg hinderlich ist. Daher gilt es intuitiver zu werden und einen Ausgleich zwischen Verstand und Intuition zu schaffen. Möglichst viele Intuitionen wahrzunehmen, ihnen zu vertrauen und sie umzusetzen, ist eine Fähigkeit, also ein Talent, das stets gesteigert werden kann. Eine gute Intuition ist der Lohn für das Loslassen unseres Ego, das immer wieder versucht, gescheiter zu sein als Gott.

Die drei wichtigsten Talente, nämlich Selbstdisziplin, Konzentrationsfähigkeit und Intuition unterstützen und ergänzen einander. Sie stärken Ihre Persönlichkeit. Diese Talente zu entwickeln und zu steigern, setzt Loslassen-Können voraus. Loslassen erweist sich somit als ein Meilenstein auf dem Weg zu Gottvertrauen.

# Drei hilfreiche Eigenschaften

Stets neutral zu bleiben, Toleranz zu üben und vor allem sich selbst und anderen vergeben zu können, sind drei hilfreiche Eigenschaften, die uns das Leben erleichtern und den Umgang mit anderen Menschen angenehmer machen. Diese Eigenschaften sind nicht von heute auf morgen zu erwerben, sondern es ist ein langer Weg der kleinen Schritte. Auf diesem Weg erweist sich Loslassen ebenfalls als hilfreich. Auch hier gilt, dass Sie sofort belohnt werden, wenn Sie sich bemühen.

## Neutralität

Neutrales Verhalten setzt Offenheit voraus. Wer neutral ist, bemüht sich, das Verhalten anderer und Ereignisse von einem objektiven Standpunkt aus zu betrachten. Dazu ist es notwendig, sich frei zu machen, also alles loszulassen, was eine objektive Betrachtung behindert. Dazu gehören vor allem Vorurteile, die weitverbreitet sind und oft gar nicht als solche bemerkt werden.

Neutralität bedeutet aber nicht Gleichgültigkeit oder Meinungslosigkeit. Ganz im Gegenteil! Sie ermöglicht Meinungsbildung und Lernprozesse, denn nur wer neutral ist, kann Neues zulassen und überprüfen und, wenn nötig, Altes loslassen. Loslassen trägt dazu bei, objektiver und neutraler zu werden.

## Toleranz

Neutralität und Toleranz sind eng miteinander verbunden. Neutral und gleichzeitig intolerant zu sein, ist nicht möglich. Im zwischenmenschlichen Bereich spielt Toleranz eine besonders wichtige Rolle.

Durch die Lektüre dieses Buches haben Sie sich viele Kenntnisse und Fähigkeiten erworben. Wahrscheinlich gibt es in Ihrem Umfeld Menschen, die dieses Wissen nicht besitzen, während Sie erkannt haben, was Loslassen bewirkt. Vielleicht würden Sie gerne Ihre guten Erfahrungen weitergeben. Das Bedürfnis, anderen Menschen zu helfen, ist sehr verständlich. Aber ist es gerechtfertigt, in die Lernprozesse anderer einzugreifen? Dürfen wir andere Menschen manipulieren? Toleranz ist die Fähigkeit, den anderen in seinem Anderssein anzunehmen. Wer Toleranz übt, gerät nicht in Gefahr, die »Schule« anderer zu stören. Sie tun gut daran, Ihr Wissen nur dann weiterzugeben, wenn Sie danach gefragt werden. Das ist nicht immer leicht, aber diese gute Übung im Loslassen erleichtert Toleranz. Übrigens: Ihr Vorbild ist wirksamer als alle Worte.

## Vergebung

Zu Neutralität und Toleranz gesellt sich Vergeben-Können. Alles, was wir nicht vergeben, hindert uns daran, eine neutrale oder tolerante Haltung einzunehmen. Wie sollte jemand neutral oder tolerant sein können, wenn er an Aggressionen, Geltungssucht, Vergeltung, Besserwisserei, Eifersucht, Neid oder ähnlichen Eigenschaften festhält?

Hier wird besonders deutlich, wie Verhaltensweisen miteinander verknüpft sind und dass Loslassen zu Vergebung führt. Es macht uns toleranter und neutraler, denn es beinhaltet das Verständnis dafür, dass andere Menschen anders denken und handeln, andere Meinungen haben und dass sie individuelle, auf sie abgestimmte Lernprozesse durchlaufen. Entscheidungen, die ein anderer trifft, erscheinen uns oftmals falsch, sind jedoch sein Lernprozess und daher für ihn richtig. Lassen wir also los von der Meinung, dass wir besser wissen, was für andere richtig ist. Wenn wir außerdem bedenken, dass auch uns so manches vergeben wurde und wird, fällt es uns leichter, anderen zu vergeben.

Vergeben bedeutet loszulassen ohne jede Einschränkung, denn was uns an anderen stört oder was wir nicht akzeptieren wollen, ist nichts anderes als ein Spiegelbildeffekt.

Auf dem Weg zu Liebe und Gottvertrauen ist Vergeben-Können eine unverzichtbare Eigenschaft, ein Wegweiser, dem wir folgen sollten.

# Seelisch-geistige Liebe leben

Zu lieben und geliebt zu werden ist wohl der größte Wunsch jedes Menschen und das Schönste, was uns das Leben bieten kann. Liebe ist eine Belohnung für unser Verhalten. Sie ist ein Resultat unserer Weiterentwicklung. Jedes Loslassen von Verhaltensweisen, die uns nicht weiterbringen, jeder Erwerb einer guten Eigenschaft oder eines Talents bringen uns dem Ziel näher, zu sein, wie wir sein sollten. So können wir alle durch Loslassen »liebens-würdiger« werden und unseren Beitrag dazu leisten, dass uns Liebe zuteil wird.

Loslassen hilft uns auch, uns selbst zu schätzen und zu lieben. Menschen, die diese Fähigkeit besitzen, können Liebe geben. Sie bekommen stets zurück, was sie geben, denn Liebe ist immer ein Geben und Bekommen, ein Austausch der schönsten Energieart, die im Universum existiert.

Vergessen wir nicht, dass Liebe durch jeden Einzelnen von uns in diese Welt gebracht werden soll. Dadurch können wir Veränderung bewirken. Eileen Caddy sagt in ihrem Buch *Herzenstüren öffnen* dazu: »Nichts wird der Freisetzung der Liebe Einhalt gebieten können [illegible] Die Liebe kann weder versteckt noch übersehen werden. Nach und nach wird sie sich in einem jeden zu offenbaren beginnen. Sie ist gekommen, um zu bleiben.«

# Gottvertrauen, der höchste Lohn des Loslassens

Alle Menschen sind Teil eines großen Uhrwerks, eines Gesamtplans, in dem jeder seinen Platz hat, den nur er ausfüllen kann. Sie mögen denken, dass Sie diesen Plan in seiner Gesamtheit nicht kennen und auch Ihren besonderen Platz nicht ausfindig machen können. Die Erfahrung zeigt, dass wir vertrauensvoll den Weg gehen dürfen, den uns Gott und die Naturgesetze weisen. Damit machen wir die besten Fortschritte und erleben Leichtigkeit und Freude. Ein Sprichwort sagt: »Der Mensch denkt und Gott lenkt.« Es bringt zum Ausdruck, dass all unsere Besserwisserei nichts nützt, sondern dass wir durch Loslassen frei werden, um zu unserem Platz im universellen Plan geführt werden zu können. Uneingeschränktes Gottvertrauen ist die höchste Stufe des Loslassens, denn es bedeutet, sich ganz in Seine Hände fallen zu lassen. So kann uns schließlich Freiheit, Liebe und Geborgenheit zuteil werden.

Ihr persönlicher Weg mag anderen Menschen unverständlich sein. Das soll Sie nicht entmutigen. In ständigem Kontakt mit Gott und den Naturgesetzen kann sich Ihr Leben am schönsten entfalten.

# Nachwort der Autorinnen

Die Notwendigkeit des Loslassens zog sich wie ein roter Faden durch mein Leben. Es war kein einfacher Entschluss, meine Heimat Österreich zu verlassen, um mir in den USA, ganz auf mich selbst gestellt, eine Existenz aufzubauen. Es wurde notwendig, die österreichische Staatbürgerschaft aufzugeben, um Amerikanerin werden zu können. Ich empfand diesen Schritt als etwas sehr Endgültiges. Damals ahnte ich nicht, dass ich viele Jahre später meine Staatsangehörigkeit aus beruflichen Gründen wiederum würde wechseln müssen.

Mein besonderes Interesse galt der Politik. Ich schaffte es, eine politische Karriere zu beginnen, und glaubte, damit am Ziel meiner beruflichen Wünsche angekommen zu sein. Bald jedoch erfolgte ein innerer Ruf, mein zweites Studium zu beginnen. Das bedeutete, loszulassen von meiner politischen Tätigkeit und mich einem ganz anderen Gebiet zu widmen, nämlich der Psychologie und Psychiatrie. In diese Zeit fiel auch das Ende meiner ersten Ehe. Ich verließ ein märchenhaftes Haus, nur mit Koffer und Handtasche, aber mit meiner kleinen Tochter.

Entscheidende Prozesse des Loslassens warteten jedoch auch in Deutschland auf mich. Nach Beendigung meines Studiums in Würzburg baute ich zuerst eine Praxis und später mein erstes Institut auf. Meine Mitarbeit in einer Forschungsgruppe brachte mir die Erkenntnis, dass ich den Großteil dessen, was ich im Studium gelernt hatte, loslassen musste. Damals konnte ich erkennen, wie schwierig es ist, sogenannte Glaubenssätze, also als gesichert geltendes Wissen, loszulassen, um für neue Erkenntnisse Platz zu schaffen.

Meine Lebensaufgabe erforderte meinen vollen Einsatz und meine absolute Unabhängigkeit. Deshalb musste ich auch meine zweite Ehe lösen, die mir finanzielle Sicherheit geboten hatte.

Ich ging nochmals nach Amerika, mit der Absicht, dort Vorträge und Seminare über die Naturgesetze zu halten. Der Zeitpunkt für dieses Vorhaben war jedoch nicht günstig. Das bedeutete, wieder alles aufzulösen und nach Deutschland zurückzukehren, wo ich schließlich mein zweites Institut in Starnberg aufbaute.

An irgendetwas festzuhalten hätte es mir unmöglich gemacht, meiner Lebensaufgabe zu folgen.

*Dr. Elfrida Müller-Kainz*
Im Sommer 2007

Natürlich gab es auch in meinem Leben so manches loszulassen. Den Tod des Ehepartners anzunehmen und nicht an Vergangenem zu hängen, war einer der schweren Schritte auf diesem Weg.

Nach meiner Berufstätigkeit als Lehrerin – als es wieder hieß, loszulassen, einen Lebensabschnitt abzuschließen und zu sehen, was die Zukunft bringt – lernte ich Frau Dr. Müller-Kainz kennen. Damals ahnte ich nicht, was sich aus dieser Bekanntschaft alles entwickeln sollte und wie sehr es mein Leben verändern würde.

Ich warf zum Beispiel meine Ernährungsgewohnheiten über Bord und stellte mich auf die empfohlene lactovegetabile Kost um. Und damit wartete schon die nächste Aufgabe auf mich: Ich bekam den Auftrag, ein Kochbuch zu dieser Ernährung zu schreiben. Da galt es loszulassen von Selbstzweifeln und Versagensängsten, und es entstand das Buch *Immun durch richtige Ernährung*.

Schon bald hielt ich einzelne Vorträge bei Wochenseminaren. So gewann ich immer engeren Kontakt mit dem Institut für Gesundheit und Persönlichkeitsbildung in Starnberg, das Frau Dr. Müller-Kainz leitet. Unzählige Lernprozesse kamen für mich in Gang, und ich machte die Erfahrung, dass Loslassen Türen öffnet.

Ich arbeitete an der Gestaltung von Seminaren mit und war am Konzept und an der Durchführung der »Ausbildung zum Gesundheits- und Persönlichkeitsberater« beteiligt. Außerdem schreibe ich Artikel für Zeitschriften.

Um diesen Aufgaben nachkommen zu können, war es notwendig, Altgewohntes aufzugeben und meinen Besitz und meine Heimat Österreich zu verlassen.

Ich bin sehr dankbar für alles, was ich lernen durfte. Von dem Gedanken, etwas nicht zu können, habe ich losgelassen.

*Hedwig Hajdu*
Im Sommer 2007

# Verzeichnis der Übungen

# Literatur


Berthold, Monika: »Physiker legen Beweise für die Ewigkeit vor«, erschienen in der Zeitschrift *Die andere Realität*. Gladbeck: Akademie für Esoterik e.V., Januar 2004.

Bundesärztekammer in Zusammenarbeit mit der Kassenärztlichen Bundesvereinigung e.V. und der Deutschen Gesellschaft für Ernährung (Hg.): *Gesund essen – Empfehlungen für die ärztliche Ernährungsberatung und Ernährungstherapie*. 3. überarbeitete Aufl. Köln: Deutscher Ärzteverlag, 2002.

Caddy, Eileen: *Herzenstüren öffnen*. Gutach i.Br.: Greuthof 1989.

Grimm, Hans-Ulrich: *Die Suppe lügt*. München: Droemer/Knaur 1999.

Grimm, Hans-Ulrich: *Die Ernährungslüge*. München: Droemer/Knaur 2005.

Hajdu, Hedwig L./ Elfrida Müller-Kainz: *Kinder brauchen Führung*. Eigenverlag 2005.

Imhof, Beat: *Weisheit und Wahrheit*. Solothurn: Rothus 2000.

Moser, Franz: *Bewusstsein in Raum und Zeit*. Graz: Leykam 1989.

Müller-Kainz, Elfrida: *Die Macht der Konzentration*. München: Langen Müller/Herbig 1992.

Müller-Kainz, Elfrida/Steingaszner, Beatrice: *Was Krankheiten uns sagen*. München: Universitas 1997.

Müller-Kainz, Elfrida/Christine Sönning: *Die Kraft der Intuitiven Intelligenz*. München: Knaur/MensSana 2003.

Müller-Kainz, Elfrida: *Der Schlüssel für den erfolgreichen Tag*. 3. Aufl. Eigenverlag 2006.

NHV-Bad Nauheim: »Lebensmittel werden immer schöner, bunter, künstlicher«. Artikel erschienen in der Zeitschrift *Naturarzt*, Königstein: Access Marketing GmbH, 1/2005, Seite 4.

Shinn, Florence Scovel: *Das Lebensspiel und seine mentalen Regeln.* 9. Aufl. München: Peter Erd 2003.

Steingaszner, Beatrice: *Vital und jung bleiben.* 8. überarbeitete Auflage, Eigenverlag 2007.

## Angebote des Instituts für Gesundheit und Persönlichkeitsbildung

Dr. Elfrida Müller-Kainz · Dr. Beatrice Steingaszner

*Vorträge*

geben Ihnen eine gute Gelegenheit, einen ersten Eindruck in das umfassende Wissen um die Naturgesetze zu bekommen. Sie lernen dabei uns und unsere Arbeitsweise kennen.

*Tages-/Wochenend-Seminare*

bieten Ihnen die Möglichkeit, tiefer in verschiedene Themen einzusteigen. Wir geben Ihnen Hilfestellungen, Ihr neues Wissen im täglichen Leben umzusetzen, und gehen auf persönliche Fragen ein.

*Wochen-Seminare*

In Grund-, Aufbau- und Fortgeschrittenen-Seminaren lernen Sie, naturgesetzliche Zusammenhänge im persönlichen und übergeordneten Bereich zu erfassen. Praktische Übungen motivieren Sie zur Umsetzung im Alltag. Der Austausch mit gleich gesinnten Teilnehmern bereichert Ihren Erfahrungsschatz. Genießen Sie eine gesunde Ernährung und die Aufladung an ausgewählten Seminarorten. Sie gewinnen Kraft und Energie, blühen richtig auf – innerhalb kurzer Zeit.

*Ausbildung zum Gesundheits- und Persönlichkeitsberater*

Erforschen Sie die Entwicklung der Persönlichkeit und die Lebensgesetze tief greifend in ihrer Gesamtheit. Sie erwerben sich ein fundiertes Wissen über eine gesunde Ernährung. Unsere Kompakt-Ausbildung schließt mit einem Zertifikat ab. Die gewonnenen Erkenntnisse können Sie für sich persönlich und beruflich einsetzen.

*Einzelberatungen*
helfen Ihnen, Ihre individuelle Situation zu verstehen.

Im Institut erhältlich: alle im Literaturverzeichnis angeführten Bücher von Dr. Müller-Kainz, Dr. Beatrice Steingaszner und Hedwig Hajdu

Schriften:
*Ängste und Angstneurosen meistern / Depressionen meistern*

Vortragsmitschnitte als CD:
*Was Krankheiten uns sagen*
*Die Macht der Konzentration*
*Sind Zufälle Zufall*
*Der Schlüssel zur Steigerung der Lebensenergie*
*Lebensgesetze als Wegweiser*
*Schachmatt den negativen Gedanken*

Doppel – DVD (2 Live-Vorträge):
*Heilkraft in sich selbst finden / Gesundheit beginnt im Kopf*

Institut für Gesundheit und Persönlichkeitsbildung
Dr. Elfrida Müller-Kainz & Dr. Beatrice Steingaszner
Tel: (00 49) (0) 8151-2 86 87
www.mueller-kainz.de · mueller-kainz@info2000.de

Auf Anfrage:
Seminare und Gesprächskreise für Eltern und Erzieher zum Buch *Kinder brauchen Führung*
(Leitung: Hedwig Hajdu und Helga Bunde)
Tel: (00 49) (0) 8151-36 80 37/39